JN045673

改訂2版

概説

社会福祉協議会

全国社会福祉協議会

まえがき

近年、地域福祉に関わる環境は大きく変化している。これにともない、当然のことながら、社会福祉協議会に関わる環境も大きく変化してきている。本書は、このような動きを踏まえ、社会福祉協議会がいかに今後の事業運営、組織運営をするかについて、「概説」的に述べたものである。

地域福祉に関わる国の施策は、生活困窮者自立支援事業の創設、介護保険制度における介護予防・日常生活支援総合事業の実施、社会福祉法人制度改革、成年後見制度利用促進など、めまぐるしく動いている。その動きをまとめたようなかたちで、「地域共生社会の実現に向けて包括的支援体制の整備を盛り込んだ改正社会福祉法が平成30年4月1日に施行された。さらに、この包括的支援体制の整備を具体化する重層的支援体制整備事業等を新たに規定する改正社会福祉法が令和3年4月1日に施行された。また、新型コロナウイルス感染症の感染拡大により人びとの生活様式や働き方にも大きな変化が生じている。

本書では、ふれあいのまちづくり事業（平成3〔1991〕年）以降の社会福祉協議会の動きを振り返っているが、社会福祉の諸制度が急速に伸びる中で、地域福祉の推進の考え方、方法については、施策の動きをリードするかたちで、地域福祉、社会福祉協議会の実践が全国各地で進んできていることがわかる。ただ、そのことが、全国津々浦々の地域、社協において、実現しているかどうか。残念ながら、それぞれの抱えている問題がその実践を妨げている状況にあるのも事実である。

しかし、社会的孤立から生ずる課題が、社会福祉、あるいは、広く人びとの生活に大きく関わっているということ、さらにその解決には、専門職とともに、地域社会・住民の力が欠かせないということの理解は、日本の社会全体に広がっており、これが地域福祉の推進を強く求めていること、そのなかで、社会福祉協議会が十分に役割を果たすことが求められていることを理解する必要がある。

令和3（2021）年6月23日

編　者

目 次

第1章

社会福祉協議会の基本理解

第1節　社会福祉協議会とは

1　社会福祉協議会の目的

社会福祉協議会とは、「地域社会において民間の自主的な福祉活動の中核となり、住民の参加する福祉活動を推進し、保健福祉上の諸問題を地域社会の計画的・協働的努力によって解決しようとする公共性・公益性の高い民間非営利団体で、住民が安心して暮らせる福祉コミュニティづくりと地域福祉の推進を使命とする組織である」ということができる。

住民主体の理念に基づき、地域が抱えているさまざまな地域生活課題を地域全体の問題としてとらえ、みんなで考え、話し合い、活動を計画し、協力して解決を図る。その活動を通して、福祉コミュニティづくりと地域福祉の推進をめざすのである。

社会福祉法では、市区町村社協及び都道府県社協について「地域福祉の推進を図ることを目的とする団体」と規定している（第109条、第110条）。

社会福祉法

社会福祉関係事業（社会福祉を目的とする事業）の全分野共通の基本事項について定めた法律。平成12（2000）年に社会福祉事業法から改称した際に、「福祉サービスの利用者の利益の保護」と「地域における社会福祉（以下『地域福祉』という）の推進」が目的に明示された。また、従来の「社会福祉事業が公明かつ適正に行われることを確保」に加え、「社会福祉を目的とする事業の健全な発達を図る」点を明確にした。社会福祉事業法が社会福祉事業中心の記述であったのに対し、大きな変化をしている。

2　社会福祉協議会の基本的性格

社協は、戦後間もない昭和26（1951）年に民間の社会福祉活動の強化を図るため、全国、都道府県段階で誕生し、ほどなく市区町村で組織化が進み、福祉活動への住民参加を進めながら現在まで一貫して地域福祉活動推進の中心的役割を果たしてきた。地域住民、社会福祉の関係者などの参加・協力を得て組織され、活動することを大きな特徴とし、民間組織としての自主性と、広く住民や社会福祉関係者に支えられた公共性というふたつの側面を合わせもった、民間非営利組織である。

社協の基本的性格は、次のように整理できる。

「社会福祉協議会は、①地域における住民組織と公私の社会福祉事業関係者等により構成され、②住民主体の理念に基づき、地域の福祉課題の解決に取り組み、誰もが安心して暮らすことのできる地域福祉の実現をめざし、③住民の福祉活動の組織化、**社会福祉を目的とする事業**の連絡調整及び事業の企画・実施などを行う、④市区町村、都道府県・指定都市、全国を結ぶ公共性と自主性を有する民間組織である」（**新・社会福祉協議会基本要項**）

社会福祉を目的とする事業

社会福祉法にいう「社会福祉事業」とは、社会福祉法第２条に列記された、入所利用型の社会福祉施設を中心とした第一種社会福祉事業と、通所や訪問などの在宅福祉サービス中心の第二種社会福祉事業をさす。「社会福祉を目的とする事業」は社会福祉事業やその他福祉関係法令によるサービスを含む非常に幅広い概念である。解釈では「自らの努力だけでは自立した生活を維持できなくなった個人が、人としての尊厳をもって、家庭や地域のなかで、障害の有無や年齢にかかわらず、その人らしい安心のある生活を送ることができる環境を実現することを目的とする事業」とされており、範囲は限られない。「社会福祉に関する活動」とは、福祉に関するボランティア活動等をさす。

3　社会福祉協議会の構成

市区町村の社協は、地域の住民組織と、公私の社会福祉や保健・医療・教育などの関連分野の関係者、さらに地域社会を形成する幅の広い種々の専門家・団体・機関によって構成されている。

この場合、構成とは、必ずしも会員のことをさすわけではなく、理事・評議員の構成、委員会、事業への参加も含めている（構成、会員については、第4章第1節「組織運営」（130頁に詳述）。

一方で、社協は、市町村（東京23区を含む）、指定都市、都道府県、全国のすべてのそれぞれの区域ごとに設置されているが、市区町村社協の連合体としての都道府県・指定都市社協、都道府県・指定都市社協の連合体としての全社協という全国ネットワークとしての性格ももっている。

なお、指定都市の区社協については、設置されているところとされていないところがある[注1]。

県によっては、郡社協（北海道は支庁社協）を設置し、当該区域内の市町村社協の連絡調整等を行っている。

〔図表 1-1〕社会福祉協議会の数（令和2年4月現在）

	法人	未法人	計	法人化率
市（東京23区含む、指定都市除く）	794	0	794	100%
町	744	0	744	100%
村	178	5	183	97.3%
指定都市の区	96	8	104	92.3%
市区町村社協　小計	1,812	13	1,825	99.3%
都道府県	47	0	47	100%
政令指定都市	20	0	20	100%
全国	1	0	1	100%
社協数総合計			1,893	

全社協調べ

新・社会福祉協議会基本要項

社協の組織・活動の原則、機能、事業などの指針を定めたもの。社協は社会福祉法に定められているが、社会福祉法にあげられたものだけが社協の事業ではない。したがって、法を踏まえつつも社協の基本となる機能・事業について、社協自らが整理し、内外に示す必要があった。その試みは、社会福祉事業法（現・社会福祉法）公布以前の昭和25（1950）年に発表された「社会福祉協議会組織の基本要綱及び構想案」（社会福祉協議会準備事務局）であり、また、その集大成が昭和37（1962）年に策定された「社会福祉協議会基本要項」であるといえる。さらに、本格的な地域福祉の時代を迎え、平成4（1992）年、社協の位置付けが大きく変化してきたことを踏まえ、全国社会福祉協議会では「新・社会福祉協議会基本要項」を策定した。

●注1
指定都市社協における区社協の設置状況については、187頁参照。

4 社会福祉協議会の機能

社協の機能は次のように整理される（新・社会福祉協議会基本要項）。

（主要機能）

① 住民ニーズ・福祉課題の明確化および住民活動の推進機能
② 公私社会福祉事業等の組織化・連絡調整機能
③ 福祉活動・事業の企画および実施機能

（主要機能を支える機能）

④ 調査研究・開発機能
⑤ 計画策定、提言・改善運動機能
⑥ 広報・啓発機能
⑦ 福祉活動・事業の支援機能

5 社会福祉協議会と他団体の違い

社会福祉協議会の基本的性格を明確に理解するためには、ほかの団体との違いを明らかにすることが必要であろう。それにより社協の特徴が、より鮮明になると考えられる。次にあげる10項目は、社協の「独占」ではないものであるが、違いを特徴付けているものである。

❶特定の福祉問題の解決だけを目的にしていない

社協とほかの福祉団体との第１の相違点は、社協が特定の福祉問題の解決だけを目的にしていないということである。高齢者サービスに取り組んでいる団体、障害者・児童・低所得者などのそれぞれの課題に対応した団体など、地域には特定の福祉問題に取り組む団体は多くある。社協はそうした団体と異なり、地域社会の福祉等生活課題で早急に解決しなければならない問題を見出し、解決方法を検討し、地域社会の参加・協力を得て取り組んでいくのである。縦割り福祉の谷間になっている問題、複合的問題、新しく発生してきた問題、潜在化している問題などを取り上げていくといった、福祉ニーズを的確に把握する役割をもつ。制度サービスにも取り組むが、制度で対応していない課題解決に積極的に取り組む（制度外サービス・活動）ことが使命であるといえる。

❷住民との協働を重視する

第２は、地域社会の福祉問題を行政や専門機関・団体に任せきりにせず、住民自身の自主的な活動や協働事業・サービスを組織し、問題の解決や予防・増進などに取り組む点である。住民参加による助け合いや交流機能を生かしたサービス、既存サービスでは対応できないニーズに先駆的に応えるサービスなどを進めている。また、地域住民の福祉向上に必要な市町村からの委託事業を行い、それをニーズに即して発展させている。

❸制度事業にも＋αの取り組みがある

例えば、介護保険事業については、地域差はあるものの多くの社協が参入し、事業を実施している。この場合も、人口が少ないなどにより、ほかに事業者がない地域において社協がサービス供給の役割を担ったり、ほかの事業があっても低所得者やほかの事業者では難しいケースへの対応を積極的に行っている。さらに、サービスの質の確保に力を入れている。これにより、ほかの事業者を含め、その地域の介護保険のサービス水準を担保する役割を果たしている。このような公益性をもつサービス供給組織として、役割を果たしていることが特徴である。

❹新しい制度や福祉サービスの創出を働きかける

住民などの自主的協働活動・事業への支援を重視するとともに、それで解決しようとしても不十分であったり、既存サービスの改善が必要であったりすること、あるいは、新しくつくり出さなければならない制度や福祉サービスがあり、その実現に取り組むという役割をもっている。社協は、地域福祉推進のため、地域住民や関係者の声を結集し、世論を動かし、社会福祉の制度・サービスの創設や改善を図るソーシャルアクションを行うことも特徴である。

❺公私の機関・団体との協働で事業を進める

福祉に関係のある行政・民間の各種機関・団体の相互協力、協働活動を進め、社会資源のネットワーク化を図り、福祉問題の解決につなげる。

❻ボランティア活動を推進する

広くボランティア活動推進のための支援機能を果たし、ボランティア活動の受け入れ団体や機関、社会的支援組織とボランティア団体、民間非営利組織との仲介・媒介機能を果たす。

❼情報提供・福祉教育を推進する

福祉サービスの内容や利用方法をはじめ、地域福祉推進の理解促進を図るための情報提供を行う。さらに、単に情報提供にとどまらず、子どもから大人までの幅広い住民各層に向けて、福祉活動への理解、福祉コミュニティの必要性などの働きかけ（福祉教育、福祉学習）を行う。

❽社会福祉人材の養成

住民を含め、広い意味での福祉を支える人づくりをめざす。そのため福祉活動に関わるリーダー、民生委員・児童委員や各種相談員の研修、社会福祉従事者の研修などを通して、社会福祉を担う人材の養成を図る。

❾地域福祉の財源づくり

地域福祉活動やボランティア活動、民間独自の福祉サービスを支援したり、展開するための財源づくりを行うため、基金づくりや共同募金をはじめとする募金活動を推進し、さらに助成団体・組織との仲介的役割を担う。

❿サービスの利用者の権利擁護、苦情解決

一事業者、一個人では実施が困難な、利用者による福祉サービスの選択を援助するための情報提供、権利擁護、苦情解決事業等の公益性の高い役割を果たす。

6 社会福祉協議会の活動原則

（1）社会福祉協議会の五つの活動原則

以上のことを踏まえ、新・社会福祉協議会基本要項では、次の五つの活動原則をあげている。社会福祉協議会は、これらの原則を踏まえ、各地域の特性を生かした活動を進めている。

①　住民ニーズ基本の原則―広く住民の生活実態・福祉課題などの把握に努め、そのニーズに立脚した活動を進める。

②　住民活動主体の原則―住民の地域福祉への関心を高め、その自主的な取り組みを基礎とした活動を進める。

③　民間性の原則―民間組織としての特性を生かし、住民ニーズ、地域の福祉課題に対応して、開拓性・即応性・柔軟性をもって活動を進める。

④　公私協働の原則―公私の社会福祉及び保健・医療、教育、労働などの関係機関・団体、住民などの協働と役割分担により、計画的かつ総合的に活動を進める。

⑤　専門性の原則―地域福祉の専門的な推進組織として、調査、研究、開発、情報、計画作成などに関する活動を進める。

（2）住民ニーズ基本の原則と住民活動主体の原則

「①住民ニーズ基本の原則」と「②住民活動主体の原則」は、住民ニーズに立脚すること、住民の地域福祉への関心の喚起と自主的取り組みを基礎とすることを述べたものである。①の住民ニーズに立脚することは、社協に限らず当然のことであるが、②の住民活動を基礎とすることは、社協独自の原則といってよい。

住民の福祉活動の推進は社協の根幹となる事業であるが、「住民活動主体の原則」においては、あくまで自主性・主体性を支える姿勢を守らなければならないことを示すとともに、その住民の活動を基礎として、すなわち、住民の地域福祉への関心と自主的取り組みをともなうことが重要であり、これによって社協の諸活動を進めていくべきとの考え方を示したものである。

（3）民間性の原則

「③民間性の原則」は、民間団体としての性格に基づく活動原則を述べたものであるが、この民間性を具体的に「開拓性」「即応性」「柔軟性」として表現している。

従来は、この民間性は住民ニーズに広く応える公益性との関連が強いものであったが、今日では、サービスをニーズに即して柔軟に運営することや、制度では対応できていないニーズに対応し、必要なサービスや活動を開拓すること、ニーズに対しできることはすぐに対応する即応性等を意識しなければならない。

(4) 公私協働の原則

「④公私協働の原則」は、「公」としての行政、「私」としての社協との協働という二者の関係をさしたものではなく、公私の諸団体（すなわち、行政、民間の諸機関・団体、住民、当事者、ボランティア）が幅広く協働と役割分担を行うという原則を述べたものである。

社協は、単に公私協働を進める諸団体のひとつということではなく、この公私協働・役割分担を背景にして、地域の調整役として計画的・総合的にその活動を進めていくという立場から、社協に求められる原則としてあげたものである。

したがって、公的責任、民間活動を支援する公の役割、民間の役割についても、社協がこの原則にのっとり、調整していくことが必要である。

介護保険制度においては、社協は「一民間事業者」としての性格をもつ。その性格をもちながら、一方で「公私社会福祉事業等の組織化・連絡調整機能」を発揮するためには、介護保険事業者としての位置付けとは異なる社協の別の性格・機能を理解してもらうことが不可欠である。

(5) 専門性の原則

「⑤専門性の原則」は、その内容を地域福祉の推進組織としての「組織化」（住民の福祉活動、公私の社会福祉事業などの組織化）、「調査」（地域の福祉ニーズ、社会資源などの調査）、「計画」（地域福祉活動計画の策定、行政計画への参画など）などと表現し、それをもって、地域福祉推進にあたっていくことを求めている。

7 社会福祉法における社会福祉協議会の位置付け

(1) 市区町村社会福祉協議会法制化

社会福祉事業法

社会福祉事業全体にわたる基本事項を定めた法律。平成12(2000)年に改正が行われ、名称が「社会福祉法」になった。

市町村社協法制化

市町村社協を社会福祉事業法（当時）に記載すること。昭和39(1964)年から要望が行われ、昭和50年代に地方議会に対する請願運動が行われた。
当時の事業に関する記述は次のとおり。

1　社会福祉を目的とする事業に関する調査
2　社会福祉を目的とする事業の総合的企画
3　社会福祉を目的とする事業に関する連絡、調整及び助成
4　社会福祉を目的とする事業に関する普及及び宣伝
5　前各号に掲げる事業のほか、社会福祉を目的とする事業の健全な発達を図るために必要な事業

都道府県社協及び全社協については、昭和26（1951）年、**社会福祉事業法**に記述されたが、市区町村社協の記述はなかった。昭和58（1983）年に**市町村社協法制化**が実現した（指定都市の区社協の記述は７年後の平成２〔1990〕年)。現在の社会福祉法の規定は、次のとおりである。

第109条　市町村社会福祉協議会は、一又は同一都道府県内の二以上の市町村の区域内において次に掲げる事業を行うことにより地域福祉の推進を図ることを目的とする団体であつて、その区域内における社会福祉を目的とする事業を経営する者及び社会福祉に関する活動を行う者が参加し、かつ、指定都市にあつてはその区域内における地区社会福祉協議会の過半数及び社会福祉事業又は更生保護事業を経営する者の過半数が、指定都市以外の市及び町村にあつてはその区域内における社会福祉事業又は更生保護事業を経営する者の過半数が参加するものとする。

1　社会福祉を目的とする事業の企画及び実施
2　社会福祉に関する活動への住民の参加のための援助
3　社会福祉を目的とする事業に関する調査、普及、宣伝、連絡、調整及び助成
4　前３号に掲げる事業のほか、社会福祉を目的とする事業の健全な発達を図るために必要な事業

2　地区社会福祉協議会は、一又は二以上の区（地方自治法第252条の20に規定する区及び同法第252条の20の2に規定する総合区をいう。）の区域内において前項各号に掲げる事業を行うことにより地域福祉の推進を図ることを目的とする団体であつて、その区域内における社会福祉を目的とする事業を経営する者及び社会福祉に関する活動を行う者が参加し、かつ、その区域内において社会福祉事業又は更生保護事業を経営する者の過半数が参加するものとする。

3　市町村社会福祉協議会のうち、指定都市の区域を単位とするものは、第１項各号に掲げる事業のほか、その区域内における地区社会福祉協議会の相互の連絡及び事業の調整の事業を行うものとする。

4　市町村社会福祉協議会及び地区社会福祉協議会は、広域的に事業を実施することにより効果的な運営が見込まれる場合には、その区域を越えて第１項各号に掲げる事業を実施することができる。

5　関係行政庁の職員は、市町村社会福祉協議会及び地区社会福祉協議会の役員となることができる。ただし、役員の総数の五分の一を超えてはならない。

6　市町村社会福祉協議会及び地区社会福祉協議会は、社会福祉を目的とする事業を経営する者又は社会福祉に関する活動を行う者から参加の申出があつたときは、正当な理由がなければ、これを拒んではならない。

社会福祉事業法の立法当時を振り返った解説には、「その自由な活動を伸長する方針から、社会福祉協議会については、わずかに１か条をもうけ、関係行政庁の職員加入をみとめる規定をもうけるにとどめ、そのほかは自主的自発的

運営にまかせてある[注2]」「社会福祉協議会の本来の目的については、右にのべたところであって、その目的を達成するためにおこなう事業がここに例示されたものであり、これは、もちろん、制限列記の趣旨ではない[注3]」とあるが、市町村社協法制化により基本的な事業（機能）の規定が行われ、あらゆる事業を網羅するという書き方ではないが、骨格が示された。

●注２
木村忠二郎『第二次改定版　社会福祉事業法の解説』時事通信社、1960年、44頁。

●注３
同上、198頁。

(2) 社会福祉協議会間の構成に関する法規定

現在、社会福祉法第109条で市町村社協（指定都市社協を含む）及び区社協、第110条で都道府県社協、第111条で全社協が規定されている。

それぞれの関係をみると、都道府県社協及び指定都市社協の構成に関する規定は、「社会福祉を目的とする事業を経営する者」「社会福祉に関する活動を行う者」の参加を求める一方、「市町村社会福祉協議会の過半数及び社会福祉事業又は**更生保護事業**を経営する者の過半数が……参加するものとする」(指定都市の場合は**地区社会福祉協議会**）として参加について特記している。

全社協は、「都道府県社会福祉協議会は、相互の連絡及び事業の調整を行うため、全国を単位として、社会福祉協議会連合会を設立することができる。」という規定で、事実上、全社協の構成員を規定するかたちとなっている。

一方、事業に関する規定において、指定都市社協については「地区社会福祉協議会の相互の連絡及び事業の調整を行うものとする」とし、都道府県社協については「市町村社会福祉協議会の相互の連絡及び事業の調整」が事業の項目としてあがっており、区社協及び市町村社協がそれぞれ指定都市社協、都道府県社協の構成の中心に置かれているかたちとなっている。

社会福祉法では、「その区域内における社会福祉を目的とする事業を経営する者及び社会福祉に関する活動を行う者が参加し」、かつ「区域内における社会福祉事業又は更生保護事業を経営する者の過半数が参加するものとする」と規定している。法で定める構成は前半部分が基本であり、後半部分の過半数規定は、同一地域内に複数の社協が設立されることを許さない規定[注4]である。

都道府県社協については、これに「市町村社会福祉協議会の過半数」が、指定都市社協については「地区社会福祉協議会の過半数」が加わる。

更生保護事業

更生保護事業法（平成７〔1995〕年法律第86号）にいう更生保護事業。継続保護事業（更生保護施設）、一時保護事業、連絡助成事業の三つの事業がある。

地区社会福祉協議会

社会福祉法の「地区社会福祉協議会」とは、指定都市の区社協をさす。社協内では、市区町村の住民の福祉活動組織（「地域福祉推進基礎組織」、46頁、106頁を参照）の名称として用いてきている。

●注４
社会福祉法第109条、第110条。

(3) 社会福祉法人としての社協の位置付け

社協は、**社会福祉法人**であることを必須のこととして求められてはいないが、法人化の促進については、関係者のみならず、厚生労働省の方針でもある。特に、市町村行政との関係を明確にする観点から必要とされているが、税制など、社会福祉法人に対する優遇策があることから種々のメリットもあり、令和２（2020）年４月現在、市区町村社協の99.3％が社会福祉法人となっている。なお、都道府県・指定都市社協は、すべて社会福祉法人である。

社会福祉法人

社会福祉事業を行うことを目的として、社会福祉法の定めるところにより、設立される法人。社会福祉事業法以前は、法人としては、民法による社団法人、財団法人となっていたが、社会福祉事業の公共性と純粋性を確立するために定められた。第一種社会福祉事業は、国、地方公共団体のほかは社会福祉法人のみが、これを実施できる。

第2節　福祉コミュニティづくり

1　福祉コミュニティづくりの必要性

(1) 地域福祉における福祉コミュニティの重要性[注5]

地域福祉は、地域を基盤にする社会福祉の構築と環境づくりに、福祉コミュニティづくりが一体化されたものであり、福祉コミュニティづくりがともなわなければ、在宅福祉サービスを軸とし、地域を基盤とした福祉サービスシステムが構築されたとしても、真の地域福祉とはいえないのである。

福祉コミュニティづくりは、このように重要な意味をもつものである。しかも、社協は、この福祉コミュニティづくりを使命としているといってよい。ここでは、社協の事業・活動、あるいは地域福祉の基本となる、福祉コミュニティづくりの考え方と社協の役割を説明しておきたい。

●注5
現在、「地域共生社会」の理念は、二度の社会福祉法改正を経て、その実現をめざして関係者が努力をすすめているところである。その中でも大きなテーマは、相談支援、参加支援、地域づくりを連続したものとしてとらえ、支援を必要とする人の生活を支えていくということである。
社協は伝統的に地域づくり（コミュニティづくり）を常に意識しながら、活動をすすめてきた。社協発足当初の地域活動は、まだ、在宅の介護や生活支援が十分に意識されない中のものであり、蚊やハエをなくす運動、妊産婦の健康、街灯の整備など、福祉課題というよりは、生活課題への対応であり、福祉に限らない「地域づくり」をすすめてきたということができる。
しかし、地域における福祉課題（ひとり暮らし高齢者、高齢者夫婦世帯、要介護高齢者など）が顕著になるにつれ、福祉の課題を明確に意識した地域づくりが必要という考え方が強くなった。
福祉コミュニティという用語は人によって、いろいろな受け止め方があるが、社協は以下に述べるように、「一般コミュニティ」の効用を踏まえながらも、福祉の視点を明確にした地域づくりとして「福祉コミュニティ」という福祉課題の解決につながる視点を大切にしてきたのである。

(2) コミュニティとは

「コミュニティとは何か」については、福祉の基盤としてのコミュニティ概念を明確化し、コミュニティと社会福祉との関連を体系的に打ち出した中央社会福祉審議会答申「コミュニティ形成と社会福祉」（昭和46〔1971〕年）において定義されている。それによると、「地域社会という生活の場において、市民としての自主性と主体性と責任を自覚した住民によって、共通の地域への帰属意識と共通の目標をもって行動がとられようとする地域社会の条件であり、またこれを支えるその態度のうちに見出されるものである」としている。自然にできるものではなく、意識的に形成されるもの、つくっていくべきものとして方向付けられているのである。

答申は、コミュニティを「地域住民の諸要求を充足するものでなければならず」と、社会福祉にとって、社会資源であるとの見解に立ち、「コミュニティの形成なくして国民の生活福祉の向上を期することはできない」と、社会福祉成立の要件と位置付けている。

(3) コミュニティづくりの障害

このようなコミュニティづくりは、社会福祉の展開に好ましい条件となることは明らかであり、社会福祉関係者が取り組んできたが、コミュニティづくり一般に取り組んでも成果をあげることはできなかった。その理由として、コミュニティのような共同組織は、特定の目標達成を指向するものではなく、目標をもつのはコミュニティ内の「器官」としての組織レベルで論ずるほうが適切との見解もあるように、複合的である地域を全体としてコミュニティ化していく取り組みでは、なかなか成功しないといってもよい。

また、コミュニティづくりの内容として、お祭りやふるさとづくり、自治会活動の活性化など、地理的な地域性と共同性を強調する取り組みが多くみられたが、壊れてしまった地域性と共同性を追求してもコミュニティづくりは困難である。共同性づくりを、住民意識への直接的な働きかけで行う方法を採るのでは、住民の意識の移ろいやすさを考えても、不安定で成功するとは考えにくいのである。

コミュニティづくりの障害となっている諸要素は、生活の根源的なところから発生しており、一時的・行事的方法などでは、とうてい克服し得ないものである。生活に深く根ざす方法が探究される必要がある。

(4) 福祉コミュニティづくりとは

以上のことを踏まえ、福祉に収斂した新しいコミュニティづくりの方法を検討することが必要となったのである。それは、地域社会構成員全員をくるんでコミュニティづくりをするという考えではなく、部分的な成員の参加を得て、福祉についての一定の関心領域に基づいてつくられる、機能的なコミュニティとしての「福祉コミュニティ」づくりということである。

福祉コミュニティ形成の必要性は、福祉問題が一般コミュニティでは少数者の問題として欠落しがちであることと同時に、障害のある人びと、福祉サービスを利用する人びとに、偏見、差別意識をもたず、コミュニティの一員、仲間として受け入れ、かつこれらの人びとを支える具体的なサービスへの参加や、日常生活維持への協力援助を行うような意識、態度をもつようにしていくことからきており、そのために福祉を媒介にした資源サービスのネットワーク、意識・態度の変容という、独自の内容と方法をもつ。

コミュニティの脆弱化で最も困難な状態に置かれているのは、「自分だけでは生活の維持が困難であり、ほかからの援助を日常的に必要とする人びと」であろう。こうした人びとが地域で暮らすことを可能にする福祉コミュニティづくりは、今日、最も高い優先順位を与えられるべき課題である。日常的に援助を必要とする人びとに焦点をあて、これらの人びとを受け入れ、生活を実際に支える体制をつくることを中心に、地域住民のなかに協働と連帯の活動を進め、地域内の団体や社会資源の協力を組織していく取り組みは、一般コミュニティづくりにもおおいに貢献することになろう。

2 福祉コミュニティづくりと社会福祉協議会

(1) 福祉コミュニティづくりの考え方と進め方

福祉コミュニティは単なる目標ではなく、コミュニティが構成するひとつの社会状態をつくるという考え方である。それは、コミュニティ論で強調される関係、意識だけではなく、それと社会福祉施設、在宅福祉サービスや活動とが組み合わさって、利用圏としての地域をベースにしながら構成されるものである。下図のように、Ⓐ社会福祉施設、ないしは在宅福祉サービスや在宅福祉活動と、Ⓑそれを支えていく公私のネットワーク、Ⓒそれに参加・協力する住民の意識・態度の変容の三つが、一定の範域のうえに成立することによってつくられる、という考え方である。特に重要な点は、住民や公私のネットワークが、具体的な施設やサービス、活動と結びついている点である。このことによって、「関係」「意識」だけでは不安定であったものが、その施設、サービス・活動の継続と合わせて、安定してつくられていく可能性をもつことになるのである。

例えば、おもちゃ図書館活動は、障害のある子どもたちが自由に楽しく遊べ、同じ悩みをもつ保護者同士が本音で語り合え、おもちゃをとおして、子どもと保護者の心がふれあう、意義ある活動である。この活動を支えているのは、障害のある子どもをもつ親と地域の住民、それに教師らの専門家であり、いずれもボランティアとして参加している。障害のある子どもが、楽しく夢中になれるおもちゃと遊びをとおして心が解き放たれ、心の壁が取り除かれ、新しい出会いが生まれ、生活のよりどころになっている。障害の状態に大きな変化はなくても、「このまちに生まれてよかった」と思える状態をつくり出すことができているとすれば、すばらしいことである。また、活動参加を通して障害のある子どもへの理解と人格的交流を深め、地域社会とのかけ橋となる人びとが増えていく。ここには、先に説明した福祉コミュニティが成立しているといえる。

このように考えれば、食事サービス事業の福祉コミュニティ、デイサービスの福祉コミュニティ、さらには一人ひとりの要援護者へのケアグループ、高齢者サロン・子育てサロンというように、一つひとつの福祉コミュニティをつくっていくことが可能になる。地域福祉の推進においては、施設・サービス・

〔図表 1-2〕**福祉コミュニティ**

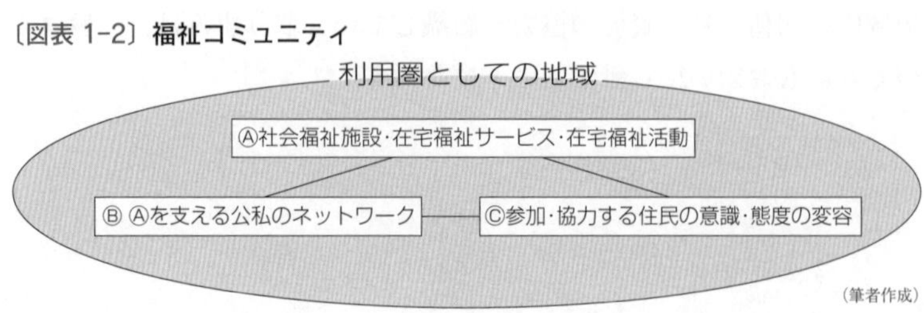

（筆者作成）

活動を福祉コミュニティづくりの方法と結びつけて行うことが重要なのである。

そして、こうした多種多様な福祉コミュニティが地域に重層的につくられていくことは、結果的に、その地域社会が、福祉的様相を強く帯びた福祉コミュニティづくりの進んだ状態をつくり出すことになり、誰もが安心して暮らすことのできる福祉のまちづくりが具体的に進むことになるのである（図表 1-3）。

(2) 福祉コミュニティづくりにおける社会福祉協議会の役割

社協は福祉コミュニティづくりを使命とし、あらゆる活動・事業をとおして、常にそれをめざすことが必要である。そのためには、コミュニティワークの方法を活用し、組織化機能の発揮に努めることがポイントになる。

市区町村社協経営指針（平成 17 年版）は、「…誰もが安心して暮らせる福祉のまちづくりを推進することを使命とする」としているが、さらに、社協らしく、①住民参加の徹底、②民間性を発揮した福祉サービスの企画・開発実施、③あらゆる団体・組織との協働活動の推進、④地域福祉推進の専門技術の活用、という活動スタイルが徹底されれば、一つひとつの活動・事業が組織化の手法によって行われることになり、福祉コミュニティづくりが進むことになる。

(3) 近年のコミュニティづくりの動きと福祉コミュニティ

近年は、地方分権、地方創生の考え方の浸透もあり、各市町村自治体において、コミュニティ施策の展開がみられる。その時、従来から社協が進めてきた地域福祉推進基礎組織[注6]と衝突する現象が起きている場合がある。

衝突するなかでは、「コミュニティづくり」の方が上位概念であり、そのなかに包含されるべきだ、という考え方もみられる。その場合、地域福祉推進基礎組織を解体し、コミュニティづくり推進組織[注7]に統合するという対応もみられる。

しかし、一般のコミュニティづくりに包含されると、少数者の課題を見落としがちになるという危惧があり、ここに福祉コミュニティの存在意義があると考えられる。生きづらさを抱えている人や世帯に注目し、自立に向おうとする意欲をもてるように相談や働きかけを行い、近隣、地域とのつながりの改善をはかり、社会参加の場や居場所づくりを行うなど、個別支援を通じた地域づくり、地域支援システムづくりを推進するという、少数者を見落とさない福祉の視点を明確にすることが重要である。

〔図表 1-3〕地域社会と福祉コミュニティ

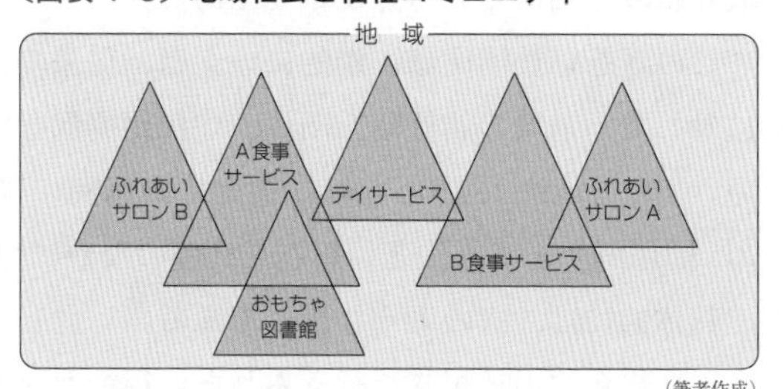

（筆者作成）

●注 6
地区社協、校区福祉委員会、自治会福祉部会等地域福祉推進のための住民の福祉活動組織。詳細は 46 頁、106 頁参照。

●注 7
コミュニティ協議会、まちづくり協議会等の名称が使われる。

第3節　今日の市区町村社会福祉協議会

ここでは、平成以降の社協自身や法制度の変化、とりわけ、社会福祉事業法改正（平成２〔1990〕年）、国庫補助によるふれあいのまちづくり事業の創設（平成３〔1991〕年）、新・社会福祉協議会基本要項の策定（平成４〔1992〕年）以降の動きを踏まえながら、今日の市区町村社協がどのような方向をめざしているのかを明らかにすることにしたい。

1　ふれあいのまちづくり事業から始まる新しい社協像（1991年～）

（1）ふれあいのまちづくり事業

平成３（1991）年度に創設された「ふれあいのまちづくり事業」は、新しい地域福祉の姿、社会福祉協議会の姿を構想した大型国庫補助事業であった。

ふれあいのまちづくり事業実施要綱では、目的等を次のように掲げている。

> 【目的】ふれあいのまちづくり事業は、市区町村社会福祉協議会（以下「市区町村社協」という。）が実施主体となって、地域住民の参加と市区町村や福祉施設等の関係機関との連携のもと、地域に即した創意と工夫により具体的な課題に対応するとともに、住民相互の助け合いや交流の輪を広げ、共に支え合う地域社会づくりに寄与することを目的とする。
>
> 【事業内容―総合相談・援助】住民の各種の相談に応じるとともに、相談を通じて見出された課題に対して、ニーズに即したサービスの提供や関係機関との連携による対応を行うなど、一貫、継続してその対応に当たる。
>
> 【事業内容―地域生活支援事業】ふれあい福祉センター等において把握されたニーズを有する住民、世帯等に対し、生活支援のためのネットワーク等を形成し、見守りから具体的な課題の対応まで幅広い分野にわたる生活支援を継続的に実施する。

ふれあいのまちづくり事業は、①総合相談、②支援における地域住民の参加の重視を提案した。すでに、見守り活動のシステムは社協のなかで一定の広がりをみせていたが、住民の活動を見守りだけに限らないで、具体的な課題への取り組みを掲げている点が重要である。

この新しい社協像は、端的にいえば、従来の社協が地域社会共通の福祉課題に対して、地域の諸機関、団体、住民が協働して取り組み、問題解決を図るという方法をとっていたものに加えて、個別の福祉問題をもつケースを受け止め、問題解決する方法と仕組みを社協のなかにつくり出したということである。

具体的には、次のような流れである。

①　総合的福祉相談を行うふれあい福祉センターを設置することで、多様な

●注８
問題を抱える人びとは、問題解決をあきらめていたり、相談者に信頼を寄せていない場合が多い。また、ニーズが複雑ですぐには適切な対応ができない場合も少なくない。まずは社協でできることで、とりあえず対応する。それは、ニーズのごく一部に応えたサービスの提供であっても、ニーズを受け止めてもらえたという信頼が生まれることになる。そのうえで、より深く問題を把握し、適切な対応を図るようにする。

問題を受け止め、潜在化しているニーズを掘り起こすなどの問題発見機能が強化された。

② 把握した個別ニーズに対し、タイミングを逸することなく社協の運営するサービスや住民参加型在宅福祉サービスにより、とりあえず対応する[注8]。

③ 地域福祉活動コーディネーター[注9]がケースマネジメント機能を発揮し、アセスメント、ケア計画立案、必要なサービス提供及び他機関のサービスとの調整を行う。

④ さらに地域社会での日常生活を支援するために、インフォーマルなケアグループや仲間づくり活動などを進める。

(2) 新・社会福祉協議会基本要項

平成４（1992）年に策定された「新・社会福祉協議会基本要項」[注10]は、昭和58（1983）年の市町村社協法制化[注11]により、社会福祉事業法にその事業内容が記述されたことを踏まえながらも、社会福祉事業法が社協の組織・機能・事業等のすべてを規定する性格ではないことから、自ら、その内容を整理し、明らかにすることを目的に策定されたものである。昭和37（1962）年策定の「社会福祉協議会基本要項」から、30年を経過していることから、市区町村社協の現状を踏まえて整理したものである。

「協議体」「運動体」としての役割に加え、「事業体」としての役割を明確にしたこと、組織構成について「地域における住民組織と公私の社会福祉事業関係者」の両方が入ることをあらためて明らかにしたことが重要な点である。

これは、社協が基本としてきた「住民主体」という考え方が、住民のみで組織するというような誤解があることを踏まえ、住民、当事者、ボランティア、社会福祉事業や関連分野の関係者、地域の諸団体が地域社会の構成員として、参加するという整理を行ったものである。そして、**住民主体の理念**を社協の事業、地域福祉推進の基本とすることを明確にし、「住民の地域福祉への関心を高め、その自主的な取り組みを基礎とした活動を進める」として、住民の活動が社協活動の基礎となるという社協の活動の構造についての整理を行った。

事業体としての役割は、事業の４番めに「福祉サービスの企画・実施」をあげたことに表れている[注12]。これは、平成２（1990）年に社会福祉事業法改正により、市町村社協の事業として「社会福祉を目的とする事業を企画し、及び実施するよう努めなければならない」が追加されたことを踏まえてものであるが、市町村社協の実態に即した記述という性格が強い。

在宅福祉サービスは、社協が先駆的に取り組んでつくってきたという歴史があるが、一方で、自治体が安易に社協に委託する、という状況もみられ、「福祉サービスの企画・実施」を法や新・基本要項に記載することに対しては、自治体からの受託を促進してしまう、という危惧も出された。

●注９
ふれあいのまちづくり事業は、職員（地域福祉活動コーディネーター）の人件費を含むものであった。

●注10
「新・社会福祉協議会基本要項」「地域福祉・ボランティア情報ネットワーク」ホーム>全社協の主な指針・規定等一覧 を参照。

●注11
社会福祉事業法では、それまで都道府県社協と全社協のみ規定されていたが、加えて市町村社協を記載した。区社協法制化は平成２（1990）年の社会福祉事業法改正（社会福祉関係八法改正）において実現。

住民主体の理念

新・社会福祉協議会基本要項において、住民主体の理念とは、①住民の福祉ニーズを把握し、それに立脚する態度、②住民の地域福祉への関心を喚起し、その自主的な取り組みの組織化と活動を基礎とすること、③住民の意思と活動が反映される社会福祉協議会組織とすること、④多様な福祉制度・サービス利用への住民の理解促進及び利用に関する意思の尊重、⑤地域福祉推進への住民の積極的な参画を進めていくこと、としている。

●注12
新・社会福祉協議会基本要項の「市区町村社会福祉協議会の事業」においては、次の八つの事業があげられている。
①福祉課題の把握、地域福祉活動計画の策定、提言・改善運動の実施、②住民、当事者、社会福祉事業関係者等の組織化・支援、③ボランティア活動の振興、④福祉サービス等の企画・実施、⑤総合的な相談・援助活動及び情報提供活動の実施、⑥福祉教育・啓発活動の実施、⑦社会福祉の人材養成・研修事業の実施、⑧地域福祉財源の確保及び助成の実施

2 課題解決の取り組みを住民の活動にもサービス事業にもつなぐ（1994 年～）

(1) ゴールドプランと社協の在宅福祉サービス

社協における在宅福祉サービスは、まず、家庭奉仕員派遣事業について、主に自治体からの委託というかたちで進められてきた。一方で、国庫補助以前に長野県・上田市で開始された家庭奉仕員派遣事業がそうであったように、先駆的に社協が取り組んだ食事サービス等の実施もあった。

ゴールドプラン[注 13]の推進により、在宅福祉サービスは急速に伸びていくことになり、社協に対する委託も増えていく。在宅福祉サービスの実施を積極的に位置付けた社協がある一方、自治体からの受託という方式に限界を感じるところもあり、撤退したり、社協の存在意義を見出せないと考えるところも出た。

●注 13
高齢者保健福祉推進十か年戦略（平成 2〔1990〕年から 10 か年）

(2) 事業型社協の提案

このようななか、平成 6（1994）年、「『事業型社協』推進の指針」[注 14]が提案された。事業型社協は、「ふれあいのまちづくり事業」が提示した相談・支援の取り組みと「新・社会福祉協議会基本要項」が提起した地域福祉推進の取り組みの整理を踏まえ、新しい社協像を明らかにするものとして構想されたものである。

●注 14
「『事業型社協』推進の指針（改訂版）」：平成 7（1995）年に改定。「地域福祉・ボランティア情報ネットワーク」ホーム＞全社協の主な指針・規定等一覧 を参照。

事業型社協については次のように定義している。

> 住民の具体的な生活・福祉問題を受けとめ、そのケースの問題解決、地域生活支援に素早く確実に取り組めるように、次のように取り組む。
> ①総合的な福祉相談活動やケア・マネジメントに取り組む。
> ②各種の公的福祉サービスを積極的に受託し、それらを民間の立場から柔軟に運営する。
> ③公的サービスでは対応できない多様なニーズにも即応した新たな住民参加型サービスを開発・推進する。
> ④小地域での継続的・日常的な住民活動による生活支援活動、ネットワーク活動、ケアチーム活動などに取り組む。
> ⑤問題解決の経験を踏まえて、地域福祉活動計画の策定と提言活動の機能を発揮し、このような事業・活動を通して住民参加を促進し、福祉コミュニティ形成を進める。

この事業型社協については、在宅福祉サービス事業を行うことを中心にした社協と解釈する向きもあるが、実際は、在宅福祉サービスも住民の福祉活動推進もバラバラに行うのではなく、個々のケースの問題解決に焦点化し、進める。そして、その問題解決の経験を踏まえて、さらに、計画策定、提言機能を発揮し、住民参加促進、福祉コミュニティ形成を進める、という提案である。ふれあいのまちづくり事業が提案した、総合相談・支援における地域住民の参加を重視するということに加え、在宅福祉サービスとの関係を整理したものである。

このような問題発見・問題解決機能が強化されることは、比喩的にいうと、社協のなかに神経細胞が張りめぐらされた状態ができることになる。ケースの問題解決に向かうと、既存のサービスや活動は次々に問題点にぶつかり、より即応性を高め、弾力化、改善拡充することが必要となり、さらに新しいサービスや活動の開発が求められる。このように、具体的ケースの問題解決のために活用されることをとおして、社協自らが事業・活動を組織・経営したり、ニーズに即して改善していく意義があらためて確認され、事業についての受動的な考え方が変化した。さらに、個別ケースの問題解決への取り組みを行うことは、結局、その具体的な事例を通して地域のサービス、福祉活動のあり方をチェックし、地域共通の問題に取り組むことになる、という点も明らかになった。

社協は従来、地域の共通する福祉問題に取り組み、解決する活動を進めてきた。地域社会を全体的にとらえ、地域社会がよくなることで、その成員である個人の福祉が高まる、という考え方と方法が主であった。この考え方と方法は大切だが、ふれあいのまちづくり事業により新しく開発されたのは、地域社会に生活している個人、家族の生活から出発し、その生活の一側面に地域社会があるとの考え方である。そして、そのケースのニーズを充足するサービス、活動を行い、さらにケースを取り巻く環境の改善に取り組むことで、福祉コミュニティづくりを進めるという考え方と方法である。

もちろん、この新しい型と従来の地域の共通問題に取り組むという考え方と方法とは矛盾するわけではない。新しい社協の特徴は、個からのアプローチと地域からのアプローチを統合化させた機能をもつものになっている。事業型社協は、こうしたふれあいのまちづくり事業により開発された新しい社協像を、さらに整理し、方向付けたものとして構想されたのである。なお、この考え方と方法は、第3章第3節「個別支援と地域支援の融合」につながるものである。

ふれあいのまちづくり事業、新・社協基本要項、事業型社協の一連の動きは、社協や地域福祉の方法論に大きな影響を与えることとなる。ゴールドプランの推進など在宅福祉サービスの充実に注目が集まり、また、サービス実施組織としての期待が社協にも高まるなかで、住民の福祉活動との協働を重視してきた社協がどのような道を歩むのか、という問いにひとつの答えを示すこととなった。

介護保険制度開始（平成12〔2000〕年）以降、全体の供給量は増えていくが、社協はシェアを減らしていくこととなる。しかし、介護保険の仕組みは、社協と自治体との力関係を大きく変えた。すなわち、委託でなくなり、事業経営は社協に任されることになり、社協経営の自由度を獲得するというプラス面も出たのである。このような状況下で、介護保険事業実施と住民の福祉活動推進を並行して進める社協、介護保険事業を事業の中心に据えていく社協、介護保険事業の経営に疲弊し撤退していく社協等に分かれていくこととなる。

3 NPO法人の登場、自治体の変化、地域福祉の法的位置付け（1998年～）

（1）特定非営利活動促進法（NPO法）施行

●注 15
正式には、特定非営利活動促進法。

NPO法[注15]の施行（平成10〔1998〕年12月）などを背景に、①従来の住民参加型在宅福祉サービス団体がNPO法人格を取得し、活動基盤を確立し、活動の幅を広げている。さらに、②まちづくりへの関心をもつ組織の活動が活性化し、社協等従来の福祉分野の活動に接近することとなった。

社協の活動領域であった地域福祉の分野に、さまざまな組織が参加する状況である。市区町村社協が住民・市民によるさまざまな取り組みを受け止め、NPO団体と積極的に連携・協働し、新しい福祉サービスや福祉のまちづくりに取り組むことが、より一層求められることとなった。

（2）地方分権改革と市町村合併の進展

地方分権一括法（平成12〔2000〕年施行）により、国、都道府県、市町村の関係が対等、平等な協力関係に変化したが、財源がともなわず理念段階にとどまっていた。しかし、平成16（2004）年から始まったいわゆる「三位一体」改革により、3年間で4兆円規模の国庫補助負担金の廃止・縮減と地方交付税化、財源移譲が一体的に進められた。財源の地方への移譲により地方分権化の具体化が図られ、市町村が主体となった地域に根ざした社会福祉が推進されることになった。しかし、実際には、財源の地方への移譲は不十分なものに終わり、さらに財政悪化が進み、地方自治体は財政縮減に苦しんでいる。

このようななか、市区町村社協に対する補助金は徐々に削られている。社協にとって最も大きな問題は、運営費補助的な性格の補助金が削られている点である。その背景には、まず、地方自治体の財政難があるのであるが、加えて、社会福祉・地域福祉の推進組織として社協だけを優遇するわけにはいかないというような考え方が広がってきていることがある。このような地方自治体と社協間のやりとりは、個々の地域によって異なるが、全国的に広がっている模様である。

これに対して、社協としては、自治体や福祉関係者に対して、社会福祉法における社協の位置付けを含め、社協の役割に理解を求めていくことが必要であるが、一方で、地域福祉の担い手が広がっているなかで、社協が真に関係者の参加を得て、連絡・調整をすることができているか（法で定めていることや関係者の期待に応えているか）という自らへの問いかけが必要となっている。

一方、平成11（1999）年4月頃から始まった平成の大合併は、社協に直接的に大きな影響を与えた（平成18〔2006〕年まで）。

社協は、自治体単位に設置されるのであるから（社会福祉法の規定）、自治体の合併は、同時に社協の合併をもたらしたのである。それぞれの地域で積み重ねられてきた福祉活動や福祉事業を、合併により、さらに発展させるにはどうするか、合併前のきめ細かさをどのように維持するのか、などが課題となり、今もその対応に苦心している地域は少なくない。

地方分権の考え方は、地域福祉推進においても大きな意味をもっている。社協は、住民の福祉活動において、市町村段階、さらに小地域段階（中学校区、小学校区さらには自治会、集落）における住民自身の主体的な決定と行動が重要であるという考え方に立って推進を図ってきた。したがって、地方分権の考え方は、社協の地域福祉推進の考え方と合致するものであるといってよい。

しかし、社会福祉の歴史を振り返ってみると、一般の人びとに十分認識されていない少数者の課題について、全国段階で先覚者が問題提起し、次第に理解者を増やし、制度をつくってきたといえる。市町村段階では、少数者の課題はなかなか地域の課題として共有されないのではないか、という危惧がある。したがって、各地域における判断、決定が福祉施策を決めることは基本としつつも、市町村段階のみに任せるのではなく、都道府県段階や国段階での支援や調整を行う必要がある。

社協組織としては、市町村段階、都道府県段階における働きかけを重視するとともに、全国ネットワークを生かしながら、重層的な推進を行っていく必要がある。各地で生じている課題を集約し、各地にその課題解決の提案をしていくというような動きも常に意識していく必要がある。

(3) 日常生活自立支援事業の開始

平成 11（1999）年 10 月、日常生活自立支援事業[注16]が開始された。

これにより社協に権利擁護事業という新たな柱ができるとともに、相談・支援の有力なツールを獲得することとなった。

●注 16
開始当初の名称は地域福祉権利擁護事業。平成 19（2007）年に改称66 頁参照。

(4) 「地域福祉」の位置付け―社会福祉法改正（平成 12〔2000〕年）

平成 12（2000）年の社会福祉法改正において、地域福祉という用語が初めて法律上用いられることとなり（第１条）、第４条に「地域福祉の推進」として、理念規定を設け、地域福祉の推進は、誰が、何のために行うべきものかを法律上明らかにした。また、社協が「地域福祉の推進を図ることを目的とする団体」と規定された（第 109 条、第 110 条）。

このように、社協が長年標榜してきた地域福祉という用語及び考え方が市民権を得、また、それを社協が担うことが明確になった意義は大きい。

4 市区町村社協をめぐる経営課題と市区町村社協の経営のあり方（市区町村社協経営指針）（2003年〜）

地方分権の推進、市町村の財政状態の悪化や規制緩和は、市区町村社協の経営に大きな影響を及ぼしている。行政からの補助金の縮減、従来の社協が中心的に担ってきた事業の他団体との競合化は、今後ますます進展すると考えられる。そのため、市区町村社協は自らの活動や事業を点検し、その今日的・社会的意義、公益性の意味合いを明確にし、具体的な事業展開の方向を明確にしなければならない。

社協は法的位置付けに根ざしたものであるが、その可能性も、個々の市区町村社協の経営努力や、住民ニーズに即した活動や事業とともに、的確な事業経営や経営責任がとれる組織体制がつくられてこそ、大きく広がるものである。①「事業経営理念」の明確化、②業務体制の再構築、③「役員体制」「組織構成」の見直しと、「事業経営管理（マネジメント）」の強化、が求められ、全役職員が、これからの市区町村社協のめざすべき方向性を共通認識とし、意識改革を図ることが強く求められる。

このような前提に立ち、平成15（2003）年、全社協・地域福祉推進委員会は、「市区町村社協経営指針」[注17]をとりまとめた（平成17〔2005〕年3月第1次改定。令和2〔2020〕年7月第2次改定）。ふれあいのまちづくり事業、新・

●注17
「市区町村社協経営指針」:「地域福祉・ボランティア情報ネットワーク」ホーム>全社協の主な指針・規定等一覧 を参照。

〔図表1-4〕市区町村社会福祉協議会の使命・経営理念・基本方針

使命
市区町村社協は、地域福祉を推進する中核的な団体として、地域住民及び福祉組織・関係者の協働により地域生活課題の解決に取り組み、誰もが支え合いながら安心して暮らすことができる「ともに生きる豊かな地域社会」づくりを推進することを使命とする。
経営理念
市区町村社協は、この使命を達成するために、以下の理念に基づき、事業を展開する。 ①地域住民を主体とした「ともに生きる豊かな地域社会」の実現 ②誰もが人格と個性が尊重され、その人らしい生活を送ることができる福祉サービスの実現 ③地域住民及び福祉組織・関係者の協働による包括的な支援体制の構築 ④地域生活課題に基づく先駆的・開拓的なサービス・活動の創出 ⑤持続可能で責任ある自律した組織経営
基本方針
市区町村社協は、「地域住民」「社会福祉を目的とする事業を経営する者」「社会福祉に関する活動を行う者」が参加する公益性の高い非営利・民間の福祉団体として、上記経営理念に基づく以下の基本方針により経営を行う。 ①地域に開かれた組織として、経営の透明性と中立性、公正さの確保を図るとともに、情報公開や説明責任を果たし、地域社会の支持・信頼を得られるよう、積極的な情報発信を図る。 ②事業の展開にあたって、「連携・協働の場」（プラットフォーム）としての役割を十分に発揮し、地域住民や関係機関・団体等、あらゆる関係者の参加と協働を徹底する。 ③事業の効果測定やコスト把握等の事業評価を適切に行い、効果的で効率的な自律した経営を行う。 ④すべての役職員は、高潔な倫理を保持し、法令を遵守する

（出典）「市区町村社協経営指針（令和2年7月 第2次改定）」全国社会福祉協議会地域福祉推進委員会。

基本要項、事業型社協以降の動きを集大成する位置付けであり、新・基本要項の骨格を踏まえつつ、使命・経営理念、事業、組織の社協全般に関する当面の指針として整理したものである。その基本は、図表 1-4 に、使命、経営理念、基本方針として整理されている。

5 地域総合相談・生活支援システムの提案（2005 年）

ふれあいのまちづくり事業は、国庫補助が平成 16（2004）年度で終了し、翌年度からセーフティネット支援対策等事業費補助金に組み替えられることとなったが、「とりあえず対応する」[注18]ことから、より確実に対応する総合相談・援助の取り組みは、徐々に社協活動に浸透していくこととなる。

このような状況をさらに促進するため、全社協は平成 17（2005）年に、総合相談に関する検討を行い、「『地域総合相談・生活支援システム』の構築に向けて～市町村社会福祉協議会への提案～」[注19]をまとめ、行政、専門機関、住民が連携・協働して、相談・支援の仕組みをつくることを提案した。

そのなかで「地域総合相談・生活支援」について、次のように整理している。

【目標】

一人ひとりの住民が、身近な所で必要な支援を受け、社会とのつながりを持ちながら、住み慣れた地域で暮らし続けられるよう支援する

【定義】

地域総合相談・生活支援システムとは、地域（ここでは市区町村域および日常生活圏域）において、相談・支援組織、サービス提供組織、住民の福祉活動、その他関係者の連携・協働により、住民の相談を確実に受け止め、切れ目のない支援につなぐシステムである。

・支援と確実に結びつく相談（制度的なサービスのみならず非制度的な支援活動の充実）
・支援を要する人の生活全体を意識した取り組み（「福祉」を超えた対応）
・支援を要する人が住む地域社会、そして、それを意識的に支える地域社会を意識
・総合（高齢、障害、児童といった従来の分野を超える、制度＋非制度、地域社会から疎外されている人の問題まで範囲を広げる、予防）

【地域総合相談・生活支援システムの機能・要件】

①地域社会･地域住民、専門組織・専門職の参画と協働の仕組み
②地域社会･地域住民による見守り・発見・気づきの仕組み
③専門組織･専門職による住民の相談を確実に受け止める仕組み
④地域社会･地域住民が要援助者の日常生活を安定的･継続的に支える仕組み
⑤制度的なサービスの十分な配置と地域住民との協働
⑥切れ目のない支援を行うための体制
⑦新たなサービスや活動を開発する機能

●注 18
本節 1（1）「ふれあいのまちづくり事業」14 頁参照。

●注 19
「地域総合相談・生活支援システム及びワーカーの専門性に関する検討委員会」（委員長：山崎美貴子 神奈川県立保健福祉大学保健福祉学部長（当時））による。
「地域福祉・ボランティア情報ネットワーク」ホーム＞全社協の主な調査研究報告一覧 を参照。

6 「これからの地域福祉のあり方に関する研究会」報告書以降の環境変化と今後の社協の方向性（2008 年〜）

(1) 社会福祉施策における地域福祉の新たな位置付けの提案

平成 20（2008）年 3 月、「地域における『新たな支え合い』を求めて―住民と行政の協働による新しい福祉―」[注20]が出された。この報告は、①現行の社会福祉の仕組みでは対応しきれていない「生活課題」に対応する役割、②住民と行政の協働による「新たな支え合い」（共助）を確立する役割、③地域社会再生の軸としての役割、という点から、社会福祉施策における地域福祉の新たな位置付けを行っている。住民主体の活動の重要性を述べるとともに、その活動に対する支援の必要性と、さらにそこにおける自治体の役割（基盤整備と公的サービスの確立）を述べている。市区町村社協については、「新しい地域福祉」の推進に役立つ組織として、住民の福祉活動を発掘、育成し、地域住民が支え合う環境づくりを進めるために、地区の住民による地域福祉活動を支援する団体として、助言、情報提供、援助を行う者と位置付けている。また、これらの課題を踏まえて、社協のあり方、課題が指摘された。

●注 20
厚生労働省社会・援護局長私的研究会「これからの地域福祉のあり方に関する研究会」報告書。
厚生労働省ホームページ
ホーム＞政策について＞審議会、研究会等＞その他（検討会、研究会等）＞社会・援護局（社会）が実施する検討会等＞これからの地域福祉のあり方に関する研究会を参照。

ここで指摘されたことは、一般的な社協のあり方としてのものではなく、これからの地域福祉のあり方研究から明らかになった「物差し」に基づいて検討した結果である点に留意する必要がある。新しい役割や機能を果たすためにどのような改革が求められているかを考えるうえで重要な手がかりになろう。

留意すべき点は、住民の福祉活動を支援する組織は、社協が中核となることは間違いないが、住民の福祉活動、地域福祉の重要性に関する行政や関係者の認識が広がるにつれ、支援方法や支援組織は多様になり、社協が独占的に地域福祉を推進する位置付けとはならないことを自覚し、協働により、多様な活動が地域で推進されるように環境づくりを進める役割を果たすことである。

(2) 社会保障・税一体改革

政府は、平成 24（2012）年に、社会保障改革推進法を中心とした社会保障・税一体改革関連法を成立させ、これに基づいて社会保障改革が進められた。

少子高齢化が進むこれからの社会において、社会保障制度をどのように変えていくべきか、どのようにして財源を確保するか、といった事柄について、消費税をはじめとする税制改革と合せて検討したものである。

(3) 新しい福祉課題・生活課題と「全社協福祉ビジョン 2011」の策定

高齢者の貧困、ワーキングプア、孤立死、自殺、ひきこもり、ホームレス、ごみ屋敷、虐待など、制度で対応しきれていない新しい福祉課題・生活課題が広がっていることが指摘されてきた。これらのニーズは、社会的孤立の状況になっている人に深刻に表われている。深刻化が憂慮される一方、世の中の関心も高まり、社会的孤立に対応する必要があることを人びとは強く意識するようになっているようにもみえる。

このような状況を踏まえ、平成22（2010）年12月、全国社会福祉協議会政策委員会では「全社協福祉ビジョン2011」をまとめ、提言した。新しい福祉課題・生活課題が噴出しているにもかかわらず、現在の社会福祉のシステムがこれに対応しきれていない状況にある、という問題認識に立ち、①制度内福祉サービスの改革、②制度外の福祉サービス・活動の開発・実施、③住民・ボランティアの主体的な参加の環境づくりを提案している[注21]。

国・自治体に対しては、消費税増税を含む財源の確保を、国民に対しては、費用（税・社会保険料等）の分かち合いと福祉活動への参加を、社協を含む社会福祉法人に対しては、①柔軟に対応できる制度内の福祉サービスの強化、確立、②制度で対応しにくいニーズに応える福祉サービス・活動の積極的展開、③市区町村単位での相談・調整機能の連携・総合化の仕組みづくり、制度改革の働きかけ、を提案した。

制度で対応できない（対応しにくい）ニーズの深刻化とそれに対する国民ないしは地域社会の対応の意識の変化を踏まえて、提案したものであった。

●注21
「全社協福祉ビジョン2011」
全社協政策委員会ホーム＞全社協福祉ビジョン＞全社協福祉ビジョン2011（平成22年12月）を参照。「全社協福祉ビジョン2020」（令和2〔2020〕年12月策定）については、28頁を参照。

(4) 社協・生活支援活動強化方針の策定

全国社会福祉協議会・地域福祉推進委員会は、平成24（2012）年10月、「社協・生活支援活動強化方針」[注22]を策定した。

これは、「市区町村社協経営指針」、「全社協　福祉ビジョン2011」の枠組みを踏まえつつ、総合相談・生活支援の強化を中心に据え、そのための基盤強化や関係者との連携のあり方を方針化したものである。生活困窮者自立支援事業に関する国の検討に先立って行われたが、生活困窮者自立支援事業との関連も合わせて検討が行われた[注23]。

●注22
「社協・生活支援活動強化方針」
最新版は平成30（2018）年3月策定。
全社協地域福祉・ボランティア情報ネットワーク＞社協の提案する地域福祉活動・事業　を参照。

●注23
ここでは、平成29（2017）年に改定されたものを紹介する。

強化方針の柱
1　あらゆる生活課題への対応
2　地域のつながりの再構築

「強化方針の柱」の実現のために強化すべき行動
1　アウトリーチの徹底
2　相談・支援体制の強化
3　地域づくりのための活動基盤整備
4　行政とのパートナーシップ

(5) 制度外サービスへの取り組み、地域福祉志向の施策展開

生活困窮者自立支援制度の創設（平成27〔2015〕年度）、社会福祉法人制度改革（平成29〔2017〕年度本格実施）、介護保険制度の介護予防・日常生活支援総合事業への移行（平成27〔2015〕～29〔2017〕年度の３年間で移行）は、いずれも、制度外ニーズへの対応、住民の福祉活動の重視という地域福祉への志向を明確にしている。社協として関心をもち、また実施に深く関わっていくことが必要である。

生活困窮者自立支援事業は、「生活困窮者」という言葉から、経済的困窮の問題ととらえられる向きもあるが、社会的孤立と経済的困窮は深い関わりがあるととらえ、地域社会とのつながりや支えをいかにつくっていくかが課題となる。事業の目的は①生活困窮者の自立と尊厳の保持、②生活困窮者支援を通じた地域づくりのふたつとされている。

本事業の実施主体は自治体（福祉事務所をもつ市町村、もたない町村については都道府県）であり、委託をする場合には、社会福祉法人や社協には限らない仕組みとなっているが、現在、国により進められている包括的相談支援体制整備の中心となる事業であり社協として積極的な受託が望まれる。ほかの法人と分担して受託することも含めて検討する必要がある。

生活困窮者自立支援事業を受託しない社協にあっても社協のもつ福祉支援機能を生かして事業実施組織と連携して地域の総合相談・生活支援体制の確立を推進することが必要である。

社会福祉法人制度改革は、「内部留保」への指摘から始まった問題であるが、財務規律の徹底にとどまらず、社会福祉法人の性格・役割についての検討が深められた。「社会福祉法人の本旨に基づき無料又は低額な料金により福祉サービスを提供する責務」が社会福祉法第24条第２項[注24]に定められた。厚生労働省の資料によれば、社会環境の変化にともない、福祉ニーズが多様化・複雑化し、既存の制度（＝社会福祉事業）では十分に対応できない者に対する支援の必要性が高まっているとし、これに対して特に社会福祉法人がその「本旨」に基づき、他の事業主体では対応が困難な福祉ニーズに対応していくことが求められるとしている。その本旨とは、社会福祉事業に係る福祉サービスの供給確保の中心的役割を果たすだけでなく、既存の制度の対象とならないサービスに対応していくこと、としている。

なお、無料または低額な料金による福祉サービスについては社会福祉法第24条第２項に「地域における公益的取組」が、第55条の２第４項第２号に「地域公益事業」[注25]が定められている。

新しい介護予防・日常生活支援総合事業への移行は、従来の介護予防訪問介護、介護予防通所介護を、住民等が参画するような多様なサービスを総合的に提供可能な仕組みに移行させるというものである。例えば家事援助を行ってい

●注24
社会福祉法第24条第２項「社会福祉法人は、社会福祉事業及び第26条第１項に規定する公益事業を行うに当たつては、日常生活又は社会生活上の支援を必要とする者に対して、無料又は低額な料金で、福祉サービスを積極的に提供するよう努めなければならない。」

●注25
社会福祉法第55条の２第４項の２「公益事業（第２条第４項第４号に掲げる事業を除き、日常生活又は社会生活上の支援を必要とする事業区域の住民に対し、無料又は低額な料金で、その需要に応じた福祉サービスを提供するものに限る。第６項及び第９項第３号において「地域公益事業」という。）」

●注26
家事援助が必要な人、より専門的な働きかけ（ソーシャルワーク）が必要な人は存在する。厚生労働省も専門的なサービスをあらためて設定することの必要性を求めており、社協自身にもニーズに応えて介護保険サービスをどのように展開していくかが問われることになる。

る訪問介護については、実際には、高齢者が、その社会的関係が薄くなるなかで、日ごろの活動が不活発であったり、自らの生活管理ができないことが課題であって、それへの働きかけが重要だという指摘がされてきた。これには専門職の対応も必要だが、社会関係の維持・回復には、やはり、地域社会、住民が意識的に取り組むことが重要である[注26]。

以上述べた3点は、社協がめざしてきた地域総合相談・生活支援を具体化するうえで重要な要素となる。これに、社協の相談・支援機能として培ってきた生活福祉資金貸付事業、日常生活自立支援事業、地域福祉推進基礎組織や民生委員・児童委員とともに進めてきた地域住民による相談支援機能と一体となった実施を図ることが求められる。

また、ふれあいのまちづくり事業や、総合相談・生活支援システムの提案は、制度外のニーズに対応すること、相談を支援までつなげること、解決の担い手として住民を重視することをその基本としている。この考え方は、生活困窮者自立支援事業の考え方と軌を一にするものである。これは、社会福祉法人のあり方や、要支援者の地域支援事業への移行についても同様である。

この三つの施策の動きは、地域福祉を指向したものであること、制度外ニーズへの対応を重視することで共通しているが、財源がバラバラであり、配置される専門職の機能の別等がわかりにくく、さらに、調整機能（地域ケア会議等）も重複感がある、と指摘されている。

(6)「地域共生社会」の提案

平成28（2016）年12月26日、「地域における住民主体の課題解決力強化・相談支援体制の在り方に関する検討会」[注27]（略称：地域力強化検討会）中間とりまとめが発表[注28]され、これに基づき、社会福祉法等の改正[注29]が行われ、平成30（2018）年4月1日に施行された。

「地域共生社会の実現に向けて、地域福祉の推進の理念として…地域生活課題を把握し…その解決を図る」（法律案要綱）ものとして、次の改正を行った。

①「地域生活課題」[注30]として、社会福祉に限らない広範な生活課題をあげていること（第4条〔地域福祉の推進〕）

②社会福祉を目的とする事業を経営する者に対し「地域福祉の推進に係る取組を行う他の地域住民等[注31]との連携を図る」ことを求めていること（第5条〔福祉サービスの提供の原則〕）

③国、地方公共団体に対し、上記①②、その他の地域福祉の推進のために必要なもろもろの措置を講ずることを求めていること（第6条第2項〔福祉サービスの提供体制の確保等に関する国及び地方公共団体の責務〕）

④各分野の総合相談機能を持つ相談機関（自治体直営ないし委託）に対し、解決・支援が困難な課題について、適切な支援関係機関につなぐことを求めて

●注27
厚生労働省から「新たな時代に対応した福祉の提供ビジョン」（厚生労働省・新たな福祉サービスのシステム等のあり方検討プロジェクトチーム、平成27〔2015〕年9月17日）が提案され、この内容が生かされ、平成28（2016）年6月2日、「ニッポン一億総活躍プラン」の「『介護離職ゼロ』に向けた取組の方向」のなかに「地域共生社会の実現」が掲げられた。
これを受け、「我が事・丸ごと」地域共生社会実現本部が厚生労働省内に設置され、地域力強化検討会が発足した。

●注28
その後、平成29（2017）年9月12日、最終とりまとめが公表された。厚生労働省ホーム>政策について>審議会・研究会等>社会・援護局（社会）が実施する検討会等>地域力強化検討会 を参照。

●注29
地域包括ケアシステムの強化のための介護保険法等の一部を改正する法律。平成29（2017）年5月26日成立。

●注30
「福祉サービスを必要とする地域住民及びその世帯が抱える福祉、介護、介護予防（要介護状態若しくは要支援状態となることの予防又は要介護状態若しくは要支援状態の軽減若しくは悪化の防止をいう。）、保健医療、住まい、就労及び教育に関する課題、福祉サービスを必要とする地域住民の地域社会からの孤立その他の福祉サービスを必要とする地域住民が日常生活を営み、あらゆる分野の活動に参加する機会が確保される上での各般の課題」。

●注31
ここで「地域住民等」とは、①地域住民、②社会福祉を目的とする事業を経営する者、③社会福祉に関する活動を行う者をさしている（第4条冒頭）。

いること（第106条の2〔地域子育て支援拠点事業等を経営する者の責務〕）

⑤市町村に対し、次の包括的な支援体制の整備を求めていること（第106条の3）

ア）身近な圏域において、地域住民等が主体的に地域生活課題を把握し解決を試みることができる環境の整備（住民主体の福祉活動の支援）[注32]

イ）身近な圏域において、地域生活課題に関する相談を包括的に受け止める体制の整備（身近な相談支援の仕組みづくり）[注33]

ウ）多機関の協働による市町村における包括的な相談支援体制づくり（市町村段階の相談支援の仕組み）

⑥地域福祉（支援）計画策定を努力義務に格上げしたこと。また、各分野ごとの計画の上位のものとして位置付け、各分野の共通して取り組むべき事項を記載することを求めたこと（第107条、第108条）。

●注32
「地域共生社会の実現に向けた地域福祉の推進について」（平成29年12月12日、厚生労働省子ども家庭局、社会・援護局、老健局3局長通知　最終改正　令和3年3月31日）においては、次の点があげられている。
①地域福祉に関する活動への地域住民の参加を促す活動を行う者に対する支援
②地域住民等が相互に交流を図ることができる拠点の整備
③地域住民等に対する研修の実施

●注33
「地域共生社会の実現に向けた地域福祉の推進について」（平成29年12月12日、厚生労働省子ども家庭局、社会・援護局、老健局3局長通知　最終改正　令和3年3月31日）においては、次のものが例示されている。
①地域住民のボランティア
②地域住民を主体とする地区社協
③市町村社会福祉協議会の地区担当
④地域包括支援センター、障害者相談支援事業所、地域子育て支援拠点事業、子ども・子育て支援法に基づく利用者支援事業等の支援機関
⑤社会福祉法人、NPO等

なお、第4条は「地域住民、社会福祉を目的とする事業を経営する者及び社会福祉に関する活動を行う者（以下「地域住民等」という。）は、相互に協力し、福祉サービスを必要とする地域住民が地域社会を構成する一員として日常生活を営み、社会、経済、文化その他あらゆる分野の活動に参加する機会が確保されるように、地域福祉の推進に努めなければならない。」となっており、地域社会の構成員として、生活を営むことをめざすこととしているが、下線部以外は平成12（2000）年の法改正で実施されたものである。したがって、平成30（2018）年施行の改正は、この4条の考え方をより具体的にしたものととらえることができる。

令和3（2021）年4月には、地域共生社会の実現に向けた包括的支援体制の整備を具体化する重層的支援体制整備事業を含む社会福祉法改正が施行された（前回の法改正時の3年後の見直し規定に基づくもの）。

これは、高齢、障害、児童、困窮といった分野ごとの相談を一体化し、それらの財源についても一体的に執行できるようにするものである。ただし、重層的支援体制整備事業の実施にあたっては自治体、関係団体の十分な調整が必要であり、条件が整った自治体の「手挙げ」（任意事業）となっている。

この条件整備を含め「包括的な支援体制の整備」をいっそう進め、「属性を問わない相談支援」「参加支援」「地域づくりに向けた支援」の三つの支援を一体的につくるというものである（社会福祉法第106条の4～11の新設）。

「地域共生社会」の理念や示されている方法は、従来、社協が考えてきたこと、進めてきたこととおおむね合致している。前述した、ふれあいのまちづくり事業の考え方、進め方とも一致している。このため今回の法改正を含め、社協としては、重層的支援体制整備事業の実施にかかわらず、包括的支援体制整備を推進する必要がある。

しかし、いま、社会福祉法改正により打ち出された施策の現代的背景につい

て、認識を深める必要がある。

①社会福祉制度は、まだ、不十分なところがあるとはいえ、急速に発展してきた。そのなかで、制度が想定していないニーズについては、発見が遅れたり、制度の柔軟な対応が困難な状況となっている。

②制度で対応できない（しにくい）ニーズについての認識は、すでに、関係者のなかでは共通のものとなりつつあるが、具体的な専門職と住民との連携、専門職間の（特に分野を越えた）協働は、実効あるものとなっていない。

③深刻な福祉課題・生活課題が社会的孤立の問題と密接に結び付いていることは、関係者のみならず、広く国民の共通認識となっているが、「深刻な課題ほど、その解決には地域社会・住民の力が必要」という事実は、十分に伝わっていない、また、活動に結び付いていない。

このような認識に立って、社協にとっての地域福祉（地域共生社会）推進の課題を整理しておきたい。

①　住民は「地域共生社会」の理念を受け入れるか

住民は少なからず、国・自治体の仕事を住民に押しつけてきたと感じると思われる。これについて、「住民の主体的な福祉活動」を進めてきた社協は、押しつけでない活動の発展に、従来以上に努めていく必要がある。

②　理念、努力義務の法律で自治体は動くか

国の新しい財源は手当されないので、自治体は、新たな事業を起こしたり、補助金を出すことに消極的になり、結果として、何も動かないということになることが危惧される。社協として自治体に働きかけていく必要がある。

③　自治体の縦割り体制は変わるか

近年の施策である、生活困窮者自立支援事業、介護保険の介護予防・日常生活支援総合事業を、従来の縦割りの庁内体制のまま、実施するという傾向がみられる。市町村地域福祉計画のガイドライン注34においても「全庁的な体制整備」として「福祉、保健、医療も含めた庁内の部局横断的な連携体制の整備」を求めているが、実効ある体制づくりを働きかけていく必要がある。

●注34
「地域共生社会の実現に向けた地域福祉の推進について」（平成29年12月12日、厚生労働省子ども家庭局、社会・援護局、老健局３局長通知　最終改正　令和３年３月31日）。

④　専門機関、専門職は縦割りを変えられるか

縦割りは、制度や自治体の仕組みの問題であるが、一方で、専門機関、専門職も自らの専門範囲に閉じこもって、活動している傾向がみられる。縦割りを自らの問題としても受け止めて、意識的に変えていく必要がある。

⑤　協働をどのように進めるか

重層的支援体制整備事業においては、「多機関協働事業」として包括的な相談支援体制整備、重層的支援体制整備事業の中核を担うことに補助を行うが、制度外ニーズを確実に受け止める力が必要であり、現状では、生活困窮者自立支援制度の自立相談支援機関が近い存在として想定される。また、地域包括支援センターも高齢者に限らない対応を行い、地域住民との連携がと

れているところは、有力な候補となる。

そして、住民の福祉活動と連携しながら、総合相談・生活支援を進めてきた社協も「包括的支援体制推進の中核」を担いうると考えられる。

社協としては、当該市町村が重層的支援体制整備事業に手を挙げるかどうかは別として、協働を推進する役割を担っていく姿勢が求められる。

⑥ 「地域福祉のガバナンス（共同運営）」にどう関わるか

地域福祉の関係者は多様であり、担い手と受け手が固定されないのも特徴である。したがって、それぞれが自らの活動・事業の実施、財源の調達等を考えるだけではなく、地域全体を俯瞰し、必要な調整を行う機能が必要である。それを担うのは、地域福祉の関係者総体であると考えられ、社協がそのプラットフォームをつくり、協議や連携・協働を実質化することが求められる。

すなわち、社協の立場は、自らの財源を獲得するだけでなく、地域福祉の関係者それぞれが、必要な財源を獲得し（時に競争し)、活動・事業を実施できるように力を尽くすことが重要である。

(7) 地域共生社会の推進と社会福祉関係者全体の協働─「全社協福祉ビジョン 2020」の策定─

●注 35
「全社協福祉ビジョン 2020」
全社協政策委員会ホーム＞全社協福祉ビジョン＞全社協福祉ビジョン 2020 を参照。

「全社協福祉ビジョン 2020」[注35]は、「地域共生社会」の推進と、「SDGs＝誰一人取り残さない持続可能で多様性と包摂性のある社会」を包含し、「ともに生きる豊かな社会」の実現をめざすとした。

社会福祉関係者全体の実践課題としてあげられている八つのなかで、社協の課題としてあげられているのは、①「重層的に連携・協働を深める」の「連携・協働」の場づくり、②「多様な実践を増進する」の成年後見制度、日常生活自立支援事業の拡充、③「福祉を支える人材（福祉人材）の確保・育成・定着を図る」の地域住民・ボランティアへの働きかけ、⑤「福祉組織の基盤を強化する」の「連携・協働の場」のための社協職員雇用の安定化、⑥「国・自治体とのパートナーシップを強める」の委託事業等の効果・実績をあげていくための委託契約等のあり方に関する見直しを働きかける、等である。

このほか同ビジョンでは、⑦「地域共生社会への理解を広げ参加を促進する」、⑧「災害に備える」があげられている。

いずれも、従来、取り組んできた課題であると同時に、あらためて社会福祉法人、社会福祉関係者、さらに地域住民・ボランティアとの連携・協働を強く意識した行動が求められている。

第4節　コロナ禍における社協事業・活動の取り組み課題

1　新型コロナウイルス感染症の拡大にともなう生活困窮者の急増

令和2（2020）年の当初から世界各地で感染が拡大した新型コロナウイルスのパンデミック。わが国では4月7日の緊急事態宣言に続き、翌年1月7日、4月25日に宣言が発令された。宣言解除後もその猛威は収まらず、感染者の増減を繰り返しながらしばらくその影響が続くことが見込まれる。コロナ禍による度重なる外出の自粛、移動制限、飲食店を中心とした営業時間の短縮要請等は、解雇や離職、収入減少等により多くの生活困窮者を生み出している。

生活福祉資金貸付制度の緊急小口資金・総合支援資金に関しては、コロナ禍による収入の減少等により、当面の生活費が必要な人について、従来の低所得世帯の要件等を緩和し、特例を設けて令和2年3月より必要な貸付を進め、翌年3月27日までに申請件数は200万件を超えた（貸付決定約83.6万件、約7377.2億円）。

特例貸付については当初、受付期間を令和2年7月末としていたが、貸付実績等を踏まえ累次の延長措置がなされ、令和3年5月28日に緊急小口資金及び総合支援資金（初回貸付、再貸付）の申請受付期限を同年8月末日とした。

特例貸付の実施にともない国は、令和2年度補正予算で貸付原資と債権管理事務費を一体的なものとして1兆1792億円の財源措置を行った。特例貸付の償還期間は緊急小口資金が2年、総合支援資金が10年であることから、中長期にわたる息の長い支援が求められている。このため都道府県社協は市区町村社協とともに、債権管理に関する業務の外部委託や各社協における相談及び事務体制の強化などの方策の検討、実施が必要である。

生活困窮者自立支援制度においても、コロナ禍において生活や住まいに不安を抱え、自立相談支援機関の窓口を訪れる人が急増している。令和2年4月～12月の自立相談支援件数は速報値で約56.4万件（令和元年度24.8万件）、令和2年4月～令和3年1月までの住居確保給付金支給件数は速報値で約12万件（令和元年度約4千件）となっている。

自立相談支援事業等生活困窮者支援制度については、令和2年度の第2次及び3次補正予算、さらには令和3年度予算に人員体制の強化に係る費用が計上された。事業を実施している社協においては自治体に働きかけ、こうした予算を活用し、必要な人員ならびに相談支援に必要な体制を整備することが求められている。

コロナ禍において新しい生活様式の実践が求められる中、感染防止策を講じ

●注 36
「令和２年中における自殺の状況」（厚生労働省社会・援護局総務課自殺対策推進室、警察庁生活安全局生活安全企画課、令和３年３月16日）

つつ、生活困窮者の自立支援を進める必要がある。特に令和２年の日本の自殺者数は、２万 1,081 人と 11 年ぶりに増加に転じている[注36]。コロナ禍で児童虐待や家庭内暴力が増加したり深刻化したとの報道もされている。このためコロナ禍において生活困窮者の生活を守ると同時に、命を守る取り組みが求められている。社協では特例貸付を担う生活福祉資金の担当部門と生活困窮者自立支援制度、生活保護制度、さらには各種施策との連携が不可欠となる。また、解雇や離職を余儀なくされた人のなかには一般就労が可能な人も多数おり、ハローワークによる求職者支援制度等就労支援との連携も必要である。また、病気や高齢、障害のために就職が困難な人等に対する就労準備支援事業の充実・実施も欠かせない。

さらに路上生活者やネットカフェなど不安定な居住状態にある人に加え、突然の解雇で住居を失った人に宿泊場所や衣食を提供する一時生活支援事業、保護者が生活困窮状態になったり、学校の休校などで環境が激変した子どもたちに対する学習・生活支援事業が重要であり、市区町村社協での事業の受託実施を含む取り組み強化、実施していない場合には、実施機関との連携強化が必要である。

一方で、新型コロナウイルス感染症の影響が出る前から困窮状態にある人、不安定な職業に就いている在留外国人、その他多数の生活基盤がぜい弱な人びとなどの存在がコロナ禍で新たに顕在化した。このように多様で、多数の支援を要する人への対応は社協のみでは困難であるし、既存の制度だけでなく新たな社会資源の開発も必要となる。社会福祉法人・福祉施設、民生委員・児童委員、ほか多機関と連携・協働した取り組みが求められる。

2　新型コロナウイルスの影響にともなう住民主体の福祉活動、ボランティア活動の停滞

「接触しない」「距離をとる」「集まらない」「間近で会話しない」などを求める新たな生活様式は、これまで地域において住民・市民が人に寄り添い、つながりづくりを進めてきた福祉活動やボランティア活動にきわめて大きな影響を及ぼしている。ふれあい・いきいきサロンや見守り活動、住民による助け合い活動、当事者団体の集まり等、さまざまな活動が休止や延期、活動自粛されているなか、閉じこもりによる高齢者のフレイルの進行、障害者などの社会的孤立の深刻化が懸念されている。

感染拡大による長期の外出自粛により、高齢者や障害者のなかには、人と会うこと、外出することに不安を感じる人も少なくない。また、自粛警察による私的制裁、感染者への誹謗中傷は激しくなり、寛容性を失った社会は差別や排除をこれまで以上に助長している。

ただその一方で、こうした状況は、誰かとつながっていること、誰かを支えたり支えられたりしていること、そして互いに他人を思いやること、そうしたことの大切さを我われに改めて気づかせることとなった。また、ICT やソーシャルメディアを活用した新たなつながりづくりの取り組みもみられるようになってきた。

全社協では令和２年７月、「新型コロナウイルス感染拡大防止に配慮した地域住民等による福祉活動・ボランティア活動の進め方」を公表している。そこでは、コロナ禍での活動再開に向け、①担い手同士で話し合う、②感染防止等について担い手自身正しい知識を身につける、③福祉活動の再開方法等を検討する、④活動に使える補助金・助成金等を活用する、⑤利用者が安心して参加できるように適宜情報提供する、⑥福祉活動等の再開に向け地域の理解を得る、⑦市区町村社協によるバックアップ・相談体制等を確立する、⑧ボランティア活動保険の加入、⑨全国の取組事例を参考に新たな地域住民等による福祉活動を創設する、を提案した。合わせて、福祉活動・ボランティア活動における新型コロナウイルス感染症拡大防止の留意点を紹介している。さらに翌年６月には、全国の社協による活動事例を紹介した「コロナ禍でもつながりを絶やさない」を発行した。これらを参考に各社協における創意工夫による福祉活動、ボランティア活動等の推進が期待されている。

第2章

市区町村社会福祉協議会の事業

第1節　事業展開の基本的考え方

1　事業体制の考え方

市区町村社協は、地域の実情に応じてさまざまな事業を実施しており、各市区町村社協によって、事業内容は異なっている。特に近年、介護保険事業、日常生活自立支援事業や生活福祉資金貸付事業、生活困窮者自立支援事業などの具体的支援への需要が増加し、また、ボランティアや住民の福祉活動の推進などへの期待も一層高まっている。このため、市区町村社協の事業・組織規模が急激に拡大し、部・課・係など部門制の事業体制が整備されるようになってきた。それだけに、地域社会のニーズとそれに応える社協の体制を考慮し、実施する事業を選択し、その運営条件を整備すること、変幻自在ともいえる社協の事業の柱と内容をきちんとガバナンス（統治）することは、極めて重要な課題である。

事業担当者、部門の管理職、組織経営を行う事務局長等の管理職、役員が、それぞれの立場で、また社協事業の構成やそれぞれの部門事業の意義やつながりを意識しつつ、連携・協働を図ることが必要である。また、事業の実施自体を目的化することなく、地域福祉の推進という社協の目的を具体化することが重要である。そのためには、社協事業の基本的な考え方を共有することが強く求められる。

「市区町村社協経営指針（第２次改定版）」[注1]では、事業展開の基本的考え方、部門の構成について次のように整理している。

●注１
「市区町村社協経営指針（第２次改定版）」
「地域福祉・ボランティア情報ネットワーク」ホーム「NEWS」2020、８月13日 を参照。

<事業展開の基本的考え方>
○市区町村社協は「連携・協働の場」として地域住民の複合化・多様化した地域生活課題や潜在的ニーズを受け止め、地域を基盤にして解決につなげる支援やその仕組みを多様な地域関係者と協働してつくることを目的に、具体的な事業展開を図る。
<部門の構成>
○市区町村社協は地域の実情に応じて、①法人経営部門、②地域福祉活動推進部門、③相談支援・権利擁護部門、④介護・生活支援サービス部門による事業体制を確立する。
○事業体制は、地域住民のあらゆる地域生活課題を組織として受け止め対応する体制として、各部門に相応しい財源、人材、施設・設備等を確保し、各部門間の相互連携を確立する。

本節では、市区町村社協の事業展開について、制度的位置付けを踏まえつつ、事業展開の方向性や体制の基本的な考え方について整理する。

2 四つの部門

「市区町村社協経営指針」では、市区町村社協における多様な事業展開を支える体制として、次の四つの部門を整備するとしている。なお、これは基本的考え方を示しているものであり、そのとおりの部門分類・設置を求めているわけでない。

①法人経営部門

適切な法人運営と効率的な事業経営を行うための業務を担当し、財務・人事管理をはじめ、組織全体に関わる企画・調整等を行う。

②地域福祉活動推進部門

地域住民やボランティア、各種団体・機関と連携・協働して、地域生活課題を把握し、課題の解決や地域づくりに向けた取り組みを計画的・総合的に推進するとともに、福祉教育・ボランティア活動を通じて地域福祉への関心を高め、主体形成を図る。

③相談支援・権利擁護部門

相談や資金貸付、手続代行、金銭管理、情報提供等の業務を通じて、高齢者、障害者、生活困窮者等を支援し権利を擁護する。

④介護・生活支援サービス部門

介護保険サービスや障害福祉サービスのほか、市区町村からの受託による介護・生活支援サービス等を法令や契約に基づき運営するとともに、上乗せ・横出しサービスの実施等により制度の狭間の地域生活課題にも対応する。

組織が一丸となって相乗効果によって課題解決力を高めるため、社協内の部門間連携と社協が有する資源やネットワークを生かしながら、社協の総合力を発揮することが必要である。そのためには、事業担当による「縦割り」の対応ではなく、社協内の各部署が有機的につながりながら支援を展開していくことが求められる。さらに、地域住民からの相談を受け止め、相談支援・権利擁護部門と地域福祉活動推進部門、介護・生活支援サービス部門とが連携し、組織全体で対応する局内連携体制を確立させることが重要である。

3 事業展開・組み立ての基本的考え方

(1) 事業展開の基本的な考え方

社会福祉法では、市区町村社協を「地域福祉の推進を図ることを目的とする団体」として位置付け、さらに、その事業として、①「社会福祉を目的とする事業の企画・実施」、②「社会福祉に関する活動への住民の参加への援助」、③

「社会福祉を目的とする事業に関する調査、普及、宣伝、連絡、調整及び助成」、④「その他社会福祉を目的とする事業の健全な発達を図るために必要な事業」を実施するものとしている。

市区町村社協は、元来住民主体の理念に基づき、さまざまな地域生活課題を地域社会全体の課題としてとらえ、地域住民をはじめとするあらゆる関係者と協力し、課題解決のための活動を計画的に展開してきた。さらに近年は、総合相談・生活支援活動、生活困窮者自立支援事業の取り組みをはじめ、地元企業や商工会と結びつき社会参加や雇用の機会を創設する等、地方創生にまで発展している例もみられる。

従前からの取り組みとして、食事サービスや買い物支援、移送サービス、介護予防サービス等の住民参加の多様な福祉サービスを積極的に行うとともに、さまざまなボランティア活動、小地域ネットワーク活動、ふれあい・いきいきサロン等の地域での住民の主体的な活動を支援し、誰もが支え合いながら安心して生活できるまちづくりの取り組みにつなげている。

さらに、社会福祉法の理念である利用者本位の福祉サービスを実現するうえで、日常生活自立支援事業や、成年後見制度における権利擁護支援、苦情解決、情報提供活動、また、きめ細かな日常生活の支援等も市区町村社協の事業として大きな期待が寄せられている。

介護保険サービスや障害福祉サービスの事業は、全国の職員の半数以上、収入の４割以上を占める事業であり、収支差を確保しながら社協らしい事業の展開が求められる。

これらのフォーマル、インフォーマルな事業が、事業のための事業としてではなく、「地域住民の個々のニーズに応え個々の生活を支えること」に焦点を合わせ、開発・実施されていく必要がある。

さらに、地域共生社会の実現に向けた市区町村における包括的な支援体制の整備に向けて、社協が「連携・協働の場」として多機関・多職種と連携し地域生活課題の解決に取り組む協働の中核を担うことが求められる。

(2) 部門構成の基本的な考え方

各自治体の置かれている状況とともに、市区町村社協の規模もさまざまであることから、それぞれの状況と地域特性等に応じた組織構成が必要となる。

具体的な部門構成は各社協の状況に応じて多様であることを前提に、求められる機能としては、法人全体のマネジメントを行う「法人経営部門」、地域福祉推進の中核的な役割を果たす「地域福祉活動推進部門」、あらゆる地域生活課題を受け止め、相談支援と権利擁護支援を行う「相談支援・権利擁護部門」、その人らしい地域での暮らしを直接的に支える「介護・生活支援サービス部門」の事業推進体制を整備する。

同時に、あらゆる地域生活課題への対応と地域のつながりの再構築（包括的な支援体制づくり）のため、部門間の連携が必要不可欠である。事業規模に応じて、「地域福祉活動推進部門」と「相談支援・権利擁護部門」を統合することも考えられる。

日常生活自立支援事業の利用者や法人後見の被後見人等が社協の介護・生活支援サービス等を利用する場合、利益相反を回避し、利用者等の権利擁護を図るために、部門を明確に区分する必要がある。また、法人後見事業や成年後見制度の利用支援を行う権利擁護センター等を設置する場合には、第三者性を高めた運営・監視体制の確保が求められる。

(3) 部門間の相互連携の重要性

組織が一丸となって相乗効果によって課題解決力を高めるため、社協内の部門間連携と社協が有する資源やネットワークを生かしながら、社協の総合力を発揮することが必要である。

社協として総合力を発揮するためには、事業担当による「縦割り」の対応ではなく、社協内の各部署が有機的につながりながら支援を展開していくことが求められる。さらに、地域住民からの相談を受け止め、相談支援・権利擁護部門と地域福祉活動推進部門、介護・生活支援サービス部門とが連携し、組織全体で対応する局内連携体制を確立させることが重要である。

〔図表 2-1〕社協の総合力による支援～市区町村社協事務局内の連携推進

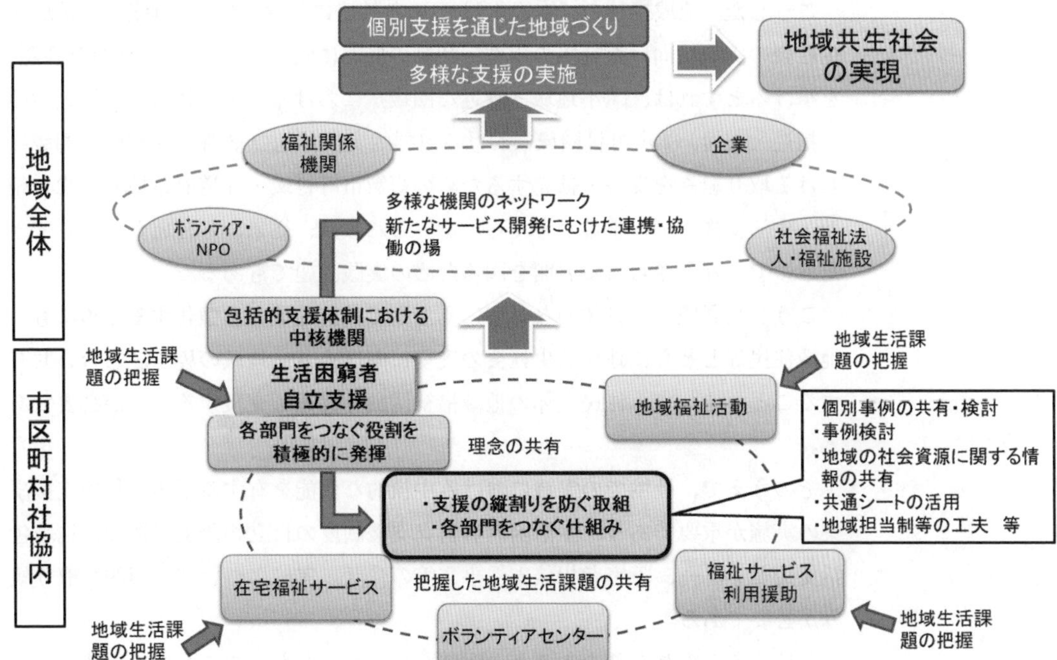

4 地域共生社会の実現に向けた社協の取り組み課題

令和３（2021）年４月、改正社会福祉法が施行され重層的支援体制整備事業が始まった。これにより地域共生社会の実現に向けた分野や領域を越えた包括的相談支援及び生活支援の体制を整える法制度が強化された。

地域共生社会の実現に向けた一連の流れは、これまで社協が進めてきた地域福祉の取り組みが法制化され、公的施策として取り上げられたもので、非常に喜ばしいものである。ただこの「地域福祉の“施策化”」を社協は喜んでばかりはいられない。住民の福祉活動やボランティア活動が地域福祉の主な内容であった時代、地域福祉の推進は社協の独壇場であった。しかし、重層的支援体制整備事業のように市町村が実施主体となり、事業に公費が充当されるようになった今日、さまざまな主体が地域福祉の領域に参入することが想定されている。社協以外の他の主体と競いあい、市町村から選ばれるか、今まさにそれぞれの社協は正念場にあるといえる。

しかも今日の地域福祉は、その対象領域が福祉や介護・介護予防のみならず、保健医療はもとより、労働、教育、住まい、さらには地域再生等地域住民が直面するさまざまな課題＝地域生活課題に大きく広がっている。こうした課題をすべて社協だけでカバーし、対応することは不可能である。地域住民やボランティア、民生委員・児童委員、社会福祉法人・福祉施設といったこれまでの関係者とともに、企業やNPO、大学、さらには分野を異にする多様な組織や団体とも連携・協働して行くことが求められている。

こうした「地域福祉の“施策化”」への各社協における対応を前提に、地域共生社会の実現に向けた社協の事業・活動の展開に向けた「当面の取り組み課題」を挙げるとすれば、①小地域（身近な圏域）における住民主体による福祉活動の推進と支援、②市町村圏域における包括的支援体制の整備、③市町村圏域における取り組みを支援・拡充するための複数市町村域・都道府県域での総合相談・生活支援体制の整備が考えられる。これらは、従来から社協がめざしてきたものであり、さらなる展開を図るための実践課題でもある。

こうした課題への具体的な対応にあたっては、地域力を強化するためにも、地域住民等とともに地域共生社会の実現に向けめざす地域の姿を話し合い共有すること、そして、住民主体の地域福祉活動を促進し支援することが必要である。

そのうえで、社協での実践における中核的な機能を有する事業＝相談支援事業の実施が重要であり、生活困窮者自立支援制度の自立相談支援機関、地域包括支援センター、障害者相談支援事業等の受託・実施について積極的な取り組みが必要である。

各社協での実践を踏まえると、明確なビジョンをもってこれらの相談支援事業を住民主体の地域福祉に関わる事業・活動と関係付けながら適切に位置づけ実施すること、また、事業の実施を機に、組織体制や職員の役割分担の見直しを含めた局内の連携体制を構築することが、地域共生社会の実現に向けた社協としての取り組みのカギとなる。

事業・活動の再構築や展開を図るうえでは、社協・生活支援活動強化方針[注2]（第２次アクションプラン）をもとに、地域福祉活動計画及び発展・強化計画（中期経営計画）を策定し、各社協がめざす地域づくりとそのための事業・活動をあらためて明確にし、その実現に向けた取り組みを計画的に展開することが重要である。

●注２
「社協・生活支援活動強化方針」全社協・地域福祉推進委員会が平成24（2012）年10月に提案。平成29（2017）年５月、第２次アクションプランを策定（翌年３月一部改定）。
「地域福祉・ボランティア情報ネットワーク」ホーム＞全社協の主な指針・規定等一覧 を参照。

〔図表 2-2〕社協・生活支援活動強化方針（第２次アクションプラン）

「強化方針」の柱

○ あらゆる生活課題への対応　○ 地域のつながりの再構築

地域住民から寄せられる多様な生活課題を受け止め、地域を基盤にして解決につなげる支援やその仕組みづくりを行う。
小地域における住民主体の福祉活動を一層強化するとともに、ボランティア・NPO団体、地域の各種団体との協働の取り組みを広げ、地域のつながりの再構築を図り、だれをも排除しない地域社会づくりをすすめる。

「強化方針の柱」の実現のために強化すべき行動（第2次アクションプラン）

1. アウトリーチの徹底
(1) 小地域を単位にしたネットワークの構築
(2) コミュニティソーシャルワーカー（地域福祉コーディネーター）の確保・育成
(3) 新たな地域ニーズに対応する在宅福祉サービスの展開
ステップ① ⇓ ステップ②

2. 相談・支援体制の強化
（総合相談体制の構築）
(1) 相談窓口の総合化と職員のチーム対応力の向上
(2) 部門間横断の相談支援体制づくり
ステップ① ⇓ ステップ②
（生活支援体制づくり）
(1) 多様な生活課題に対する生活支援サービスや福祉活動の開発・実施
(2) 在宅福祉サービス事業部門における多様な生活課題への対応
(3) 住民組織、社会福祉施設・福祉サービス事業者、ボランティア・NPO等とハローワークや教育機関などとの連携による自立支援プログラム等の開発・実施
(4) 既存制度では対応が難しい課題解決に向けた組織的な対応
ステップ① ⇓ ステップ②

新 3. 地域づくりのための活動基盤整備
(1) 小地域における住民の福祉活動の組織と活動拠点の整備（小学校区程度）
(2) 住民主体による福祉コミュニティづくりと住民活動の拡充
(3) 地域づくりに向けた人材確保・育成
(4) 住民参加の促進と連携・協働の体制づくり
ステップ① ⇓ ステップ②

取り組みの前提事項
取り組みの前提として必要になること
① 社協役職員の共通理解（局内連携体制（プラットフォーム）づくり）
② 職員育成の体制づくり
③ 活動財源の確保

取り組み全体の共通事項
4. 行政とのパートナーシップ
(1) 担当部門を越えた行政との連携強化
(2) 行政と協働した地域福祉推進に向けた計画と評価
(3) 権利擁護等に関する行政の取り組み強化
ステップ① ⇓ ステップ②

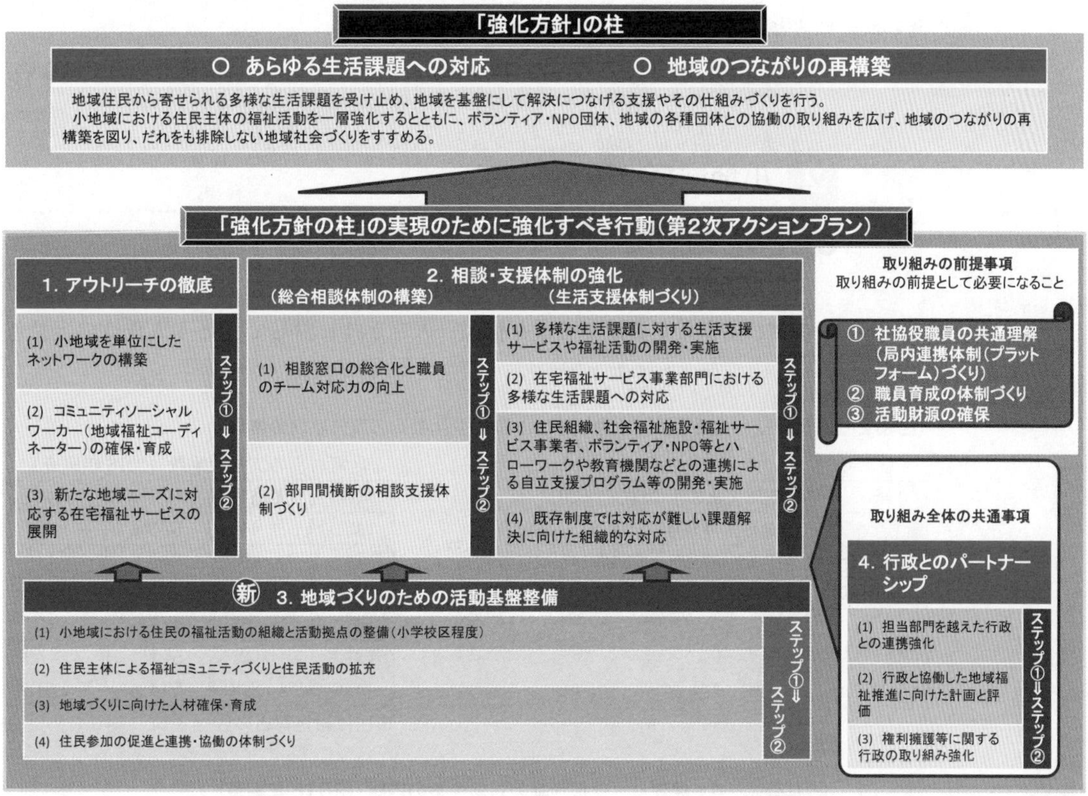

第 2 節 住民参加による地域福祉活動と地域づくりの推進

1 住民参加の福祉活動の推進

地域福祉活動推進部門の主要な事業として、生活に密着する身近な地域において多様な地域生活課題に対応する住民参加の福祉活動を広げる取り組みがあげられる。

ひとつは、小学校圏域や町内会・自治会など住民の顔が見える、いわゆる小地域圏域における主に地区社協などの地域福祉推進基礎組織[注3]による住民福祉活動であり、小地域福祉活動と呼ぶ。

●注 3
地域福祉推進基礎組織：46 頁、106 頁参照。

もうひとつは、小地域福祉活動と比較して、よりシステム化されたもので、食事サービスや移動支援サービスなどの生活支援を行うもので、生活支援サービスと呼ぶ。

ただし、実際には、このふたつの活動・サービスの区別は明確なものではない。

2 小地域福祉活動

❶見守り・支援活動（小地域ネットワーク活動）

日常生活圏域（小・中学校区、自治会・町内会等）において、高齢者、障害者など、見守りや支援が必要な住民一人ひとりに対して、3〜4 人程度の近隣住

〔図表 2-3〕**見守り・支援活動（小地域ネットワーク活動）の実施状況の推移**

	1995 年	2003 年	2009 年	2018 年
社協数	1,308	1,904	878	898
実施割合	38.8%	57.2%	51.4%	59.4%
調査回答数	3,372	3,330	1,707	1,512

⇒

市区町村別の実施社協数（2018 年調査）

	実施数	実施率	回答数
市	449	67.3%	667
区	94	85.5%	110
町	275	48.9%	562
村	53	42.7%	124
無回答	27	55.1%	49
全体	898	59.4%	1,512

※区は指定都市の区

〔図表 2-4〕**見守り・支援活動の対象世帯の内訳（2018 年調査）**

	世帯数	割合		世帯数	割合
ひとり暮らし高齢者	583,,388	50.7%	ひとり親（母子）家庭	8,830	0.8%
高齢者のみ世帯	296,358	25.7%	ひとり親（父子）家庭	1,019	0.1%
要介護高齢者	49,774	4.3%	複合型	44,337	3.9%
身体障害児者	44,411	3.9%	その他	110,905	9.6%
知的障害児者	8,155	0.7%	合　計	1,151,224	100%
精神障害者	4,047	0.4%	調査回答社協数	703	

民やボランティア（福祉協力員、福祉委員等）等が一定の継続性や組織性をもって行う見守りや支援活動を小地域ネットワーク活動として、取り組みを進めている。

この取り組みを行っている社協は6割を占めている。また、見守り・支援の対象世帯数は、200万世帯を超えている（2018年調査）。

〔図表 2-5〕**見守り・支援活動の対象世帯（2015・2018年調査）**

	2015年	2018年
対象世帯数	2,198,278	2,094,063
平均世帯数	2,257	2,979
調査回答数	974	703

見守り・支援活動は、本人の了解を得て活動対象者とするものであるが、実際には了解を得られない人に、より深刻な問題がある場合が多く、その場合には、別なかたちで見守りを実施することも必要になってくる。

❷ふれあい・いきいきサロン

ふれあい・いきいきサロンとは、地域を拠点に、住民である当事者とボランティアとが協働で企画をし、内容を決め、ともに運営していく楽しい仲間づくりの活動であり、ボランティアも一緒に楽しい時を過ごすという気軽な居場所の活動である。あまり構えず、出入り自由、来たいときに来ればよい、というような雰囲気を大切にしている。

ふれあい・いきいきサロンを実施する社協は、92.5%（1,398社協）であり、86,778か所が把握されている。

〔図表 2-6〕**ふれあい・いきいきサロンの実施社協の推移**

	1995年	1997年	2000年	2003年	2005年	2009年	2012年	2015年	2018年
社協数	79	524	1,374	1,245	1,615	1,348	1,094	1,316	1,398
実施割合	2.3%	15.5%	40.8%	37.4%	71.8%	79.1%	89.9%	90.3%	92.5%
調査回答数	3,372	3,370	3,368	3,330	2,249	1,704	1,217	1,457	1,512

〔図表 2-7〕**ふれあい・いきいきサロンの数の推移（社協が運営しているもの＋直接運営していないが把握しているもの）**

	2003年	2009年	2015年	2018年
個所数	37,178	52,633	67,903	86,778
平均（1社協当たり）	29.9	38.3	51.6	62.1
調査回答数	1,245	1,373	1,316	1,398

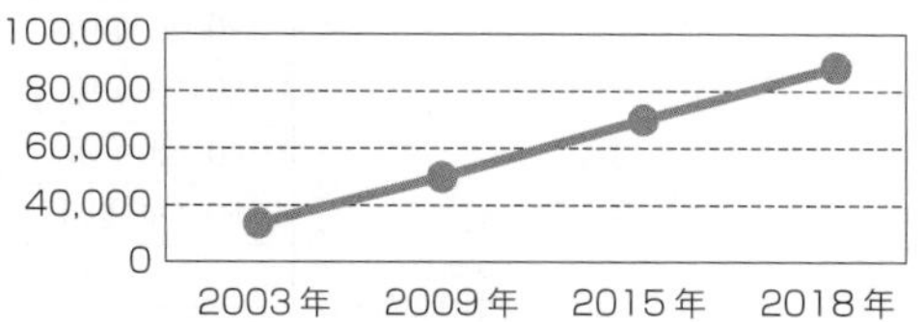

ふれあい・いきいきサロンの実施を主な対象別にみると、高齢者対象のサロンが78.9％と最も多く、「子育てサロン」などの「子育て家庭」を対象とするサロンが5.4％、さらには対象者を決めない複合型のサロンが12.3％となっている。ほかに、身体・知的・精神のそれぞれに障害がある人のサロン、退職シニア、ひきこもりの人のサロンへの広がりもみせている。

〔図表 2-8〕**ふれあい・いきいきサロンの利用対象別個所数（2018 年調査）**

	個所数	割合
高齢者	68.447	78.9%
身体障害者	250	0.3%
知的障害者	126	0.1%
精神障害者	134	0.2%
ひきこもり	82	0.1%
子育て家庭	4,716	5.4%
複合型	10,703	12.3%
その他	2,320	2.7%
全体	86,778	100%

調査回答社協数 1,398

ふれあい・いきいきサロンの内、「平均して週１回以上開催しているサロン」がある社協は38.6％、サロンの総数は7,076か所である。週１回以上開催しているサロンが１社協当たり何か所あるかをみると、「1か所」が最も多く8.7％、次いで「2-3か所」7.2％、「10-19か所」6.7％となっている。

〔図表 2-9〕**平均して週 1 回以上開催しているサロンのか所数**

	社協数	%
週１回以上開催しているサロンはない	858	61.4
週１回以上開催のサロンがある	540	38.6
1か所	121	8.7
2-3か所	101	7.2
4-5か所	74	5.3
6-7か所	43	3.1
8-9か所	25	1.8
10-19か所	93	6.7
20-29か所	34	2.4
30-39か所	18	1.3
40-59か所	14	1.0
60か所以上	17	1.2
全体	1,398	100

今後は、従来の推進方策に加えて、次のような取り組みにより、活動の幅を広げていく必要がある。例えば、そこに行けば常に居場所があり、いつでも話

し相手、仲間がいる場としての「常設型サロン」づくり、「コミュニティカフェ」として、いつでも（毎日）来ることができ、出入りも自由で、ほっと一息つける安らぎがあり、誰もが気軽に出入りできる広く開かれた社交の場の開発・設置を図る。また、年齢や障害等の種別を超えた、誰でも利用できる「共生型サロン」も考えられる。

これらは、ひきこもりの問題を抱える人や精神障害者、知的障害者等の社会参加の場としても有効であり、一層の広がりが求められる。

3 生活支援サービス・活動

❶食事サービス

配食ないしは会食により、食事を地域住民、ボランティアによって提供するサービスである。食事づくりもボランティアが担当している場合と、食事づくりは職員や業者委託で行っている場合がある。食事をきちんととらない高齢者が多いなか、良質な食事を届けることで栄養を摂るだけでなく、ボランティアが話し相手になったり、安否を確認することに意義がある。同時に、できるだけ楽しく食べることをボランティアが演出することも重要な点である。

食事サービスを実施している社協は、2018 年調査では、52.2％（789 か所）である。推移を見てみると、7 割を超えていた 1990 年代以降、漸減し、5 割程度となっている。サービスの実施形態は、全体としては、配食型が約 7 割、会食型が約 2 割、併用型が約 1 割の実施率となる。

〔図表 2-10〕**食事サービスの実施社協数の推移**

	1995 年	2003 年	2009 年	2015 年	2018 年
社協数	2,519	2,290	1,005	858	789
実施割合	74.7%	68.8%	57.5%	58.9%	52.2%
調査回答数	3,372	3,330	1748	1457	1,512

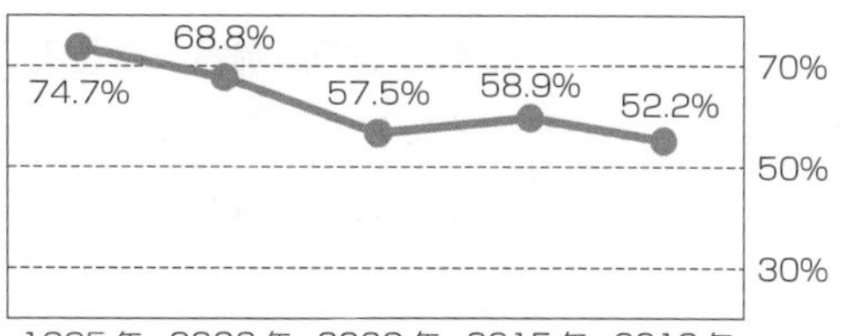

〔図表 2-11〕**食事サービスの食事の形態（2018 年調査）**

	実施社協数	割合
会食型	75	9.5%
配食型	566	71.7%
会食と配食の併用型	140	17.7%
無回答	8	1.0%
調査回答数	789	100%

❷移動サービス

住民参加による「移送サービス」を実施している社協は、529 か所、35.0％である。2006年には51.0％であり、1990年代から2000年代にかけて大きく伸び、現在ではかなり減っている状況にある。

移動サービスを実施する529社協のうち平成30年度の延べサービス提供回数は351,620回で、1社協当たり年平均879回となる。

〔図表 2-12〕**移動サービスの実施社協数の推移**

	1995年	2003年	2006年	2009年	2015年	2018年
社協数	616	1398	839	803	642	529
実施割合	18.3%	42.0%	51.0%	45.9%	44.1%	35.0%
調査回答数	3,372	3,330	1,646	1,748	1,457	1,512

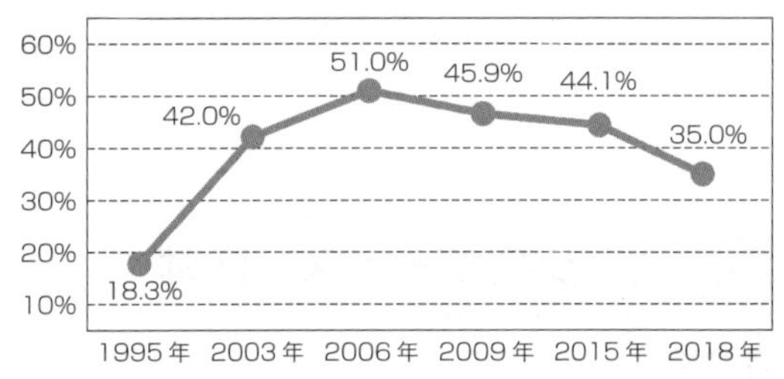

❸住民参加型在宅福祉サービス

住民参加型在宅福祉サービスとは、1980年前後から始まったもので、利用者側の遠慮・気づまりを避けるため、会員制（利用者〔利用会員〕、担い手〔協力会員〕）、有料・有償制（利用者が一定に利用料を支払い、担い手が低額ではあるが報酬を受け取る）を特徴とする助け合いの活動である[注4]。

●注4
住民参加型在宅福祉サービスについては、住民参加型在宅福祉サービス団体全国連絡会ホームページを参照。

住民参加型在宅福祉サービスの運営を行っている社協は、419か所（27.7%）である。

〔図表 2-13〕**住民参加型在宅福祉サービスを運営している社協数の推移**

	1993年	2003年	2006年	2009年	2012年	2015年	2018年
社協数	167	680	354	386	320	402	419
実施割合	5.0%	20.4%	21.5%	22.1%	24.2%	27.6%	27.7%
調査回答数	3,302	3,330	1,646	1,748	1,324	1,457	1,512

❹その他の高齢者、障害者のための生活支援サービス・活動

すでにあげた事業以外のその他の高齢者、障害者向けの生活支援サービス・活動は次のとおりである。

〔図表 2–14〕高齢者・障害者（児）を対象とした事業の実施状況（事業別）（2018 年調査）

	社協数	実施割合
食事サービス	789	52.2%
寝具乾燥消毒サービス	128	8.5%
移動サービス	529	35.0%
買い物支援サービス	221	14.6%
福祉機器リサイクルサービス	123	8.1%
電話による声かけ活動	190	12.6%
敬老金品給付	255	16.9%
緊急通報システムの設置・運営	117	7.7%
高齢者・障害者をねらった悪質商法防止のための活動	129	8.5%
障害者（児）のためのレクリエーション・キャンプ・スポーツ活動	279	18.5%
その他	322	21.3%
無回答	225	14.9%
調査回答数	1,512	100%

❺その他の子どもや子育て支援のための生活支援サービス・活動

住民参加による子どもや子育て家庭を対象とした取り組みは、高齢者や障害者等を対象とした取り組みに比べ実施率は低い状況にある。

近年は、子どもの貧困などに着目した子ども食堂、学習支援の取り組みが広がっている。

〔図表 2–15〕子どもや子育て家庭を対象とした事業の実施状況（事業別）（2018 年調査）

	社協数	実施割合
こども会・こどもクラブ組織化・運営支援	97	6.4%
不登校・ひきこもり児童対象の活動	51	3.4%
中高生の居場所づくり活動支援	60	4.0%
児童の事故・犯罪被害防止のための活動	19	1.3%
食事サービス・子ども食堂	175	11.6%
学習支援	109	7.2%
その他上記以外の子ども及び子育て家庭を対象にした事業	256	16.9%
調査回答数	1,512	100%

❻外国籍の住民に対する生活支援サービス・活動

〔図表 2-16〕外国籍の住民に対する支援事業の有無（2018 年調査）

ある	29	1.9%
ない	1,334	88.2%
他事業で外国籍の住民にも対応	65	4.3%
無回答	84	5.6%
調査回答数	1,512	100%

〔図表 2-17〕外国籍の住民に対する支援事業（2018 年調査）

交流会開催等、外国籍の住民相互の交流促進	7	24.1%
外国籍の住民と日本人の交流促進	7	24.1%
外国人の居場所づくり	11	37.9%
外国語による相談対応の実施	5	17.2%
その他設問以外の事業	11	37.9%
調査回答数	29	100%

❼生活困窮者やひきこもりを対象とする生活支援サービス・活動（制度外）

〔図表 2-18〕生活困窮者やひきこもりを対象とする支援事業（制度外）の有無（2018 年調査）

	社協数	実施割合
日用生活品や食品等の物品支援	771	51.0%
法外援護資金貸付・給付	531	35.1%
社会参加・就労体験	180	11.9%
居住支援	53	3.5%
一時宿泊支援（シェルター）	20	1.3%
ホームレス（路上生活者）に対する夜間の巡回・見守り活動	5	0.3%
居場所づくり（交流会の開催等）	143	9.5%
その他事業	73	4.8%
無回答	514	34.0%
調査回答数	1,512	100%

4　地域住民や地域の関係者等の組織づくりやネットワークづくり

地縁型組織

自治会・町内会など地縁のみにより組織されたもの。地縁型組織は、地縁を基盤としながらも、一定の人びとに特定した組織をさし、例えば、老人クラブ、青年会、女性会、消防団、地区社会福祉協議会などの地域福祉推進基礎組織（福祉を目的とした組織）などである。

（1）地域福祉推進基礎組織

市区町村社協においては、住民に身近な地域における住民参加による福祉活動を推進する方策として、地区社協・校区社協といった組織づくりを進めてきた。これらは町内会・自治会をはじめとするさまざまな**地縁型組織**を基盤に、民生委員・児童委員や老人クラブ、ボランティアなどの福祉活動を行う人びと、さらには地域によっては社会福祉法人・福祉施設、小中学校、行政機関なども巻き込みながら進められるものである。また、自治会・町内会や行政が設置するコミュニティ組織などの地縁型組織のなかには、こうした役割を果たす福祉委員や福祉部（担当者）を配置したり、部会等の組織を置いたりする場合もある。全社協ではこれらの組織的取り組みを総称して「**地域福祉推進基礎組織**」と呼んでいる。

〔図表 2-19〕**地域福祉推進基礎組織の有無の推移（2018 年調査）**

	1995 年	2003 年	2009 年	2015 年	2018 年
社協数	831	925	808	742	740
実施割合	24.6%	27.8%	47.3%	50.9%	48.9%
調査回答数	3,372	3,330	1,707	1,457	1,512

〔図表 2-20〕**地域福祉推進基礎組織の位置付け（2018 年調査）**

福祉活動を主目的とする基礎組織（地区社協、校区福祉委員会等）	680
	91.9%
福祉活動を主目的としない組織（まちづくり協議会の福祉部会等）	112
	15.1%

地域福祉推進基礎組織の設置の圏域でみると、小学校区単位が最も多く、自治会・町内会単位が続いている。また、近年、都市部では、自治体のコミュニティ施策により地域の設定が行われている事例もみられ、その場合は、中学校単位など自治会活動に依拠しながらも、より大きい単位で行われる場合がある。

それぞれの自治体のなかで設置する地域福祉推進基礎組織の圏域は、24,897であり、そのうち 13,464、全体の 54.1%の圏域に地域福祉推進基礎組織が設置されている（2018 年調査）。

地域福祉推進基礎組織

地縁団体等の全住民を代表する組織と福祉活動組織の二者で構成される地域を基盤とした住民の地域福祉活動を推進する基礎的な組織（「住民と行政との協働による小地域福祉活動の開発および活性化に関する調査研究事業」報告書Ⅰ、平成 21〔2009〕年３月、小地域福祉活動の活性化に関する調査研究委員会）。

地区社会福祉協議会、校区福祉委員会、自治会福祉部会、コミュニティ協議会福祉部会等がこれにあたる。

〔図表 2-21〕**地域福祉推進基礎組織を設置している圏域（2018 年調査）**

	社協数	割合
（おおむね）中学校区	90	13.2%
（おおむね）小学校区	308	45.3%
町内会・自治会	169	24.9%
その他	112	16.5%
無回答	1	0.1%
全　体	680	100%

なお、地域福祉推進基礎組織の詳細については、106 頁を参照されたい。

(2) 社会福祉法人・福祉施設との連携

地域生活課題や地域のニーズを把握し、これら課題を解決するためには社協と社会福祉法人・福祉施設との連携・協働が求められている[注5]。その際、社会福祉法人・福祉施設等の連絡会の組織を活用することが考えられる。こうした連絡会を設置している社協は 27.1%、今後設置する予定の社協は 9.0%であり、合わせると 36.1%となっている。

社会福祉法第 24 条第２項では、社会福祉法人に地域における公益的な取組を行う責務を課している。この取り組みを社会福祉法人・福祉施設等と連携して

●注５
都道府県・指定都市社協及び市区町村社協の集まりである全社協地域福祉推進委員会と、全国の社会福祉法人の集まりである全国社会福祉法人経営者協議会では、令和２（2020）年７月 31 日、「ともに生きる豊かな地域社会の実現に向けた共同宣言～社協と社会福祉法人のさらなる連携・協働へ～」を発出し、社協と社会福祉法人・福祉施設との連携・協働を推進している。

行っている社協は28.6％、今後行う予定である社協は15.1％で、合わせて43.7％となっている。

〔図表 2-23〕社会福祉法人・福祉施設等の連絡会の設置状況

	社協数	%
している	410	27.1
していない	942	62.3
今後設置する予定	136	9.0
無回答	24	1.6
全　体	1,512	100

〔図表 2-22〕社会福祉法人・福祉施設等と社協の連携による公益的な取り組み状況

	社協数	%
行っている	433	28.6
行っていない	825	54.6
今後行う予定	229	15.1
無回答	25	1.7
全　体	1,512	100

(3) 当事者組織への支援と地域団体の事務局支援

社協活動においては、障害など何らかの地域生活課題があり、地域で孤立しがちで声を出しにくい人びとに対して、相互に情報共有や助け合いを行う当事者の組織づくりや、その活動を支援してきた。特に、社協においては、当事者組織への支援を通じて、地域生活課題をもつ少数者の課題を集約し、地域住民に対する理解を広げ、地域福祉計画などの行政計画への意見を反映する場づくりを行うことが大切である。取り組み状況は、次のとおりである。

〔図表 2-24〕当事者組織の組織化、運営支援の状況（2018 年調査）

	社協数	実施割合
ひとり暮らし高齢者の会	143	9.5%
認知症高齢者（家族）の会	245	16.2%
上記以外の要援護高齢者（家族・支援者）の会	200	13.2%
身体障害児・者（家族）の会	736	48.7%
知的障害児・者（家族）の会	547	36.2%
発達障害児・者（家族）の会	193	12.8%
精神障害者（家族）の会	256	16.9%
ひとり親（母子）家庭の会	374	24.7%
ひとり親（父子）家庭の会	90	6.0%
アルコール、薬物等の依存症の会	41	2.7%
難病患者（家族）の会	32	2.1%
子育て家庭の会	99	6.5%
男性介護者の会	36	2.4%
ひきこもり（家族）の会	97	6.4%
上記以外の当事者（家族）の会	117	7.7%
調査回答数	1,512	100%

当事者組織とは別に、地域福祉を進める関係団体の事務局としての支援も大きな役割を果たしている。社協が事務局を担っている団体としては、「共同募金委員会・分会」が91.0％で最も多い。次いで「老人クラブ連合会」51.2％、「日本赤十字社地区・分区」33.0％、「傷痍軍人会、遺族会」29.7％、「民生委員児童

委員協議会」27.2％などである。

地域の関係団体の事務局を担う場合に、社協事業と団体事務の関係性を明確にするために、委託契約の締結や一定の委託費等を得ることなどが必要である。またその一方で、市区町村社協の取り組みとして、これらの団体の事務局を担うことによって、地域福祉推進のための課題発見、新しい活動やネットワークづくりを広めることに意義があることを意識することが重要である。

〔図表 2-25〕**福祉関係団体の事務局の状況（推移）**

	1995 年	2006 年	2012 年	2015 年	2018 年
共同募金委員会・分会	88.3%	91.7%	92.3%	88.9%	91.0%
老人クラブ連合会	51.8%	49.7%	50.2%	50.2%	51.2%
日本赤十字社地区・分区	40.3%	31.8%	32.6%	30.7%	33.0%
民生委員児童委員協議会	24.5%	25.0%	25.9%	25.2%	27.2%
シルバー人材センター	8.3%	10.4%	8.8%	8.4%	7.5%

社協が設置しているあるいは事務局をもっている組織について、最も多いのは「ボランティア団体・NPO 等より構成されているボランティア団体連絡協議会」52.4％、次いで「福祉教育推進のための連絡会」11.9％、「災害関連ボランティアの活動推進のための連絡会」10.8％の順になっている。

〔図表 2-26〕**社協で設置しているあるいは事務局をもっている組織**

	社協数	割合
ボランティア団体・NPO 等により構成されているボランティア団体連絡協議会	792	52.4%
分野別のボランティア団体・NPO のネットワーク組織	102	6.7%
福祉教育推進のための連絡会	180	11.9%
災害関連ボランティアの活動推進のための連絡会	164	10.8%
住民参加型在宅福祉サービス・生活支援サービス団体の連絡会	96	6.3%
企業や労組によるボランティア活動推進のための連絡会	21	1.4%
介護サービス事業者の連絡会	117	7.7%
上記以外の組織	158	10.4%
調査回答数	1,512	100%

5 地域福祉活動の計画化・共同募金の推進と協議体としての社協の取り組み

こうした住民福祉活動に対する支援や地域生活課題の把握をとおして、地域住民や福祉関係者をはじめ幅広い地域の関係者が取り組むべき課題を共有し、地域全体の理解や参画のなかで活動が展開されるよう計画化を図ることは、地域福祉活動推進部門の主要な活動のひとつである。

●注６
地域福祉活動計画の詳細：第３章第５節を参照。

(1) 地域福祉活動計画の策定[注6]

市区町村社協では、地域福祉活動の推進にあたり、地域住民や関係者の参加のもと、地域生活課題を把握し、取り組みを検討し、活動財源の確保や課題解決を図る計画づくりを重視してきた。現在、長年にわたる計画づくりの取り組みを基礎にして、社会福祉法に規定された市町村地域福祉計画と連動しながら、地域住民、民生委員・児童委員、社会福祉法人・福祉施設、ボランティア・市民活動団体など地域の幅広い関係者に呼びかけ、民間の協働計画としての地域福祉活動計画づくりに多くの社協が取り組んでいる。

地域福祉活動計画を策定している社協は67.9％で、「現在計画を策定している」(3.3％)、「計画策定を予定している」(9.3％) を合わせると８割の社協が地域福祉活動計画を有する見込みである。

〔図表 2-27〕期限が有効な地域福祉活動計画の有無（2018 年調査）

	社協数	%
あり	1,027	67.9
なし	456	30.2
現在計画を策定している	50	3.3
計画策定を予定している	140	9.3
予定していない	236	15.6
無回答	30	2.0
無回答	29	1.9
全　体	1,512	100

また、市区町村社協では、市町村圏域だけでなく住民に身近な圏域でのニーズ発見や住民福祉活動などを計画的に展開するために、小地域を単位にした福祉活動計画づくりにも取り組んでおり、その割合は市区町村社協全体の18.7％である。

〔図表 2-28〕小地域福祉活動計画の有無（2018 年調査）

	社協数	%
あり	283	18.7
地域福祉活動計画と一体的に策定している	144	9.5
地域福祉計画と一体的に策定している	25	1.7
地域福祉推進計画や地域福祉活動計画とは別に策定している	114	7.5
なし	1,205	79.7
無回答	24	1.6
全　体	1,512	100

(2) 地域福祉財源としての共同募金、基金

令和元 (2019) 年度の共同募金配分金のうち 64.2%にあたる約 95 億円が地域福祉活動助成であり[注7]、共同募金は地域福祉推進に大きな役割をもっている。約 9 割の市区町村社協が**共同募金委員会**や共同募金会の支会・分会等の事務局を担っており[注8]、社協活動と共同募金運動の関わりは大きなものがある。

●注 7
中央共同募金会調べ。

●注 8
49 頁参照。

共同募金の地域配分は、社協活動や社協の助成事業として地域の団体に支援を行ってきたが、地域福祉活動を行うボランティア、NPO などが広がるなかで、共同募金運動により多くの住民や関係者が参加し、幅広い支援を進めるために、配分機能を有する**共同募金委員会**を設置するとともに、地域福祉活動計画などと連動した長期的な助成の展開も求められている。

共同募金委員会

共同募金の実施主体である都道府県共同募金会の定める募金計画や配分計画に基づき、原則、市区町村を圏域にして、その区域内の地域福祉の推進のために共同募金の住民参加を図り、民意を十分に反映した共同募金運動を行うことを目的に設置される団体。

また、社協自身もボランティア基金等の基金を設けているが、運営委員会などを設置し、多様な関係者の参加のもとに運営することが求められる[注9]。

●注 9
「地域福祉の推進」のために社協が設置運営している独自の基金を有している社協は 52.6% である (2018 年調査)。

近年の募金額の減少傾向や、基金の利息の低下のなかで、こうした民間財源を多様な地域生活課題に対応した新たな活動に活用することが難しくなっている状況もある。共同募金改革の一環として、特定の活動への支援を行う目的で**共同募金の期間拡大**を行うなどの取り組みも行われているが、地域生活課題や新たに求められる事業などを広く地域住民、福祉関係者、民間企業等に提起し、民間財源づくりを進めていくことが重要である。

共同募金の期間拡大

共同募金の運動期間は、それまで 10 月 1 日から 12 月 31 日の 3 か月であったが、平成 21 (2009) 年度より、共同募金の期間を拡大して実施している (翌年 3 月末まで)。資金を調達したい活動団体自身が、地域生活課題を広くアピールしながら募金への協力を求める「地域テーマ型募金」や、社会的課題の解決のための支援活動を求める「社会的な課題解決プロジェクト募金」がある。

(3) 連携・協働の場 (プラットフォーム) としての社協の役割の発揮

近年、ダブルケア、8050 問題、子どもの貧困、虐待問題、性的指向により生きづらさを抱える人たちへの対応、依存症の課題、ひきこもり等、社会的孤立を共通の背景とし、いわば制度の狭間にある課題に取り組むことが求められている。このような課題に取り組むためには、福祉分野だけで課題解決に向けて取り組むのではなく、多分野・多機関等と連携・協働し、新たなサービス・活動を創出しながら対応することが求められる。

さらに、制度の狭間にある課題も含めた、複雑化・複合化した地域生活課題にあたっては、医療、保健、就労、住まい、司法、産業、教育、権利擁護、多文化共生、防犯・防災等の関係者と連携・協働し、地域生活課題の共有を行うとともに、お互いの強みを活かしながら具体的な解決策等を検討していく必要がある。市区町村社協は、行政と地域の間に立ってさまざまな活動を調整・支援する中間支援組織としての広範・多岐にわたるネットワークを活かし、連携・協働の場(プラットフォーム)としての役割を発揮することが期待される。

６ 今後の社協における地域福祉活動推進部門の課題

「地域福祉活動推進部門」では、社協活動の中核的な部門として、**福祉活動専門員**設置事業によりコミュニティワーカーを配置し、自治体補助金や共同募金などを財源に、小地域福祉活動などを展開してきた。さらに「ふれあいのまちづくり事業」などを通じて多様な福祉活動の推進を総合相談や在宅福祉サービスと一体的に進めてきた。特に、近年は宅老所や居場所づくりなどの取り組みなど、小規模・多機能・地域密着・住民参加などを基調とする住民の福祉活動と制度サービスが一体となった**地域福祉型福祉サービス**、多様な地域生活課題を受け止め支援につなげる総合相談体制の構築などが重要な課題となっている。

このことは、制度側にとっても同様であり、公的福祉サービスだけでは解決できない地域生活課題や支援のニーズが広がるなかにあって、地域包括ケアや生活困窮者対策、あるいは障害分野・児童分野など、政策的にも住民参加の福祉活動への期待は非常に大きくなっている。また、こうした住民活動により発見される深刻な地域生活課題を制度的なサービスや支援につなげていくことも、早期発見や予防の視点から一層重要になっている。すなわち、専門職や専門機関、社会福祉法人・福祉施設等の福祉サービスなどと住民福祉活動が一体となった、より横断的・総合的な取り組みが必要であるといえよう。

このため、近年の社協においては、コミュニティワーカーとしての福祉活動専門員とともに、国の地域力強化推進事業などのモデル的な取り組みを背景にして、一定の圏域にコミュニティソーシャルワーカー（地域福祉コーディネーター）の配置などがなされる社協も増えている。

また、介護保険制度における市町村を実施主体とする生活支援体制整備事業[注10]によって**生活支援コーディネーター**を配置している社協も少なくない。生活支援コーディネーターは、上記の地域福祉活動推進担当、加えてボランティアセンターの担当職員におおよそ該当する。このことをもって、従来の担当職員（多くの場合、市町村単独予算で措置されていた職員）の置き換えが行われているところもあるが、生活支援コーディネーターには、今まで以上に、働きかけの対象を広げ（特に地縁型組織以外への働きかけ）、また働きかけを強化することが期待されている。今後も、多様な住民主体の生活支援サービスを広げるための社会資源開発や協議体強化をNPO法人などと連携、分担しながら進めていく必要があり、そのなかで、生活支援コーディネーターを社協として確保していくことが重要である。

平成30（2018）年の改正社会福祉法の施行によって、実施に移された「地域共生社会」の実現に向けた改革は、地域福祉活動推進部門の事業を後押しするものである。さらに令和3（2021）年施行の改正社会福祉法により重層的支援体制整備事業が創設された。この事業は、地域住民の複合化・複雑化した支援

福祉活動専門員

福祉活動専門員は、市区町村の区域における民間社会福祉活動の推進方策について調査、企画及び連絡調整を行うとともに広報、指導その他の実践活動の推進に従事する者であり、市区町村社協に置かれている。
福祉活動専門員の設置に要する費用に対する国庫補助については、昭和41（1966）年度より予算措置されていたが、各市区町村社協への配置が概ね完了し、各市区町村の事業として十分に同化・定着した実情に鑑み、平成11年度に一般財源化（地方交付税化）が図られた。

地域福祉型福祉サービス

日常生活の場において、「生活のしづらさ」を抱えた住民の生活の継続性や豊かな社会関係など、地域生活の質を高めることを目的にした活動やサービスで、その開発や実施過程において住民・利用者・事業者・行政が協働することを通して、共生のまちづくりに結びつく「地域資源」の性格をもつものである、と定義している（『地域福祉型福祉サービスのすすめ～小規模、地域密着の可能性を探る～』全国社会福祉協議会、平成18〔2006〕年、9・10頁を要約）。

●注10
24頁を参照。

生活支援コーディネーター（支え合い推進員）

平成27（2015）年度からの介護保険制度の見直しを契機に、市町村による総合事業として配置が位置付けられた。高齢者の生活支援・介護予防サービスの体制整備を推進していくことを目的とし、地域において、日常生活ニーズ調査や地域ケア会議等により、地域の高齢者支援のニーズと地域資源の状況を把握していくことと連携しながら、地域における以下の取組の総合的な支援・推進を図る。
市町村（第１層）、中学校区等の圏域（第２層）を市町村が配置し、さらに、活動主体が（第３層）配置することを想定している。

ニーズに対応する包括的な支援体制を整備するため、①相談支援（属性を問わない相談支援、多機関協働による支援、アウトリーチ等を通じた継続的支援）、②参加支援、③地域づくりに向けた支援を一体的に実施するものである。そのため、従来、分野（介護、障害、子育て、生活困窮）ごとに行われていた相談支援や地域づくりに係る補助に、新たに相談支援や参加支援の機能強化を図る補助を加えて一体的に執行できるよう「重層的支援体制整備事業交付金」として交付されることとなった。

社会福祉法では、「地域生活課題の解決に資する支援が包括的に提供される体制の整備その他地域福祉の推進のために必要な各般の措置を講ずるよう努めるとともに、当該措置の推進にあたっては、保健医療、労働、教育、住まい及び地域再生に関する施策その他の関連施策との連携に配慮するよう努めなければならない」（社会福祉法第６条第２項）として国及び地方公共団体の責務を定めた。合わせて同法は、「国及び都道府県は、市町村において第 106 条の４第２項に規定する重層的支援体制整備事業その他地域生活課題の解決に資する支援が包括的に提供される体制の整備が適正かつ円滑に行われるよう、必要な助言、情報の提供その他の援助を行わなければならない。」（同第３項）としており、このことは、地域福祉活動に対する自治体からの補助を獲得するために有効な規定となる[注11]。

社協としては、各分野の財源を地域福祉に生かすという観点で、地域福祉の財源を確保していくという姿勢が必要であり、社協に限らず、地域福祉を担う各組織が財源を得られるよう調整していく役割が社協には求められている。

今後、地域福祉活動推進部門がより一層社協の中核的な役割をもつことを意識し、相談支援・権利擁護部門、介護・生活支援サービス部門との連携を一層密にしていくとともに、アウトリーチの取り組みを徹底し、圏域ごとの地域特性や社会資源を踏まえながら、地域に密着した総合的な地域福祉活動の推進のための事業展開を図ることが課題である。

●注 11
社会福祉法第 106 条の３では、ほかに、地域住民が抱える重層的支援体制整備事業をはじめとする地域の実情に応じた施策の積極的な実施その他の各般の措置を通じ、地域住民等及び支援関係機関による、地域福祉の推進のための相互の協力が円滑に行われ、地域生活課題の解決に資する支援が包括的に提供される体制を整備することを市町村に求めている。

第3節　ボランティア活動・市民活動の推進

1　ボランティア・市民活動推進をめぐる現状と課題

(1) ボランティア・市民活動の「広がり」と「深まり」

ボランティア・市民活動は、新たな課題や潜在的なニーズへの対応、マイノリティーの代弁や支援に率先して取り組み、問題解決を図りつつ、社会への課題提起を行うなど、先駆的・開拓的な役割を果たしてきた。他者のための活動にとどまらず、自らの（地域）社会づくりにつながる活動であること、活動者自身の自己実現の機会、学びであることについても、広く認識されるに至っている。そして、今日、福祉から多様な分野への「広がり」をみせている。

また、以前は、制度の補完、専門職の手伝いと位置付けられがちだったものが、制度が担えない部分に対応する固有の活動と理解されるようになってきている。例えば、ホームレス状態にある人は、社会的孤立、排除の状態にあるが、地域の支え合いの仕組みや居場所を構築することで、本人のエンパワメントにつながった事例は少なくない。すなわち、ボランティアが要援助者との間で関係性を構築することの意義が明らかになっている。それは、人間関係の希薄化が進むなかで、信頼関係を再生し、支え合う力、**ソーシャルキャピタル**を醸成する機能につながるものであり、その意義の「深まり」が認識されてきている。

こうした活動の「広がり」と「深まり」を積極的にとらえ、推進・支援を図ることが求められている。一方で、要援助者の具体的な支援を担う活動には制度の代替としての期待がかかり、財政負担の軽減に利用しようとする傾向もみられ、ボランティア・市民活動側には警戒感も生まれている。

(2) テーマ型組織と地縁型組織

特定非営利活動促進法の定着もあり、NPO 法人を含むテーマ型組織の活動は、新たな福祉課題に果敢に取り組んできた。従来の福祉の枠にこだわらない姿勢が、自殺、ホームレス、虐待などの新たな課題への取り組みを実現させてきた。一方、地縁型組織の活動は、少数者の問題に目が行き届かないきらいがあったが、小地域ネットワーク活動[注12]（見守り＋日常生活支援）、食事サービス（食事の支援＋見守り）、ふれあい・いきいきサロン（地域社会との関係の維持・回復＋見守り）などの活動を通して、住民自身が個別相談・支援を担う力をもち、身近なエリアで、活動内容を特定せずに活動するところも増えている。

かつては地縁型組織とテーマ型組織の連携が大きな課題であったが、このような動きのなかで、相互理解のもと、両者の連携・協働の事例が増えている。

ソーシャルキャピタル（social capital）

直訳すると「社会資本」となるが、ハード的な資本（施設や道路等）と区別するため、「社会関係資本」と訳されることが多い。一般的には、人びとがもつ信頼関係や人間関係、ネットワークをさし、コミュニティの活性化、治安の向上、経済の発展、地域住民の健康状態の向上等に寄与するものとされている。

特定非営利活動促進法

平成 10（1998）年に成立した特定非営利活動法人（NPO 法人）について定めた法律。その目的を「ボランティア活動をはじめとする市民が行う自由な社会貢献活動としての特定非営利活動の健全な発展を促進し、もって公益の増進に寄与すること」（法第１条）としている。

●注 12
小地域ネットワーク活動：40 頁を参照。

(3) 参加希望と実際の参加とのギャップ

各種調査からは、ボランティア・市民活動への参加希望者数と実際の参加者数には大きな隔たりがみられる[注13]。活動に参加しない（できない）理由としては、「時間がない」「自分にあった活動がみつけられない」などあげられているが、このほかに、活動の情報を得る手段がわからない、ということもみられる。

中高年女性の社会進出や金銭的に余裕のない学生の増加などにより、今までの中心層が減り、また、担い手の高齢化により、後継者の育成が困難になっている。このほかにも、勤労者層、男性、定年退職者等シニア層の参加促進も大きな課題である。

●注13
例えば、内閣府が実施した「平成23年度国民生活選好度調査」（全国に居住する15歳以上80歳未満の男女4,000人に調査）では、ボランティアやNPO活動に「参加している」が24.6%、「これまで参加していなかったが、今後は自ら参加したい」が33.5%、「（参加したいが）参加できない」が31.6%となっている。

(4) 活動の担い手に対するイメージ拡大の必要性

活動の担い手やイメージを幅広くとらえ、かつ積極的にアピールしていくことが必要であろう。例えば、子どもは大人に保護されるだけの存在ではなく、自らの意志により自分の果たせる役割を実践する能力をもっているし、それができるように環境整備を図っていかなければならない。それは、福祉サービスを利用している高齢者や障害者でも同様である。

ボランティア・市民活動の人材確保が困難な地域もある。しかし、高齢者自らが創意工夫をしてまちおこしを進めるなど、「ボランティア・市民活動」として意識しているか否かを問わず、自発的・主体的に地域課題に取り組む人は存在する。一人ひとりが、できることから行動に移していくことこそが重要なのであり、それを可能とするのがボランティア・市民活動であることを周知するとともに、多様な活動プログラムを開発・提案していくことが求められている。

(5) 企業の社会貢献活動の動き

企業は、その社会的責任を果たすCSRの推進に積極的に取り組み始めている。その一環としての社会貢献活動は、企業市民としての責任を果たすものであり、企業への信頼度を高める、活動に参加する社員自身の有用感や所属企業に対する誇りといった価値をも生み出している。また、企業の本業を生かした活動も増えてきている。多様な資源（人・モノ・財）の参加を要請し、（地域）社会の課題の解決につなげていく仕組みと支援策[注14]が求められている。

CSR（Corporate Social Responsibility）
企業の社会的責任。

●注14
平成27（2015）年には新たな指標として、SDGs（Sustainable Development Goals：持続可能な開発目標）が国連で採択され、わが国の多くの企業でも展開されている。さらに最近では、社会課題を解決することによって社会的価値と経済的価値の両方を創造するCSV（Creating Shared Value：共通価値の創造）の推進も指摘されている。

(6) 頻発する災害への対応

近年、災害時にボランティア活動が大きな役割を果たしている。大きい災害においては、個人のボランティアや災害救援を主たる活動としているNPOのみならず、災害支援を目的としていなかったNPO/NGO、企業・労働組合、協同組合、学校等、さまざまな団体が支援に入り、活動が展開されている。

2 市区町村社協ボランティア・市民活動センターのめざすもの

(1) 社協市区町村社協の現状

社協は「地域福祉の推進」を標榜し、その活動の一環としてボランティア・市民活動支援に早い時期（1960年代）から取り組んできた[注15]。そして現在では、全都道府県・指定都市社協と、約９割の市区町村社協にボランティア・市民活動センター[注16]（VC）が設置されている。

一方、NPO活動が多様な分野に広がり、民間や行政直営ないし公設民営の推進・支援組織が設立されている（市民活動支援センター等）。これらは、従来のボランティア活動支援とは別の部局がNPOの支援を担当する傾向がみられる。また、社協は福祉分野のみをカバーし、NPO支援は福祉の所管外とする認識から、「市民活動・NPO一般の推進・支援」の役割を社協以外に求める傾向もみられる。これにより、社協センターの位置付け、推進・支援組織全体に占めるシェアが、従来に比べ低下したことは否めない。

また、自治体財政の逼迫もあり、社協（ボランティア・市民活動センター）に対する委託費や補助金は縮減傾向にある。特に、人件費補助の削減により、センターの業務を担う専任職員は減少するなど、社協ボランティア・市民活動センターは厳しい運営環境にあるといえる。

とはいえ、現在は、ボランティア活動と市民活動の違いを強調するよりも、共通性を考えるべきとの認識が第一線の活動の担い手のなかに広がりつつある。

●注15
国庫補助が開始（昭和48〔1973〕年）されたことが大きい。まず都道府県・指定都市社協のすべてに「奉仕銀行活動費補助」。昭和50（1975）年、市区町村社協に、社会奉仕活動センター設置開始。

●注16
「ボランティアセンター」等の名称を付けていなくても、ボランティア活動支援等の機能を有しているところも含む。

(2) 社協ボランティア・市民活動センターの目標・使命・役割[注17]

ボランティア・市民活動には、個々人が自分の責任で判断し、行動する力を養うとともに、人と人を結びつけ、支え合う力、問題を解決する力を高め、個の尊重と多様性を基調とした共生の文化をつくり出す方向に社会を向けていくという役割がある。この視点に立って、あらためて社協ボランティア・市民活動センターの目標・使命・役割等を明確にする必要がある。

●注17
詳細は「市区町村社会福祉協議会ボランティア・市民活動センター強化方策2015」「地域福祉・ボランティア情報ネットワーク」ホーム＞全社協の主な指針・規定等一覧 を参照。以下、この項では社協ボランティア・市民活動センターを「社協VC」と表記する。

❶社協が運営するボランティア・市民活動センターの強み

地域の新しいニーズをキャッチして先駆的に取り組む、いわば社協活動のフロントとして以下のような役割が期待されている。

・社協として取り組むことは難しいが、“ボランティア（・市民活動）センター”の看板を使うことによって、できることの範囲が広がる。
・ニーズキャッチの力を積極的に生かし、生まれ続ける地域生活課題にいち早く気づき、それを社会的に明らかにして地域に提起する役割を担う。
・そのために、社協はさまざまな活動組織と接点をもち、地域全体に目配りしながら、幅広い関係者と積極的な協働関係をつくっていく。

❷市区町村社協ボランティア・市民活動センターのめざすもの

社協 VC を取り巻く環境や、強み、存在意義を踏まえると、市区町村社協 VC のめざす姿は、地域の生活課題に対して、地域の支え合う関係やつながりの再構築を基盤にして、多様な主体が協働して解決をめざしたボランティア・市民活動のためのセンターであることと考えられる。

今日の市区町村社協 VC は、「誰もがボランティア活動できる地域社会、すなわち誰も排除しない共生文化を創造すること」を使命とし、地域の「支えあう関係」や「つながりの再構築」を基盤に、多様な主体が協働して地域生活課題を解決していくことである。

❸市区町村社協ボランティア・市民活動センターの当面の取り組み

めざすものを具体化するために、今、市区町村社協 VC は以下の項目を重要課題として取り組む必要がある。ただし、その地域の状況によってカスタマイズをすることが必要である。

〈あらゆる人の社会参加を支援〉

① 豊かな福祉観、排除しない共生文化の創造に向けた福祉教育の展開

② 社会的孤立をはじめとする深刻な地域生活課題に向き合うボランティアグループ・NPO 等の支援

③ 学校等を通じて見える地域生活課題の共有、課題を抱える世帯の子どもの居場所づくり支援、学習支援ボランティア等の育成、支援

④ 生活困窮者への中間就労支援活動や刑余者の社会参加支援活動等の推進

〈協働の推進〉

⑤ 地域住民、地域の関係機関・団体、外部支援者とともに運営する災害ボランティアセンターの構築

⑥ 社会福祉法人・福祉施設との一層の連携（地域生活課題の共有、“地域における公益的取組”への取り組みに向けた支援・連携、福祉人材の養成支援）

⑦ 多様なニーズをキャッチして、それに対応しうる関係機関・団体との顔の見える関係づくり、中間支援組織（NPO 支援、まちづくり、多文化共生、男女共同参画、消費生活等）との連携・協働

⑧ 地縁型組織とテーマ型のボランティア・市民活動団体とのつなぎ、協働の促進（サロンを通じた協働の場の提供等）

⑨ 企業（社会貢献部門）と関わりの促進、働きかけ

〈組織基盤の強化〉

⑩ ボランティアコーディネーションや福祉教育を担う住民・市民の育成、地区ボランティアセンターの設置促進

⑪ 各種事業を推進していくための資金づくり（共同募金、ファンドレイジング、社会福祉法人の地域における公益的な取組等）

❹具体的な取り組みを実現するための七つのポイント

POINT1　社協組織内での認識の共有化

社協組織内での「VC セクションのあり方」について、VC 担当職員だけでなく全職員が認識の共有化を図る。

POINT2　相談を受け止めてつなぐ

社協 VC の相談機能の特長は、制度によらないさまざまな活動につないで、柔軟に対応できること。地域へ出向くことも含め、地域のさまざまなニーズを受け止め、新たな活動の開発やコーディネートを積極的に行っていくことが必要である。また、ニーズ側からのアプローチだけでなく、ボランティアをしたい人の希望や関心がおろそかにならないようなセンターもめざす。

POINT3　協働相手へのアプローチ

社協 VC が取り組むべき地域生活課題を見極めるためにも、これまでの地域において社協 VC が果たしてきた役割を再確認するとともに、地域のまちづくりを担うさまざまな活動にも目を向けなければならない。

POINT4　相互理解の促進

社協 VC が取り組むべき地域生活課題を整理し、社協がやるべきことや協働相手が明確になっても、すぐに活動を始めるのではなく、①顔の見える関係づくり（協議の場をつくる、そのためには協議の場に出ていく）、②情報の発信、③課題の共有化の手順を踏んでいくことが必要である。

POINT5　協働による取り組み

解決に向けた具体的なテーマを設定し周知することで、さまざまな関係者に地域生活課題を認知してもらい、多様な協働へ発展する可能性が広がる。

POINT6　人材づくり

まず社協 VC の職員、さらに、地域で活躍する・活躍が期待される多様な人材についても、積極的な交流を図り、人材づくりを進める。

POINT7　体制の構築

地域のプラットフォーム（多者協働の場）としての役割を担うことができる組織のひとつとして、①社協が有するネットワークを生かしての広域支援、市町村域を超えた支援体制の整備を行う。②地域の多様な関係機関・団体と協働して総合的な支援体制をつくる。

❺これからの社協ボランティア・市民活動センターのすがた

これからの社協 VC には、以下のような取り組みが期待されている。

・社会資源の開発を進める（プラットフォームのメンバーを増やす）。

・社協のフロントとして、福祉以外の他分野を含めた幅広い協働体のマネジメントに積極的に関わる。

・課題の多様化に対応するため、分野に特定されることなく、さまざまなボランタリーな活動が一緒になって取り組んでいく場（プラットフォーム）をつくる（多者協働の場）。

・活動主体・組織の営利・非営利ではなく、地域生活課題の解決に協働できるあらゆる社会資源をステークホルダーとして位置付け、働きかける。
・福祉的な視点を地域で共有して広げていく立場から、地域にある他分野の中間支援組織に積極的に働きかけていく。
・地域の総合的な活動推進・支援体制の構築に向けて、人材育成に投資する。
・共同募金の活性化を含め、地域の財源づくりに取り組む。
・市町村域のみならず、より身近な地域での協働の場づくりを進める。

〔図表 2-29〕**多者協働の場（プラットフォーム）づくりを進める社協ボランティア・市民活動センター**

地縁型のボランティアもテーマ型のボランティア・市民活動も、営利・非営利を問わず、関わることができる多者協働の場。「福祉のまちづくり」の"当事者"すべてが関係者となることができる。関係者が一緒になって課題解決のための機能をつくっていく。

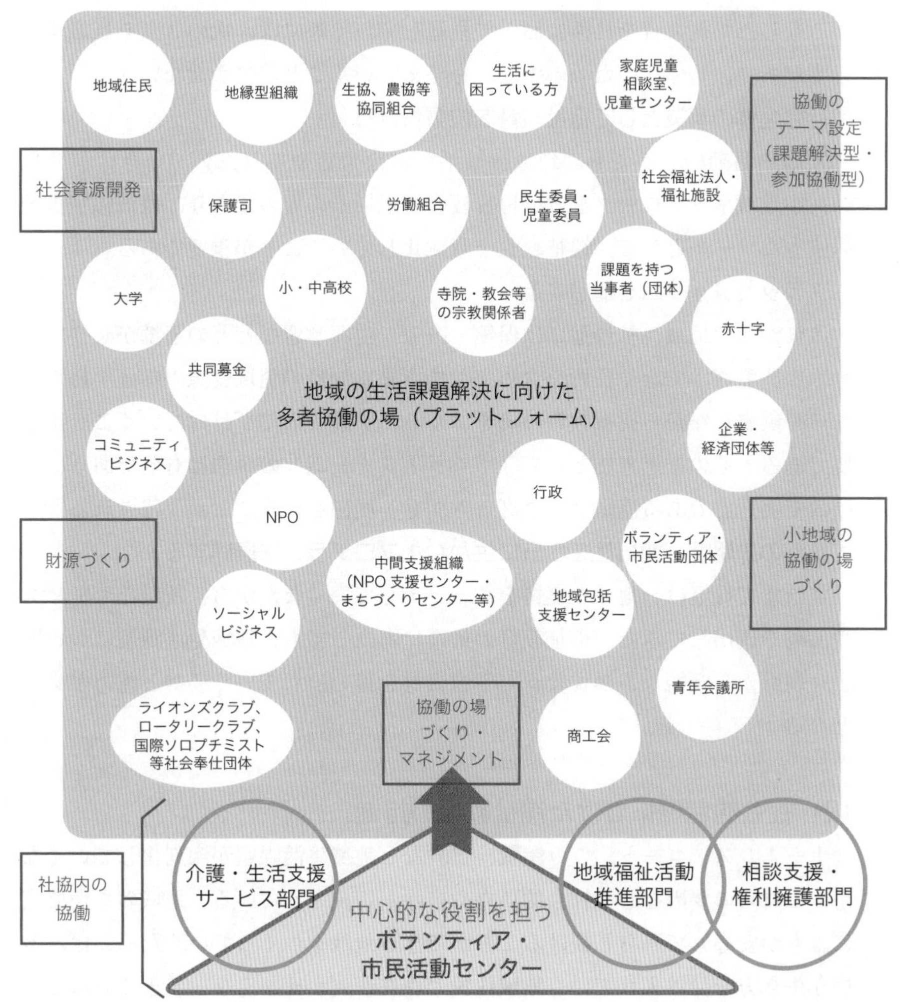

3 福祉教育推進のポイント

（1）社協における福祉教育推進のポイント

昭和40年代より、福祉教育は、社協活動の柱のひとつとして位置付けられ、さまざまな取り組みが展開されている。昭和52（1977）年からは「学童・生徒のボランティア活動普及事業」が開始され、福祉協力校（ボランティア協力校）の指定というかたちで推進され成果をあげてきた。多くの地域で学校指定が一巡し、また、国庫補助の廃止にともない、学校指定から、現在では学校を含む地域指定というかたちで実施されているところもみられる。

このように、福祉教育といえば、それまでは「学校を中心とした子どもへの事業」としての印象が強かったが、現在、社協においては、子どもも大人も含めた事業、学校においても地域社会を意識した事業、さらに、地域福祉に関わる事業における福祉教育的機能に着目した展開などに整理をしている。

こうした福祉教育を社協において推進していく際には、次の３点を意識する必要があり、具体化のための手立てを整えていくことが欠かせない。

①社協全体の事業として福祉教育を位置付ける

社協の活動のなかでも、地域福祉活動計画策定やふれあい・いきいきサロン、小地域ネットワークなどは福祉教育の現場そのものであり、地域福祉推進の強力なツールとして、福祉教育を意識化していくことが重要である。

②プラットフォームを構想する

これからの地域福祉推進には保健・医療、生涯学習などとの連携が必要であり、専門職だけでなく住民を含めてさまざまな分野の地域資源の参画を得てそれらを調整しながら福祉教育の場をつくり、実践へと結び付けていくことが必要である。その推進方法として「プラットフォーム」の手法は有効であり、実践的で実行力のある協議とプログラム開発・展開を行うことが期待される[注18]。

③社協の先駆性・開拓性をさらに生かしたプログラムを展開する

これまで社協は、地域の実情をキャッチしていくなかから、新たなサービスや活動を創出してきた。福祉教育の推進にあたっても、地域生活課題について広い視野から概観し、福祉教育の学習素材を拾い出していく姿勢と能力が必要となる。

●注18
全国社会福祉協議会全国ボランティア・市民活動振興センターでは、令和元（2019）年より全国福祉教育推進員研修を実施し、福祉教育推進員（社協職員、福祉施設法人職員など）を養成している。都道府県・指定都市域における福祉教育の推進体制（ネットワーク）をこの福祉教育推進員を中心に構成し、地域を基盤とした福祉教育の実践・推進を展開することとしている。

（2）社会的包摂にむけた福祉教育の推進

ホームレス、ニート、ごみ屋敷、自殺など地域生活課題が深刻化していくなか、これらの要因として社会的孤立や排除が指摘されている。地域のなかで真に誰もが安心して暮らし続けることができる地域をつくっていくためには、多様な生き方を受け入れていく地域住民の存在が欠かせなくなってきていることがわかる。社会的包摂を意識した次のような取り組みが必要である注19。

①好意的な関心をもたせる福祉教育～“無関心”から“関心”へ

「総合的な学習の時間」で量的拡大をみせた福祉教育実践は、一方で質的な低下をもたらしたのではないか、量的拡大に追い付くべく、単に障害疑似体験を行い、貧困的な福祉観を生み出すにすぎないプログラムが固定化してしまったのではないか。さらには、障害の概念がICIDHからICFに変更されたのにともなう対応が不十分なままとなっているのではないか、という認識がある。

めざす地域をa.排除しない、無関心でないこと、b.多数決ではなく、個人が尊重されること、c.地域のなかで生きていくことができること、d.多様性を認めあえること、e.共感にもとづく当事者性があること、f.地域の福祉力があること、g.誰もが助け・助けられる関係にあること、と整理し、これを実現する福祉教育を提案している。そのためには福祉との最初の出会いを丁寧に行うべきであり、具体的な事例に着目したプログラムが必要となる。

②「共感・当事者性」を育む福祉教育～“同情”から“共感”へ

“同情”を“共感”のレベルにするためには、具体的な“Aさん”の過去と現在を“対話”をとおして理解していくというプロセスが必要である。住民に対し、一般論ではなく、個別具体的な事例を用いて、その地域にある課題に向き合う機会を提供し、多様性や当事者性の理解、共感の育みにつなげていく。

③包摂をめざす福祉教育～反感・コンフリクトから共存へ

地域にはさまざまなコンフリクトが存在する。地域に暮らす人びとが皆同じ考えをもっているはずはなく、個人の心情においても生じるものである。特に、「地域のため」といった旗印を掲げた「施設建設反対」といった動きは、集団化するほど“排除”の動きを加速させる。なぜそのように考えているのか、施設建設を進める側の意見とともに、双方の意見を出し合う場と、介在する人の存在が必要になる。それにより、“仲良くはしないが、排除もしない”といった適度な距離感をもった“共存”の状態をつくり、さらに“共存”を“共感”に移していくチャンスを見計らうことも、ワーカーには求められる。

④当事者や地域のエンパワメントを促す

“支える側”に対する福祉教育だけでなく、当事者自身の思いを伝えていくことが必要である。これにより、当事者がエンパワメントされていくことも視野に入れなければならない。こうして当事者・地域住民・地域の三つのエンパワメントを促し、幅広い関係者とともに展開していくことが必要である。

⑤社協自身の見直し

こうした福祉教育を全国展開していくには、社協自身を見つめ直し、あらゆる担当・部門が共通意識をもって、有機的連携のもと諸事業に取り組む。そうして地域住民に対し、社協のメッセージをしっかりと伝え、排除しない地域をつくっていくことが、「誰もが安心して暮らせる」ことにつながる。

●注19
全社協全国ボランティア・市民活動振興センターでは、「社会的課題の解決にむけた福祉教育のあり方研究会」（座長：原田正樹氏/日本福祉大学学長補佐）により、平成25（2013）年3月、報告書「社会的包摂にむけた福祉教育～共感を軸にした地域福祉の創造～」をとりまとめた。
「地域福祉・ボランティア情報ネットワーク」ホーム＞全社協の主な調査研究一覧 を参照。
また、地域生活課題の複雑化・深刻化が指摘されるなか、全社協全国ボランティア・市民活動振興センターでは、「福祉教育研究委員会」（委員長：原田正樹氏）を設置し、サービスラーニングの視点による福祉教育の考え方、具体的な展開方法を実践事例について、令和元（2019）年10月、「地域共生社会に向けた福祉教育の展開～サービスラーニングの手法で地域をつくる～」を公表している。「地域福祉・ボランティア情報ネットワーク」ホーム＞福祉教育・ボランティア学習について を参照。
さらに、コロナ禍において新たな福祉教育のあり方が問われるなかで、全社協・福祉教育推進委員会（委員長：原田正樹氏）では、体験型の福祉教育に替わる教材として、「あなたのまちでやさしさをひろげるために～思いやり・つながり・支えあう～」を作成した（令和2〔2020〕年10月）。
「地域福祉・ボランティア情報ネットワーク」ホーム＞福祉教育・ボランティア学習について を参照。

第４節　地域における総合相談・生活支援事業の展開

1 社協における総合相談・生活支援事業

今日、一人ひとりの住民が、身近なところで必要な支援を受け、社会とのつながりをもちながら、住み慣れた地域で暮らし続けられるように支援することが求められている。そのためには、フォーマル、インフォーマルな相談・支援組織、サービス提供組織、住民組織、その他の関係者の連携・協働により、住民の相談を確実に受け止め、切れ目のない支援の仕組みを地域においてつくっていくことが不可欠である。

全社協では、こうした仕組みを「地域総合相談・生活支援システム」[注20]と呼んで広くその取り組みを推進しているが、このなかで相談事業は年齢や障害種別等に関わらず、どのような内容の相談でも幅広く受け止めることが求められている。

(1) 総合相談・生活支援事業の実際

社協では、これまで**心配ごと相談事業**やふれあいのまちづくり事業[注21]において、民生委員・児童委員や専門職等の協力のもと、長年にわたり相談活動の実績を重ね、社協の基本的な機能として発展させてきた。

「対象を限定しないあらゆる相談に対応する総合相談事業（福祉総合相談、心配ごと相談等）と定義した総合相談事業の実施状況は次のとおりである。

〔図表 2-30〕**総合相談事業を実施している社協（2018 年調査）**

社協数	1,247
実施割合	82.5%
調査回答数	1,512

なお、総合相談を実施している社協について、その実施頻度を調査したところ、相談事業を毎日実施している社協は 51.9%、週に数日から週に 1 日以上は 14.9%、月に 1～2 日程度が 18.2%であった。

●注 20
全社協では、平成 17（2005）年に「『地域総合相談・生活支援システム』の構築に向けて～市区町村社会福祉協議会への提案～」（全社協・地域総合相談・生活支援システム及びワーカーの専門性に関する検討委員会、平成 19〔2007〕年 11 月）を取りまとめ、公表している。
「地域福祉・ボランティア情報ネットワーク」ホーム>社協の提案する地域福祉活動・事業 を参照。
この考え方は現在、地域共生社会の実現に向けて国が進める地域における包括的な相談支援体制の構築の考え方と一致するものである。

心配ごと相談事業

そのルーツを民生委員の活動にもち、昭和 30 年（1955）年頃から常設または定期的な巡回の生活相談所が各地に設置され始め、「心配ごと相談所」として全国的な呼びかけのもとに広がっていった。多くは市町村社協または市町村が設置主体となり、民生委員が中心となって運営した。昭和 36（1960）年には国庫補助の対象となり、その後補助制度はなくなるが、現在でも継続して開設している社協も多い。

●注 21
ふれあいのまちづくり事業については、第 1 章第 3 節（14 頁）を参照されたい。

〔図表 2-31〕**総合相談事業の実施頻度（2018 年調査）**

	社協数	割合
毎日	647	51.9%
週に数日	67	5.4%
週に１日	119	9.5%
月に２日程度	101	8.1%
月に１日	126	10.1%
その他	185	14.8%
無回答	2	0.2%
全　体	1,247	100.0%

このような総合相談のほか、社協では、専門相談や制度サービス事業実施にともなう相談を実施しているが、「あらゆる生活課題への対応」を柱に、地域住民から寄せられる多様な地域生活課題を受け止め、地域を基盤にして解決につなげる支援やその仕組みづくりをめざしている。とりわけ、経済的困窮やひきこもり、孤立、虐待、権利侵害など深刻な地域生活課題について、地域住民、民生委員・児童委員、社会福祉施設、専門機関、ボランティア・NPO 団体や行政など地域における幅広い協働・連携の場づくりや仕組みづくりを行い、その解決や予防に向けて取り組むこととしている[注 22]。

生活困窮者自立支援事業は、福祉、生活に関わるあらゆるニーズを受け止め、専門機関と連携を進め、必要なサービスを提供し、または開発しながら課題解決をめざすことで、生活保護に至る前の第２のセーフティネットを構築しようとするものである。

生活困窮者自立支援事業の中心は、自立相談支援事業であり、ここで包括的相談を行い、就労を始め自立に関する相談支援、事業利用のためのプラン作成等を実施するが、相談を幅広く受け入れることが強調されている。

これはまさに社協が進める総合相談・生活支援の実現と重なるものであり、今後一層、生活課題を抱える人びとが制度から漏れることのないような相談体制を構築するとともに、包括的な支援を実施していくことが必要である。総合相談・生活支援はそもそも、１組織だけではできないものであり、社協以外の組織が自立相談支援事業を実施している場合にも、それと連携して、ともに地域の総合相談・生活支援の実現を図る、という姿勢が重要である。

●注 22
「社協・生活支援活動強化方針」（平成 30〔2018〕年３月改定、全社協地域福祉推進委員会）
「地域福祉・ボランティア情報ネットワーク」ホーム > 全社協の主な指針・規定等一覧 を参照。

2 生活困窮者自立支援事業への取り組み

生活困窮者自立支援制度は、平成 27（2015）年、全国で開始された。市及び福祉事務所を設置するすべての自治体において義務化されており、各事業は自治体が直営又は委託により実施することができる[注 23]。

近年の経済の低迷による影響、家族やコミュニティ機能の変化等により、生

●注 23
生活困窮者自立支援法に基づく事業。

活保護受給者は増大し、生活保護の受給に至らない段階の生活困窮者の数も増加している。このような状況から、本制度は生活保護に至る前の第 2 のセーフティネットの新たな仕組みとして法制化されたものであり、生活保護制度の見直しと生活困窮者対策を総合的に取り組むことで、生活困窮状態からの早期自立を支援し、社会資源の活性化や地域全体の負担軽減に資するとしている。

事業の構成は次のとおりであり、それぞれ必須事業、任意事業に分かれ、国庫補助の割合も異なっている。

主な事業は、必須事業である自立相談支援事業及び住居確保給付金の支給のほか、任意事業として就労準備支援事業、一時生活支援事業及び家計改善支援事業等となっている。なお、平成 30（2018）年度予算においては、家計改善支援事業、就労準備支援事業、自立相談支援事業を一体的に実施した場合には、家計改善支援事業の補助率を 2/3 とすることにしている。

〔図表 2-32〕**生活困窮者自立支援事業の概要**

事業名	内容	国庫補助率	事業種別
自立相談支援事業	生活困窮者からの相談に包括的に対応するとともに、その自立に向けて、アセスメントの実施、プランの作成等の支援を行うほか、地域の関係機関のネットワークづくりを行う。	3/4	必須事業（負担金）
住居確保給付金	離職者等であって、所得等が一定水準以下のものに対して、有期で家賃相当額を給付。	3/4	必須事業（負担金）
就労準備支援事業	直ちに一般就労への移行が困難な生活困窮者に対して、一般就労に必要な知識及び能力の向上が図られるよう、生活訓練や社会訓練を実施。	2/3	任意事業（補助金）
認定就労訓練事業	就労準備支援事業を利用しても一般就労への移行が困難な者に対して、社会福祉法人、NPO、営利企業等の自主事業として、軽易な作業等の機会（清掃、リサイクル、農作業等）を提供。	—	必須事業
一時生活支援事業	住居のない生活困窮者であって、所得が一定水準以下の者に対して、一定期間（3 か月を想定）内に限り、宿泊場所の供与や衣食の供与等を実施。	2/3	任意事業（補助金）
家計改善支援事業	失業や債務問題など家計に課題を抱える生活困窮者に対して、公的制度の利用支援、家計表の作成等の家計に関するきめの細かい相談支援を行うとともに、必要に応じて資金の貸付のあっせん等を実施。	1/2（2/3）	任意事業（補助金）
子どもの学習・生活支援事業	生活保護世帯の子どもを含む生活困窮世帯の子どもに対する学習支援、生活困窮世帯の子ども・その保護者に対する生活習慣・育成環境の改善、教育及び就労に関する支援等を実施。	1/2	任意事業（補助金）
その他生活困窮者の自立の促進を図るために必要な事業	上記のほか、地域の実情に応じ、生活困窮者の自立に必要な取り組みを実施。	1/2	任意事業（補助金）

〔図表 2-33〕 **生活困窮者自立支援制度にかかる事業受託の状況（2018 年調査）**

	全　体	社協単独で受託	自治体との共同で受託	他法人との共同で受託	他法人から再委託で受託	受託していない	受託　計
自立相談支援事業	1,512	420	50	58	29	955	557
	100	27.8	3.3	3.8	1.9	63.2	36.8
家計改善支援事業	1,512	246	15	36	10	1,205	307
	100	16.3	1.0	2.4	0.7	79.7	20.3
就労準備支援事業	1,512	121	11	32	8	1,340	172
	100	8.0	0.7	2.1	0.5	88.6	11.4
子どもの学習支援事業	1,512	98	17	21	4	1,372	140
	100	6.5	1.1	1.4	0.3	90.7	9.3
一時生活支援事業	1,512	44	8	18	4	1,438	74
	100	2.9	0.5	1.2	0.3	95.1	4.9

上段：社協数、下段：%

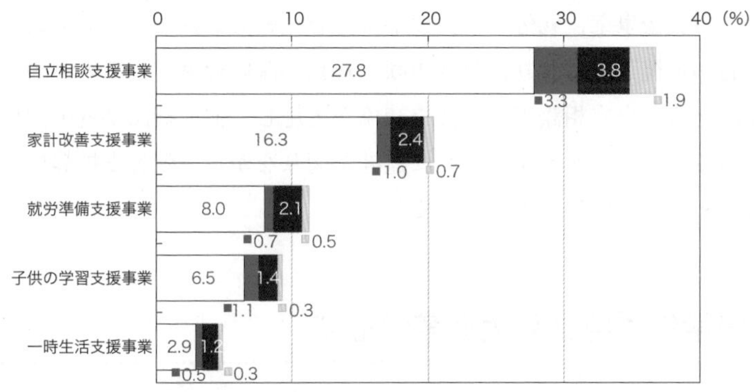

本制度の目標には、①生活困窮者の自立と尊厳の保持、②生活困窮者支援を通じた地域づくり、のふたつが示されている。前者は本人の自己決定、選択を基本に、経済的自立のみならず日常生活自立や社会的自立など、本人の状態に応じた自立支援をめざし、支援員が本人に寄り添い支援していくものである。後者は生活困窮者の早期発見、見守りのための地域ネットワークを構築し、包括的な支援をしていくために既存の社会資源を活用、必要に応じて社会資源の開発・創造を行うとともに、生活困窮者が社会とのつながりを実感することにより主体的な参加が生まれるものであるとして、相互に支え合う関係となる地域を構築するというものである。

このように、本制度は経済的困窮からの自立のみならず、当事者が地域においてさまざまな関わりをもって自立した生活を営めるよう支援していくことから、地域福祉施策の中核的な事業のひとつに位置付けられるものであると考えられる。さらに地域共生社会の実現に向け令和 3（2021）年 4 月に施行された改正社会福祉法に盛り込まれた重層的支援体制整備事業では、この自立相談支援事業が包括的相談支援事業で実施される事業のひとつに位置付けられている[注24]。

したがって、本事業は、社協の進めてきた地域福祉、また、前項の総合相談・

●注 24
法第 106 条の 4 第 2 項は重層的支援体制整備事業について規定している。このうち第 1 号は包括的相談支援事業を規定しており、自立相談支援事業のほか、介護保険法による地域包括支援センター、障害者総合支援法による障害者相談支援事業、子ども・子育て支援法による利用者支援事業は併記されている。

生活支援の取り組みと重なるものであり、地域福祉推進の中核的団体である社協においては、本事業への積極的な取り組みが期待される[注25]。

特に総合相談・生活支援体制の強化という点では、本制度の中核的事業である自立相談支援事業の実施は、これまで社協が取り組んできた生活福祉資金貸付事業や日常生活自立支援事業及び各種サービス事業等の相談支援業務、地域関係者とのネットワークづくりの実践などを基盤に、「総合相談・生活支援」体制の強化につながるものである。

なお、本事業の実施が自治体直営、またはほかの民間団体による受託実施である場合も、地域生活課題の解決に取り組む社協の立場から、事業推進の方向性を共有化することが必要である。

また、本事業においては、従来、福祉相談のなかに十分位置付けられてこなかった就労支援事業、就労準備支援事業、認定就労訓練事業、家計改善支援事業の実施が重視されており、福祉相談の経験が深い社協も、この面の強化を図る必要がある。自立相談支援事業を社協が実施し、他の機関が就労関係等を実施しているところもあるが、相互に連携を図りながら、就労支援等に十分配慮した自立相談支援事業の実施が望まれる。

●注25
全社協地域福祉推進委員会では、生活困窮者自立支援法の改正（平成30〔2018〕年６月公布、平成31〔2019〕年４月施行）に合わせ、社協の生活困窮者自立支援の取り組み状況、成果と課題を整理し、今後の展開について「社協における生活困窮者自立支援の推進方策」（平成30〔2018〕年６月７日）としてとりまとめ、社協の事業・活動のさらなる推進を図っている。同推進方策では、自立相談支援事業の受託等取り組み強化、多様な生活支援・就労支援の拡充等を提案している。
「地域福祉・ボランティア情報ネットワーク」ホーム＞全社協の主な指針・規定等一覧 を参照。

3 日常生活自立支援事業の推進

（1）日常生活自立支援事業の位置付けと内容

日常生活自立支援事業は、社会福祉法上「福祉サービス利用援助事業」として第二種社会福祉事業[注26]に位置付けられている。本事業は、制度発足以来、認知症高齢者、知的障害者、精神障害者等判断能力が不十分な人が地域において自立した生活が送れるよう、福祉サービスの利用に関する情報提供、助言、手続きの援助、利用料の支払い等福祉サービスの適切な利用のための一連の援助を実施している。

本事業に基づく援助内容は次のとおりである。

①福祉サービスの利用に関する援助

②福祉サービスの利用に関する苦情解決制度の利用援助

③住宅改造、居住家屋の貸借、日常生活上の消費契約及び住民票の届出等の行政手続きに関する援助

④上記にともなう援助としての、預金の払い戻し、預金の解約、預金の預け入れの手続き等利用者の日常生活費の管理（日常的金銭管理）、定期的な訪問による生活変化の察知

●注26
社会福祉法第２条第３項第12号

(2) 日常生活自立支援事業の現状

令和元（2019）年度末の契約件数は 55,717 件である（全社協調べ）。平成 11（1999）年 10 月の事業開始以来、令和 2（2020）年 3 月末までに、新規契約件数は累計で約 18 万件となり、令和元（2019）年度では、11,419 件となっている。同年度の問い合わせ・相談件数は 2,128,325 件である。初回相談件数は 33,649 件と全体のわずか 1.6% であり、ほとんどが事業利用者の継続相談である。

令和元（2019）年度の新規利用者（契約者）11,419 人の内、認知症高齢者等が最も多く（54.8%）、精神障害者等（24.9%）知的障害者等（15.2%）の順となっている。また、生活保護受給者の割合は、全体の 44.2% を占めている。

令和 2（2020）年 3 月末現在で、**基幹的社協**は、1,539 か所、専門員 3,544 人、生活支援員 16,333 人となっている。

（日常生活自立支援事業の）基幹的社協
日常生活自立支援事業の一部を委託されている市区町村社協等。

〔図表 2-34〕日常生活自立支援事業の契約件数（実利用者数）の推移　（単位：人）

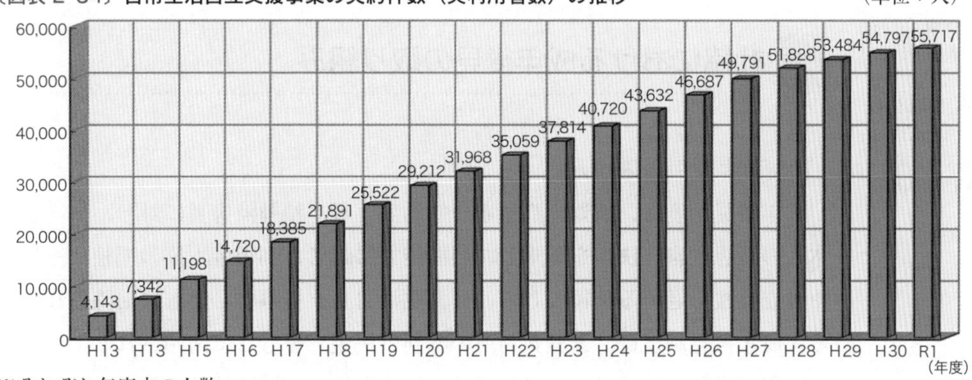

※それぞれ年度末の人数。

〔図表 2-35〕日常生活自立支援事業の利用者の障害別等の状況

	2019 年度の新規契約締結件数		1999 年 10 月からの累計	
認知症高齢者等	6,263	54.8%	107,584	59.7%
知的障害者等	1,738	15.2%	27,459	15.2%
精神障害者等	2,839	24.9%	35,392	19.6%
その他	579	5.1%	9,348	5.2%
（再掲）生活保護受給者	5,052	44.2%	72,161	40.1%
計	11,419	100%	179,783	100%

（全社協調べ）

(3) 日常生活自立支援事業の取り組みの推進に向けて

日常生活自立支援事業は、都道府県・指定都市社協を実施主体とする国庫補助事業である。

平成 19（2007）年度より計画的に日常生活自立支援事業の市町村段階での相談窓口である基幹的社協等の増設が進められてきており、県によっては、すべての市町村を基幹的社協としているところもある。

平成 31（2019）年、国庫補助に関する補助基準単価の改定が行われ、利用契約者１人・１月当たりの算定額 7,900 円、生活保護受給者１人・１月当たり利用料 3,000 円と増額された。しかし、国及び都道府県・指定都市における財政が厳しい中、本事業に係る財源の確保が難しい現状にあり、契約件数が伸びているにもかかわらず、補助額は増えない傾向にある。また、多数の担当件数を専門員が抱え、さらにそれでも対応しきれず、全国ではかなりの待機者がいる状況にある[注 27]。一方、「隣人・友人」として利用者を支える生活支援員は、雇用関係はあるものの、近年、その確保が課題となっている[注 28]。

今後も引き続き、認知症高齢者の増加、障害者の地域生活移行にともなう利用者の増加や複合多問題等の困難ケースへの対応、さらには利用者の状況に応じた成年後見制度への円滑な移行に向けた支援が求められていることなどから、体制の整備と充実が求められる。

●注 27
全社協が平成 30（2018）年度に実施した「日常生活自立支援事業実態調査」では、全国に 2600 件余の待機があることが明らかになっている。
「地域福祉・ボランティア情報ネットワーク」ホーム＞調査・研究報告一覧を参照。

●注 28
前述の平成 30（2018）年度「日常生活自立支援事業実態調査」では、生活支援員の確保に関しては、全体では 75.4％の社協が「課題がある」と回答している。生活支援員の確保が困難な理由は、「活動に伴う精神的負担が大きい」(40.0％) が最も多い。

4　社協における成年後見の取り組み

（1）成年後見制度の状況

成年後見制度は、認知症高齢者や知的障害者、精神障害者に対し、第三者が本人の意思や自己決定を尊重し、判断能力に応じた利用者本位の福祉サービスや自立支援を進める施策として、日常生活自立支援事業とともに期待されている。成年後見制度は、家庭裁判所の審判（決定）をもとに開始される。

成年後見制度の後見等（後見開始、保佐開始、補助開始及び任意後見監督人選任事件）の申し立て件数は年々増加しており、令和２（2020）年（１月～12 月）の実績[注 29]を見ると、申し立て件数は 37,235 件と対前年比約 3.5％の増加となっている。

●注 29
「成年後見関係事件の概況」最高裁判所事務総局家庭局。数値は各年 1～12 月。

また、令和２（2020）年 12 月末日時点における成年後見制度（成年後見・保佐・補助・任意後見）の利用者数は合計で 232,287 人（対前年比約 3.5％の増加）、内成年後見の利用者数は 174,680 人であり、対前年比 1.6％の増加となっている。

申立人の多くは「市区町村長」が最も多く 23.9％を占め、次いで本人の子 (21.3％)、本人（20.2％）の順となっている。

成年後見人等（成年後見人、保佐人及び補助人）と本人との関係をみると、配偶者、親、子、兄弟姉妹及びその他親族が成年後見人等に選任されたものが全体の 19.7％となっている。平成 24（2012）年に第三者後見人の選任割合が親族後見人の選任割合を上回って以降、親族後見人の選任割合は減少傾向が継続している。親族以外の成年後見人等は 29,522 件で、そのうち最も多いのは、司法書士で11,184件(親族以外の成年後見人等に占める割合37.9%)、弁護士7,731件（同26.2%）、社会福祉士5,437件（同18.4%）が続いている。社協は1,455件（同4.9%）、市民後見人は311件（同1.1%）となっている。

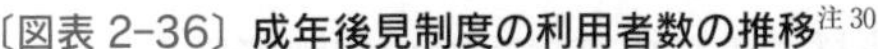
〔図表 2-36〕成年後見制度の利用者数の推移[注30]

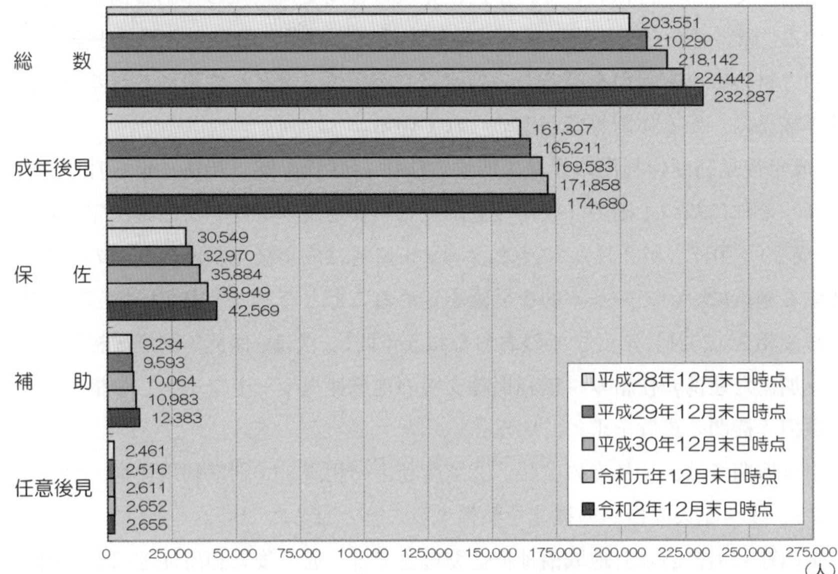

（注）成年後見制度の利用者とは、後見開始、保佐開始又は補助開始の審判がされ、現に成年後見人等による支援を受けている成年被後見人、被保佐人及び被補助人ならびに任意後見監督人選任の審判がされ、現に任意後見契約が効力を生じている本人をいう。

成年後見制度の利用を必要とする人々が年々増加するなか、申し立てを行う親族がいない、本人が申し立て費用や後見報酬を負担できないといったケースも増えている。そこで、首長が申し立てを行ったり、市町村が費用を助成する成年後見制度利用支援事業[注31]等、法制度上の整備も図られている。

成年後見制度利用支援事業については、介護保険法の地域支援事業では任意事業に、また、障害者自立支援法（当時）における地域生活支援事業では、平成24（2012）年4月から必須事業として位置付けられている。高齢者に関わる事業の実施率は95%、障害者に関わる事業の実施率は94%である（厚生労働省調べ、令和2［2020］年4月1日現在）。

また、成年後見制度に対するニーズや諸課題に対応するためには、親族や弁護士などの専門職による後見人（専門職後見人）がその役割を担うだけではカバーできず、専門職後見人以外の市民を含めた後見人（市民後見人）も重要な役割を果たすことが求められる。そのため、市町村において市民後見人の養成・確保などの体制整備を強化し、地域における市民後見人の活動を推進することを目的に、平成23（2011）年度から市民後見推進事業が開始され、平成25（2013）年には94市区町村（34都道府県）で実施している。さらに平成28年

●注30
「成年後見関係事件の概況」最高裁判所事務総局家庭局。

●注31
高齢者は地域支援事業、障害者は地域生活支援事業の一つとしてそれぞれ実施されるもので、成年後見制度の申立に要する経費（登記手数料、鑑定費用等）及び後見人等の報酬に対する助成等がなされるものである。

度からは、家庭裁判所の管轄する地域等において広域的に市町村及び関係機関が連携する協議会を設置するなど、市民後見人の育成及び活用の促進を図ることを目的として、「市民後見人育成・活用推進事業」が実施された。また、平成25～29年までの「認知症施策推進５か年計画（オレンジプラン）」では、将来的にすべての市町村において、市民後見人の育成支援組織の体制整備をうたっている。障害者総合支援法に基づく地域生活支援事業においても、「市民後見人等の人材の育成・活用を図るための研修」が必須事業として追加されるなど、成年後見にかかる体制整備が進められている。

「成年後見制度の利用の促進に関する法律」が平成28（2016）年５月に施行され、それに基づく国の「成年後見制度利用促進基本計画」が閣議決定された（平成29〔2017〕年３月）。これにより、市町村は成年後見制度の利用の促進に関する施策についての基本的な計画を定めることとなる（平成29〔2017〕年度から令和３〔2021〕年度までのおおむね５年間）。法は、保健・医療・福祉に司法を加えた連携の仕組み（権利擁護支援の地域連携ネットワーク）を構築、中核を担う機関の設置を求めている。

中核機関では、①制度の広報、②制度利用の相談、③制度利用促進（マッチング）、④後見人支援等の機能を整備することとなる。

全国社会福祉協議会地域福祉推進委員会では、成年後見利用促進に係る国のこうした動きを、これまで社協が取り組んできた総合的な権利擁護支援体制のさらなる強化を図る好機と捉え、これまでの社協の取り組みを生かし、基本計画で謳われている地域連携ネットワークに積極的に参画するとともに、中核機関の受託を進めることなどを内容とする「成年後見制度利用促進における社協の取り組みと地域における権利擁護体制の構築に向けた基本的な方策」（平成30年３月30日）を取りまとめている[注32]。

●注32
「地域福祉・ボランティア情報ネットワーク」ホーム＞全社協の主な指針・規定等一覧を参照。

(2) 社協における法人後見受任状況

このようななか、成年後見推進における社協への期待が高まっている。

実際、法人後見に取り組んでいる（法人後見の受任体制がある）社協（市区町村社協及び都道府県・指定都市社協）は490か所、25.9％であり、毎年増加している（以下のデータは全社協調べ）。

〔図表 2-37〕成年後見に関する市区町村社協の取り組み状況（2020 年度）

	個所数	全国の社協数（1,893）に対する割合
法人として後見人を受任している（法人後見を行っている）	490	25.9%
現在は受任していないが過去に受任実績がある	30	1.6%
過去に受任実績はないが受任体制はある	67	3.5%
合計	587	31.0%

〔図表 2-38〕法人後見の受任体制がある社協数の推移

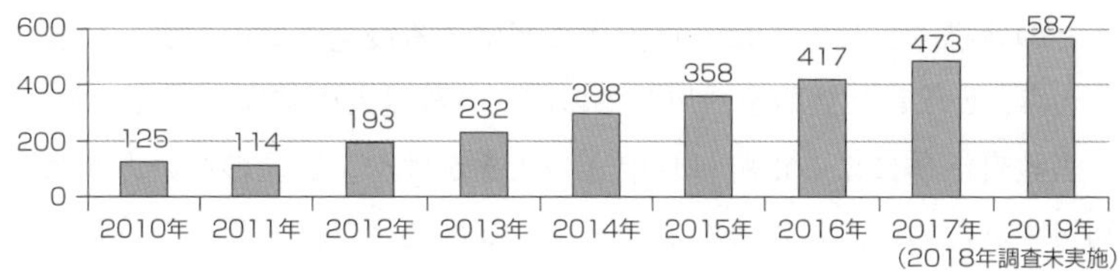

また、法人後見受任件数は 4,933 件となっている。

〔図表 2-39〕法人後見を受任している（法人後見を実施している）社協における受任件数（2019 年度）

	後見	保佐	補助	任意後見	合計
受任している社協数	450	316	144	18	490
受任件数合計	3,494	1,132	254	53	4,933
1 社協当たりの件数	7.76	3.58	1.76	2.94	16

さらに、後見監督人の受任（78 か所、4.1%）、市民後見人の養成（272 か所、14.4%）、さらに、成年後見センター等として、相談受付や利用手続き支援等を行っているところも 400 か所、21.1%となっている。

〔図表 2-40〕社協の成年後見関係の取り組み状況（2019 年度）

	か所数	全国の社協数（1,893）に対する割合
法人として後見監督人を受任している	78	4.1%
市民後見人の養成を行っている	272	14.4%
市民後見人の受任調整や実務支援を行っている	173	9.1%
成年後見センター等として市民等からの成年後見に関する相談の受付や成年後見の利用手続き等を行っている	400	21.1%
内、センター名が判明している	381	20.1%

(3) 社協における法人後見の取り組みについて

社協が成年後見制度に取り組む基本的な考え方として、まず、本人の意向、心身や生活及び財産の状況、親族との関係、地域の後見人等の担い手の状況等を総合的にみて、個人の後見と法人後見のどちらが適しているのかという点から検討すべきである。そのうえで、社協による法人後見が適しているかどうかを検討していくが、社協の法人後見を利用することが本人にとって適切であるのか、また、社協自ら後見人等となることが地域全体の権利擁護や地域福祉の増進にどうつながっていくのかといった地域の現状を把握・分析し、社協が地域で求められる役割を果たすための方策として考えていく必要がある[注33]。

●注33
全社協『社会福祉協議会における法人後見の取り組みの考え方～法人後見の適正性の確保にむけて～』平成23年11月。第1章では、「社会福祉協議会の法人後見のあり方を考えるためのポイント」を示している。

社協そのものが後見人となるよりも、社協は成年後見の支援センターとして後見人の確保・養成・支援や監督を行う機関となるべきという意見もある。このため、第三者後見の受け皿となる弁護士会・司法書士会・社会福祉士会などの職能団体との連携や、最近では、自治体などによる後見支援センターの設立もあることから、そうした機関を活用しての第三者後見人の確保も重要である。

さらに、当該自治体による市町村長申立の働きかけや、資産のない方が第三者後見を利用するための裏付けとなる成年後見制度利用支援事業の予算化などを、あらかじめ自治体に働きかけておくことが必要である。

なお、受任にあたり、法人後見の業務の遂行には一定の専門性が要求されるので、そうした業務を遂行できる職員を確保できるのかといった検討も不可欠である。また、社協といえども無償あるいは低報酬でいくつも成年後見を受任することは不可能である。成年後見を実施するための財源的手当が可能か否かを合わせて検討するなど、法人後見を継続的に担うことのできる安定した組織体制の構築に取り組むことが求められる。

5 地域における権利擁護支援体制の構築に向けて～社協の果たすべき役割

権利擁護の支援は、虐待防止に関する法律の制定、成年後見制度の利用支援事業や日常生活自立支援事業の強化、市民後見人の養成等により推進が図られてきたが、支援を必要とする人びとに十分行き渡る状況には至っていない。

成年後見制度の利用の促進に関する法律[注34]は、福祉支援を必要とする人びとに対する権利擁護支援体制の推進を大きく進めることが期待される。しかし、成年後見制度が利用者本位の福祉サービスや自立支援を進める施策として役割を果たすためには、ほかの福祉サービスや施策、住民の福祉活動と連携し、支援を要する人にとって身近な社会資源として総合的に活用されることが求められる。判断能力が低下しても、地域で安心して暮らすためには、その状況に応じて福祉サービスや活動等による多様な援助が切れ目なく提供される総合的な支援体制の構築が必要であり、成年後見制度は、日常生活自立支援事業とともに、こうした地域の総合的な支援体制のなかに溶け込んでいることが重要である。

●注34
70頁を参照。

〔図表 2-41〕**地域社会と専門組織・専門職が協働して担う権利擁護・日常生活支援活動**

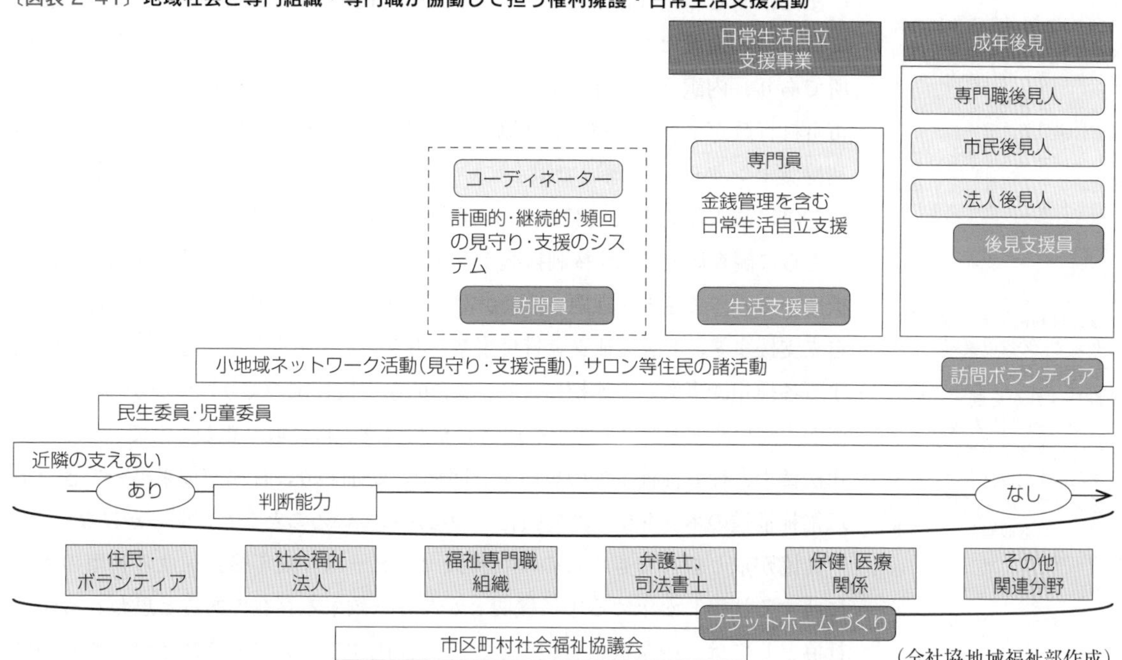

（全社協地域福祉部作成）

成年後見制度利用促進法も成年後見制度に限らずに関係者がネットワークを組むことを要請しているが、社協としては、従来から取り組んできた、住民による見守り・支援の活動、日常生活自立支援事業、民生委員・児童委員との連携などと総合的に進めていくことが求められる。

また、法人後見人として社協が期待されることという点からみても、重要なのは、低所得者への対応やきめ細やかな生活支援を含めた支援などである。これは、社協が従来の活動の一環として高齢者や障害者を地域社会のなかで支えていくという、社協のもつ公共性や公益性に着目したものである。こうしたことから、社協自らが法人後見人を受任するだけでなく、必要な人が成年後見制度を適切に利用できるよう地域の仕組みづくりや、成年後見制度だけでなくその人を支えるサービスや活動を地域につくり出していくことが、今後必要であると思われる。

全社協が実施した平成 24（2012）年度「地域における総合的な権利擁護体制の構築に関する調査研究事業」[注35]では、「権利擁護センター等」[注36]を設置していると回答した市町村行政は 132 か所であったが、権利擁護センター等を設置している市町村においては、行政と社協が連携し、首長申立件数、社協による法人後見受任、市民後見人の養成・活動支援などのいずれも、センター設置のない市町村に比べて実施件数が多かった。さらに、権利擁護センター等は、その機能を活用して日常生活自立支援事業等の権利擁護に関する個別課題を一元的にとらえ、解決に向けて調整するなど、地域の権利擁護支援体制の構築に有効であることが明らかになっている。

●注 35
全市町村行政及び市町村社協、並びに都道府県・指定都市社協への調査を実施した(平成 24 年 9 月現在)。

●注 36
調査時点において「権利擁護センター」の制度上の定義はなく、「高齢者や障害者、日常生活上の判断に不安のある方が地域で安心して生活できるよう、日常生活全般、財産の管理、消費・契約上の問題に関する相談を受ける、成年後見制度や日常生活自立支援事業等の利用支援を行う、見守りネットワークを運営するなどの専門機関」として調査を実施した。

●注37
『地域における権利擁護体制の構築の推進にむけた調査研究「権利擁護センター等」の具体化に向けて』では、第1次調査を都道府県・指定都市社協対象に実施し、その回答をもとに第2次調査として権利擁護センターを運営している市町村社協を対象に調査を実施した（平成25年10月現在）。

●注38
ここでは「権利擁護センター等」を、①センターの設置要綱、運営要綱、事業実施要領、法人後見の実施要綱いずれかを制定している、②センターで法人後見を実施、または法人後見の受任体制を構築、または市民後見人の養成・活動支援を実施、の2項目について①②のいずれも該当しているセンターと定義している。

また、同じく全社協が実施した平成25（2013）年度調査研究事業[注37]においては、権利擁護センター等[注38]を設置していると回答した市町村社協は138か所であり、内訳として市町村社協単独設置・運営は86か所（61.6%）、次いで市町村行政が単独で設置し、社協が受託運営は38か所（27.5%）であった。権利擁護センター等が地域で担っている機能としては、日常生活自立支援事業（73%）、法人後見事業（80%）、市民後見事業（57%）となっている。

さらに調査研究では「権利擁護センター等」の運営によって、地域住民や関係機関からのさまざまな課題、相談が寄せられることとなり、総合相談や日常生活自立支援事業、生活福祉資金貸付事業、ボランティアセンターなど、社協が実施する各種相談事業との連携により、総合的な支援体制づくりにつながること、社協が「権利擁護センター等」を運営し権利擁護支援に取り組むことで、弁護士や司法書士、社会福祉士等の専門家（団体）、が加わり、社協が従来築いてきた地域福祉推進のネットワークの強化につながっていることなどが明らかになった。

社協が取り組んできたこの権利擁護センターは「成年後見制度の利用の促進に関する法律」が求める中核機関とかなり一致する存在であると思われるが、社協としては、中核機関を担うか、その構成するメンバーのひとつであるかにかかわらず、積極的に役割を果たしていくことが求められる。すなわち、社協が権利擁護センターで取り組んできた内容の普及を進め、地域住民や関係機関・団体等の社会資源の参画や協働を働きかけながら、日常生活自立支援事業の知見を生かし、行政や関係者との協議検討を進めることで、地域における権利擁護支援の体制構築を整備していくことが可能となる。その際、生活困窮者自立支援事業との連携も欠かせない。

6　生活福祉資金貸付事業の実際

生活福祉資金貸付事業は、要援護者（世帯）等への援助と自立更生を促進することを目的に昭和20年代半ばから一部の県で実施されていた「民生委員一人一世帯、自立更生運動」や「民生委員一人一世帯向上運動」に端を発するものであり、昭和30（1955）年に、要援護者や世帯への経済的援助を行う「世帯更生資金貸付制度」として発足した。それ以来、低金利または無利子での資金の貸し付けを行い、低所得者や高齢者、障害者の生活を経済的に支えるとともに、必要な相談援助を実施することで、その在宅福祉及び社会参加の促進を図ってきている。したがって、民生委員活動、そして民生委員活動と表裏一体で進められた心配ごと相談事業と深く関わって展開された。

本事業は、社会福祉法第2条に規定する第一種社会福祉事業「生活困難者に対して無利子又は低利で資金を融通する事業」に位置付けられている。なお、平成2（1990）年に現在の名称である「生活福祉資金貸付事業」と改正された。

その後、平成 13（2001）年に「離職者支援資金貸付制度」が創設され、さらに平成 19（2007）年には、一定額以上評価額の不動産を有する要保護高齢者世帯を対象に、所有不動産を担保として生活費を貸し付ける「要保護世帯向け長期生活支援資金制度」が創設されている。

さらに、平成 20（2008）年夏以降の世界同時不況のなかで、雇用情勢が悪化し、失業者や低所得者が急増することが見込まれたため、セーフティネット施策のひとつであるこの事業をさらに活用しやすく、かつ効果的な支援が実施できるよう、平成 21（2009）年 10 月に、抜本的な見直しが図られた。

具体的には、それまで 10 種類あった資金種類を①総合支援資金、②福祉資金、③教育支援資金、④不動産担保型生活資金に再編し、かつ、利用者の資金ニーズに応じて柔軟な貸し付けを実施することとされた。また、連帯保証人要件を緩和するとともに貸付利率の引き下げを行った。

生活福祉資金貸付事業は、都道府県社協を実施主体とし、県内の市区町村社協が窓口となって実施する。低所得世帯、障害者世帯、高齢者世帯等世帯単位に、それぞれの世帯の状況と必要に合わせた資金の貸し付けを実施している。さらに、資金の貸し付けによる経済的な援助にあわせて、地域の民生委員が資金を借り受けた世帯の相談支援を実施している[注 39]。

全国の貸付状況については、総合支援資金は近年落ち着きを見せ、令和元（2019）年度の貸付決定件数は 470 件となっている（ただし、コロナ渦の令和 2 年度は特例貸付実施のため急増。第 1 章第 4 節参照）。一方、教育支援資金の貸付件数は、平成 21（2009）年の制度改正後は、従前の 2 倍近い年間 12,000～14,000 件程度で推移しており、子どもの貧困問題の深刻化を反映した数字となっている。令和元（2019）年度における福祉資金の貸付件数は約 4,200 件、貸付額は 12.8 億円である[注 40]。

●注 39
全社協ホームページ＞福祉のガイド＞福祉の資金・助成＞生活福祉資金を参照。

●注 40
全社協民生部調べ。

〔図表 2-42〕**貸付実績の推移**　（単位：千円）

	2012 年度	2013 年度	2014 年度	2015 年度	2016 年度	2017 年度	2018 年度	2019 年度
総合支援資金	9,920	4,656	3,133	2,057	1,122	731	421	470
緊急小口資金	11,101	9,253	8,837	8,730	19,997	7,547	7,145	9,937
福祉費	4,387	4,359	4,404	4,086	3,996	3,820	4,530	4,187
教育支援資金	14,113	14,214	14,775	14,621	14,504	13,910	13,019	12,426
不動産担保型生活資金	84	78	102	80	89	61	66	64
要保護世帯向け 不動産担保型生活資金	285	242	230	208	214	181	207	185

社協が実施する生活福祉資金貸付事業の大きな特徴は、民生委員が資金を借りうけた世帯の相談や支援を継続的に実施していくところにある。しかし、総合支援資金をはじめ、相談・支援内容の複雑化、深刻化により、専門職の深い関わりが重要となるケースも出ており、資金の返済を可能にし、維持していく

〔図表 2-43〕**当年度償還率の推移**

	2011 年度	2012 年度	2013 年度	2014 年度	2015 年度	2016 年度	2017 年度	2018 年度
総合支援資金	37.6%	29.5%	27.4%	24.3%	24.1%	23.1%	22.1%	22.2%
緊急小口資金	88.9%	56.0%	42.5%	89.2%	86.2%	82.3%	63.0%	50.4%
福祉費	71.5%	70.3%	73.1%	72.8%	73.4%	73.1%	73.3%	74.6%
教育支援資金	70.6%	70.3%	69.7%	69.5%	69.5%	69.2%	68.8%	68.8%

ための経済的自立支援や、家計管理への支援、心身の状況の悪化にともなう経済面にとどまらない生活面の支援へのつなぎ、資金ニーズのある人の生活課題全般の相談・支援をいかに社協が充実させていくことができるのかが大きな課題となっている。

近年、生活困窮者が増加するなか、生活福祉資金貸付事業は、生活困窮者の経済的自立を図る上で有用なツールとなっている。また、自立相談支援事業と家計改善支援事業[注 41]における相談との連携も想定されることから、生活困窮者自立支援事業との十分な連携を図ることが必要である。実際に、生活福祉資金の借入相談が生活困窮者自立相談支援事業につながっているケースも少なくない。

●注 41
家計改善支援事業：64 頁参照。

資金の貸付相談窓口機能を十分活用し、ほかの社協事業と連携しながら、相談から個別支援に結び付く地域の仕組みづくりを志向していくことが必要である。

7 社協における分野別相談事業

（1）地域包括支援センターによる相談事業

地域包括支援センターは、地域における高齢者支援の総合的なマネジメントを担う中核機関として位置付けられている。介護・医療保険サービスや、住民の自発的な活動等のインフォーマルなサービス提供を有機的に連携・連結させた包括的・継続的なサービスの提供をコーディネートする機能を強化することが求められており、民生委員・児童委員、ボランティアを含む地域の関係者との連携が、介護保険法に努力義務として規定されている。

地域包括支援センターは、その目的に沿い、①介護予防事業のマネジメント、②介護保険外のサービスを含む高齢者や家族に対する総合的な相談・支援、③被保険者に対する虐待の防止・早期発見等の権利擁護事業、④支援困難ケースへの対応などケアマネジャーへの支援、⑤要支援者を対象とした指定介護予防支援による介護予防サービス計画の作成及びその計画に基づく介護予防サービス事業者等との連絡調整、を役割としている。

特に、各事業の入口となる総合相談支援事業は、高齢者が住み慣れた地域で安心してその人らしい生活を継続していくことができるよう、地域における関係者とのネットワークを構築するとともに、高齢者の心身の状況や生活の実態、必要な支援等を幅広く把握し、相談を受け、地域の適切な保健・医療・福祉サービス、機関や制度利用につなげていくものである。

地域包括支援センターは、令和 2（2020）年 4 月末現在、全国に 5,221 か所設置されており、直営は 21.1%、委託は 78.9%であり、委託のうち社協が実施する地域包括支援センターは委託全体の 18.2%となっている。社協は地域包括支援センターの運営あるいはセンターとの協働により、社協の強みを生かして、各圏域に要援助者の地域生活支援のネットワークを構築していくことが求められる。社協が地域包括支援センターを運営することで、日常生活自立支援事業等社協が実施する事業と積極的に連携し、地域の潜在的な支援ニーズの発見や権利擁護相談にも積極的に取り組むことが期待される。

地域包括支援センターについては、高齢者に限らない、児童、障害等を含めた総合的な対応を行う位置付けにしている自治体もみられる。地域共生社会の実現に向けた重層的支援体制整備事業において地域包括支援センターは、包括的相談支援事業で実施される事業のひとつに位置付けられている[注 42]。

●注 42
重層的支援体制整備事業については 26 頁参照

(2) 障害者総合支援法における相談事業

障害者総合支援法に基づく地域生活支援事業における相談支援事業を実施している社協は 395 か所、26.1%である。その内、**基幹相談支援センター**等機能強化事業を実施しているのは 60 か所、15.2%である（2018 年調査）。

基幹相談支援センター

地域における相談支援の中核的な役割を担う機関として、相談支援事業者間の連絡調整や関係機関の連携とともに、障害者やその家族の相談、情報提供、助言を行うもので、法第 77 条の 2 に位置付けられている。

〔図表 2-44〕**地域生活支援事業における相談支援事業の実施状況（2018 年調査）**

	社協数	割合
実施している	395	26.1%
全　体	1,512	100%

内基幹相談支援センター等機能強化事業を実施している社協

社協数	割合
60	15.2%

(3) 子どもや子育て家庭関係の相談事業

子どもや子育て家庭を対象とした相談事業の実施状況は、「**地域子育て支援拠点事業**」112 か所（7.4%）（2018 年調査）となっている。

地域子育て支援拠点事業

地域の身近な場所で、乳幼児のいる子育て中の親子の交流や育児相談、情報提供等を実施する事業であり、事業実施を通して子育て中の親に対する相談支援等に取り組んでいる。

〔図表 2-45〕**地域子育て支援拠点事業（一般型・連携型）の実施状況（2018 年調査）**

	社協数	割合
実施している	112	7.4%
全　体	1,512	100%

(4) その他の相談事業

そのほか制度に限らず、分野や対象者別の相談実施の有無をみると、次のとおりである。

〔図表 2-46〕**分野や対象者別の相談実施の有無（2018 年調査）**

	社協数	割合
法律相談	712	47.1%
消費者生活に関する相談	254	16.8%
健康に関する相談	235	15.5%
その他	609	40.3%

さらに、社協の相談事業・機能において無視できないのは、ボランティアセンターにおける相談機能である。ボランティアセンターには、制度で対応できない（しにくい）相談・ニーズが持ち込まれており、社協の相談機能において、重要な役割を果たしている。

さらに広げて考えれば、福祉人材センター・バンク、苦情対応など、住民に開いている窓口は、さまざまな相談・ニーズの窓口となっており、社協組織内における連絡・連携を意識的に行う必要がある。

第５節　在宅福祉サービスの推進

1　社会福祉協議会における在宅福祉サービス実施の経緯と状況

社会福祉協議会は、在宅福祉サービスが制度化、定着化される以前から、地域住民のニーズに対応して先駆的に在宅福祉サービスに取り組み、安心して暮らし続けることができる地域づくりを推進してきた。一方で、自治体から委託を「押しつけられる」といった実態もみられ、否定的な受け止めもあった。

介護保険制度開始、さらには、障害福祉サービス制度の移行にともなって、社協は受託団体から、指定事業者に移り、自由度が高まり、社協経営にいい影響を与えることとなった。

しかし、地域福祉活動推進部門と介護・生活支援サービス部門との連携が十分ではない、収支面のみが重視されがちで社協らしい経営展開につながっていないといった課題が指摘されている。また、近年、たび重なる制度改正や報酬改定、介護予防給付の一部の介護予防・日常生活支援総合事業への移行、利用者負担の増等、経営的に厳しい状況にある。あらためて社協として今後の介護サービス事業の展開について組織全体で検討すべき局面となっている[注43]。

現在、社協の実施する在宅福祉サービスは、高齢者、障害、児童など各分野にまたがり、制度サービス、非制度サービス、委託、補助、自主等さまざまな形態がみられる。制度サービスの実施状況（概要）は次頁の表のとおりである。

●注 43
この節は、主に「社協・介護サービス事業経営の手引き」（平成 28〔2016〕年 10 月、全社協地域福祉推進委員会介護サービス事業経営研究会幹事会）に基づいて記述している。詳しくは本書を参照されたい。
「地域福祉・ボランティア情報ネットワーク」ホーム>全社協の主な指針・規定等一覧 を参照。

2　社会保障制度改革と介護保険制度の動向への対応

(1) 住民主体の福祉活動との協働による軽度者への支援体制づくり

平成 26（2014）年に改正された介護保険制度では、医療と介護の一体的な展開、日常生活圏域に着目した地域包括ケアシステムの推進等がその目標として掲げられた。また、介護予防給付のうち、介護予防訪問介護及び介護予防通所介護を総合事業に移行し、市町村事業として実施することとなった。

これにより、専門職によるサービス・支援に加えて、住民の参画をより重視した手法へと転換していくことが求められている[注44]。社協としては、介護保険財源の負担軽減の意図をもって進められることには警戒はしつつも、従来からの住民参加型在宅福祉サービスや食事サービス、移動サービス、ふれあい・いきいきサロンなど住民主体の助け合いや生活支援サービスを開発し実施してきたことから、積極的に推進する立場にある。

●注 44
平成30年度及び令和3年度施行の制度改正の議論においては、要介護２以下の軽度者の生活援助サービス等を地域支援事業に移行すべきとの意見があったが、いずれも見送られた。

〔図表 2-47〕**介護、障害、子育て関係の制度サービスの実施状況**

	2000 年調査	2006 年調査	2009 年調査	2012 年調査	2015 年調査	2018 年調査
回答社協数	3368	1,646	1,748	1,324	1,457	1,512
介護保険サービス						
訪問介護	72.5%	74.2%	71.7%	72.0%	69.9%	63.7%
訪問入浴介護	29.2%	32.0%	28.5%	25.1%	21.8%	16.2%
訪問看護	3.5%	5.2%	5.4%	5.1%	4.6%	3.1%
訪問リハビリテーション		1.3%	1.7%	1.1%	1.3%	0.1%
通所介護	41.1%	54.9%	49.6%	49.4%	48.2%	38.0%
通所リハビリテーション	0.0%	1.5%	2.2%	1.6%	1.5%	0.5%
短期入所生活介護	2.5%	14.6%	5.5%	4.9%	6.2%	4.1%
短期入所療養介護		1.2%	1.8%	1.2%	1.4%	0.3%
特定施設入居者生活介護		1.2%	2.2%	1.6%	2.0%	
福祉用具貸与		19.6%	7.9%	6.8%	6.3%	3.4%
特定福祉用具販売	6.9%	2.5%	3.2%	2.9%	2.8%	1.1%
認知症対応型通所介護	0.7%	6.2%	6.5%	7.0%	6.2%	4.5%
小規模多機能型居宅介護		1.5%	3.4%	3.7%	4.4%	3.1%
認知症対応型共同生活介護		3.0%	4.2%	4.1%	4.3%	3.0%
夜間対応型訪問介護		0.7%	3.4%	2.3%	2.0%	0.1%
定期巡回・随時対応型訪問介護看護				1.0%	1.5%	0.3%
看護小規模多機能型居宅介護					1.2%	0　%
地域密着型特定施設入居者生活介護			1.8%	1.2%	1.5%	0.1%
居宅介護支援	66.5%	75.5%	71.1%	71.0%	69.2%	64.7%
介護老人福祉施設	1.3%	2.9%	4.1%	4.0%	4.2%	3.0%
介護老人保険施設	0.1%	1.0%	2.2%	1.2%	1.8%	0.3%
障害福祉サービス						
居宅介護（ホームヘルプ）		67.2%	95.8%	93.6%	66.1%	60.6%
重度訪問介護		50.3%	76.0%	77.0%	53.1%	46.8%
同行援護				47.3%	34.5%	31.4%
行動援護		17.5%	25.9%	23.0%	17.3%	11.8%
重度障害者等包括支援		1.2%	5.3%	3.2%	2.4%	0.2%
児童デイサービス（障害児通所支援）		13.2%	12.3%	10.9%	8.3%	
短期入所（ショートステイ）		0.7%	5.3%	2.7%	2.9%	1.5%
療養介護		1.2%	4.7%	2.5%	2.1%	0.1%
生活介護		11.8%	20.4%	25.8%	17.7%	18.6%
施設入所支援			4.4%	2.1%	2.2%	0.1%
自立支援給付における訓練等給付サービス						
機能自立訓練（身体障害者）		2.9%	7.4%	6.0%	4.7%	1.9%
生活自立支援（精神・知的障害者）		3.4%	7.2%	5.2%	5.2%	2.0%
就労移行支援（養成施設を含む）		0.4%	5.2%	4.3%	4.4%	1.5%
就労継続支援 A 型（雇用型）		0.2%	4.3%	2.1%	2.9%	0.4%
就労継続支援 B 型		1.5%	11.3%	17.1%	15.2%	13.8%
共同生活援助（グループホーム）		1.1%	5.4%	2.5%	3.9%	1.7%
子育て関係サービス						
学童保育（放課後児童健全育成事業）		15.0	15.2%	14.4%	14.1%	14.0%
ファミリーサポート事業の運営		12.8	13.9%	14.9%	15.7%	16.9%
地域子育て支援拠点事業一般型・連携型					7.8%	7.4%
利用者支援事業				2.9%		1.5%
乳児家庭全戸訪問事業				1.6%	1.6%	0.8%
養育支援訪問事業				2.1%	3.9%	3.0%
産前・産後のヘルパー派遣			6.5%	7.0%	7.8%	6.7%
保育所の設置・運営		4.4%	4.2%	4.5%	4.3%	4.7%
児童館・児童センターの運営		10.5%	11.2%	10.3%	10.6%	10.1%
要保護児童対策協議会への参画						17.3%

(2) 中重度者への対応の強化

特別養護老人ホームへの新規入所者について要介護 3 以上を要件とされたほか、平成 27（2015）年介護報酬改定では、中重度者や認知症への対応に焦点化した加算が新設されるなど、中重度者への対応を強化する方向性が打ち出されている。地域のニーズや他事業者の状況を踏まえ、身体介護や医療ニーズのある人への支援について専門性を高めて中重度者への対応を強化していくことも重要となっている。

(3) 地域共生社会実現に向けた動きと在宅福祉サービス

平成 30（2018）年、「地域共生社会」の実現をめざした改正社会福祉法が施行された[注45]。

●注 45
25 頁を参照。

続いて、令和 3（2021）年、地域住民の複雑化・複合化した支援ニーズに対応する市町村の包括的な支援体制の構築を支援するため、社会福祉法の改正・施行が行われた。同法に盛り込まれた重層的支援体制整備事業では、分野を超えた相談を受け止める包括的相談支援体制の整備とともに、世代や属性を超えて住民同士が交流できる場や居場所を確保する地域づくり事業が規定された。地域づくり事業では、介護保険事業による一般介護予防事業の通いの場、生活支援体制整備事業、障害者総合支援法による地域活動支援センター事業、子ども・子育て支援法による地域子育て支援拠点事業に係る補助金の一体的執行が可能になった。制度サービスについては、連携の強化、ニーズを丸ごと受け止めることを求めるとともに、住民による福祉活動との連携を求めている。これも、社協が従来進めてきた、総合相談・生活支援システムの考え方、また、住民の福祉活動との連携と軌を一にするものであり、いっそうの推進が望まれる。

3 社協らしい介護サービス事業の姿

(1) 介護サービス事業を実施する意義

社協の在宅福祉サービス実施の原点は、「できる限り住み慣れた地域で暮らし続けることを支える」という地域福祉推進の使命であり、今後も地域のニーズに向き合い、必要なサービスを創出し、実施していくということを再確認する必要がある。

社協が介護サービス事業を実施する意義については、それぞれの社協において議論し、共有する必要があるが、共通項をあらためて整理すると以下のような点があげられる。

①住民の福祉ニーズにきめ細かく対応し、地域での暮らしを支える
②住民主体の助け合い活動や生活支援サービスとの協働によるケア
③地域のサービス水準の確保・向上
④他の民間事業者が取り組みにくい困難ケース等への対応（困難ケース：コミュニケーションや金銭管理の課題を抱えていたり、近隣や家族とのトラブルがある、ごみ屋敷状態のなかで生活しているといったケース）
⑤民間事業者が参入しにくい中山間地や過疎地でのサービス供給のセーフティネット
⑥自主財源の確保（補助、助成、委託などの公費だけに依存しない）

（2）社協らしい介護サービス事業の展開

具体的には、次の五つの推進方策が考えられる。

①地域福祉と介護サービスの連携強化

◆部門間の連携強化

地域福祉と介護サービスの一体的な展開がますます重要である。具体的には以下のような取り組みが考えられる。

- ➢情報共有の仕組み（記録様式や情報の流れ等）の工夫
- ➢部門横断的な事例検討会や定例ミーティング等の開催
- ➢個別ニーズに着目した一体的なサービス提供・支援の実施
- ➢複数部門の経験を積んだ者を管理職として登用していく
- ➢部門横断での合同研修開催や横割りのプロジェクトチームの活動
- ➢地域拠点を整備し、事業ごとの業務体制から、個別のニーズを起点にエリアを意識した横割りの業務体制へと転換していく

◆介護サービス事業の人材、財源、情報を地域福祉に生かす

ホームヘルパーや介護支援専門員等のアウトリーチ機能（個別支援をとおして把握したニーズや地域資源情報）を積極的に位置付け、社協職員全員が役割としてニーズキャッチを行い、共有化することを意識化する。

◆地域全体での地域福祉活動と介護サービスの連携

社協組織内での連携にとどまらず、地域の他の介護サービス事業所、社会福祉法人、行政等も含め、地域福祉活動と介護サービスの連携を進めることも重要である。

また社協として、こうした体制づくりや地域福祉（活動）計画と介護保険事業計画との連動を行政や関係者に働きかけていく必要がある。

②日常生活圏域における個別的なケアの推進

◆ケア単位の小規模化、日常生活圏域への着目（地域福祉型福祉サービスへの転換）

日常生活圏域をベースに、地域における人間関係・社会関係を大切にしながら、その人らしい生活を最後まで支える仕組みづくりが課題となる。事業経営とのバランスを考慮しながら、介護サービスの提供単位の小規模化、地域密着化を進め、「地域福祉型福祉サービス」[注46]への転換を図っていくことが必要である。

◆地域に密着した地域福祉・生活支援の拠点づくり

地域福祉型福祉サービスに向けた具体的な仕掛けのひとつとして、「地域福祉・生活支援の拠点づくり」を進める。この拠点は、サービス事業所単独の機能ではなく、地域福祉推進基礎組織や助け合い活動・生活支援サービスの活動・交流拠点、なんでも相談窓口、多世代の交流、地区ボランティアセンターなど、多様な機能を有するものとし、専門職によるサービスと住民主体の助け合いの連携の拠点として整備していくことが期待される。

③住民による助け合い活動や生活支援サービスとの連動

◆住民主体の活動と制度・専門職によるサービス、支援との連携・協働を進める

住民の助け合い活動や生活支援サービスと公的なサービスとの連携を図り、地域の生活者として利用者をとらえ、地域での自立を支える支援が総合的に提供されるよう、地域のネットワークづくりを進める。

④重度者を支える専門性の確保、体制づくり

◆専門性の向上、医療との連携

在宅で要介護度の高い人を支えるための専門性の確保、医療との連携、在宅での看取りへの対応等は今後特に求められる課題である。身体介護の需要増、訪問看護や医療との連携強化等を見据え、職員の技術や知識の習得、関係機関のネットワーク化等を進める必要がある。

◆重度化対応の強化

できる限り在宅での生活を支える体制を構築していくため、既存の訪問介護や通所介護の専門性を高めるとともに、新たな事業展開についても検討する必要がある。地域のニーズを踏まえたうえで、夜間対応型訪問介護や定期巡回・随時対応型訪問介護看護、複合型サービス、小規模多機能型居宅介護事業等への参入についても検討することが考えられる。

◆多問題家族、生活管理支援ニーズなどの困難事例への総合的な問題解決力の向上

核家族化が進展するなか、介護者自身の病気や障害、失業などにより複合的な課題を抱える事例も増加している。今後も社協の公益的な役割として、地域

●注46
日常生活の場において、「生活のしづらさ」を抱えた住民の生活の継続性や豊かな社会関係など、地域生活の質を高めることを目的にした活動やサービスで、その開発や実施過程において住民・利用者・事業者・行政が協働することをとおして、共生のまちづくりに結びつく「地域資源」の性格をもつものである。

〈地域福祉型福祉サービスの特徴〉

- i　地域に密着し小規模であり、地域社会に属するサービスと認識されている、あるいは、されようと努力している。
- ii　対象の考え方が限定的でなく緩やかである。
- iii　機能は、ニーズに応じて多機能である。
- iv　社会資源の活用が徹底している。既存の地域社会の社会資源を掘り起こし活用している。
- v　出入り自由。利用者も活動を支える地域住民も基本的には出入り自由になっている。
- vi　利用者一人ひとりの尊厳、自己決定を重視し、その人に寄り添う活動、サービスを行なっている。
- vii　地域住民・家族・ボランティア・職員・専門家が協力、参加し協働している。
- viii　利用者も参加しその人にふさわしい役割を担う。
- ix　地域との日常的な交流を重視している。

「地域福祉型福祉サービス」のすすめ（平成17（2005）年3月、全社協）。

を基盤としたソーシャルワークの展開と合わせて対応を強化していく必要がある。社会的孤立への対応にあたっては、介護や家事援助だけではなく、社会関係の維持や回復に着目し、住民による助け合い活動や生活支援サービスを組み込んだ支援が求められる。

⑤介護経営の強化と地域福祉の拠点・機能の整理、整備

◆経営体制の強化、サービスの質の向上

事業の効率化や経費節減の徹底はもとより、経営環境をめぐる情報を的確に把握・分析し、機動的に事業展開を図る経営体制強化が急務である。

加えて、今後、介護サービス事業の経営においてますます重要となるのが、意欲ある優秀な人材をいかに確保するか、そして質の高いサービスを提供できるチームを構築できるかである。研修体制の充実やキャリアパスの整備、休暇や勤務時間制度、育児・介護の両立支援等、働きやすく、やりがいの感じられる福祉の職場をつくっていく必要がある。

◆地域福祉の拠点・機能の整理、整備

日常生活圏域をベースとした介護サービスの提供と地域福祉活動の統合的な展開に向け、社協の本所、支部事務所、既存の介護サービス事業所、住民活動の拠点等について、圏域ごとの配置や機能の再整理を行うことが重要である。

●注 47
住民主体の地域包括ケアシステム「住民自身が「暮らし続けたいと思う地域」の姿を描き、さまざまな形で参画し、専門職・専門機関や自治体、企業等と協働して支えていく、地域の生活支援の仕組みづくり」。

〔図表 2-48〕**住民主体の地域包括ケアシステムを支える社協らしい介護サービス事業の展開**注 47

住民主体の地域包括ケアシステムを支える
社協らしい介護サービス事業の展開
(1) 地域福祉と介護サービスの連携強化
(2) 日常生活圏域での個別的なケアの推進
(地域福祉型福祉サービス)
✓ ケア単位の小規模化、日常生活圏域への着目
✓ その人らしい空間、その人らしい時間の過ごし方
✓ 地域に密着した地域福祉・生活支援の拠点づくり
(3) 助け合い活動や生活支援サービスとの連動
✓ フォーマルサービスとインフォーマルなサービス、活動との連動
✓ 協議体の設置、生活支援コーディネーターへの取り組み
(4) 重度化、困難事例への対応の強化
✓ 専門性の向上、医療との連携
✓ 24時間対応の強化
✓ 困難事例への総合的な問題解決力の向上
(5) 介護経営の強化と地域福祉の拠点・機能の整理、整備

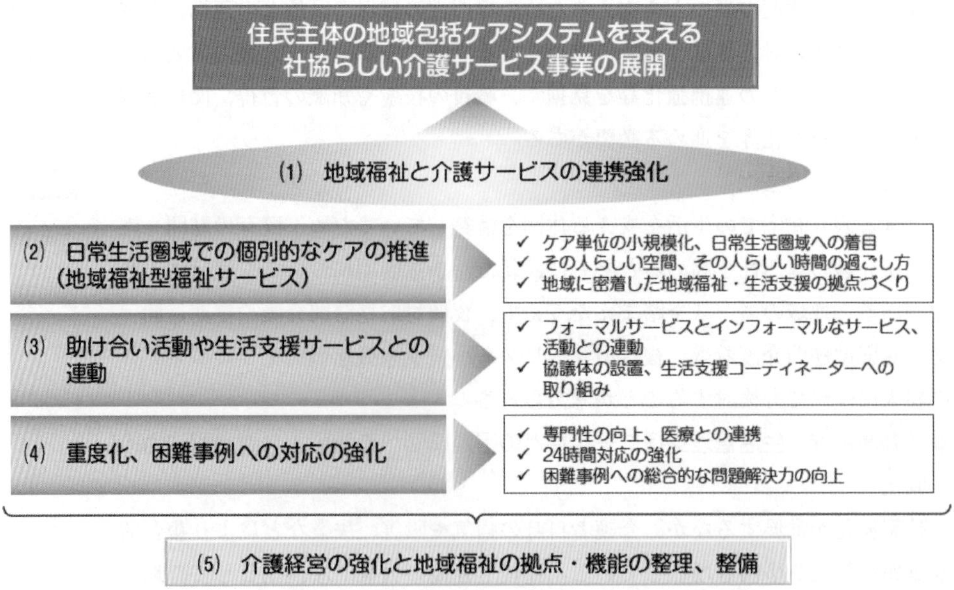

第6節　災害対応

1　災害対応の意味と発災時の対応

近年、地震や豪雨などによる自然災害が発生すると、全国から多くの人びとが支援に駆けつけてくる。個々の意思に基づくボランティアの参加、あるいは非営利法人、自治体、さらに営利法人からのボランタリーな派遣などが行われている。

社協をはじめ福祉関係者の被災地支援への参加意識は高い。これは、やむにやまれず、支援に駆けつけたいという気持ちに基づくものであるが、さらに、近年意識されてきているのは、災害時に生ずる地域社会崩壊の危機、孤立といった状態が、現代の社会福祉ニーズの象徴的な存在である、という意識が大きく作用しているように思われる。

災害の種類や規模などに応じて、被災地の社協を中心に災害ボランティアセンターが速やかに設置され、被災者のニーズの把握と、それへの対応、災害支援に駆けつけたボランティアの総合調整などを行ってきている。

しかし、社協の果たすべき役割は、それだけではなく、要援助者の安否確認、避難支援から始まり、社協の実施している在宅福祉サービス、相談支援等の継続実施による支援、住民による助け合い活動の支援など多岐にわたる。災害ボランティアセンターも、復興期に至ると、復興支援センターと名称を変え、地域の復興支援という観点から進めることになる。

市区町村社協は、日常的に住民と接し、行政や幅広い機関・団体とも関係を構築し、さらに全国的なネットワークを有する組織である。また、元来、使命として地域生活課題を把握し、解決する役割を有し、実際にこれまで社協として災害支援のノウハウを多く蓄積している。こうしたことから、災害ボランティアセンターを社協が担うことの合意が関係者で一定程度なされており、その閉所後は、多くの場合復興支援センター等に名称変更し、支援活動の形態を変えて実施するかたちが定着してきている。このように社協が本来的機能として被災者の生活支援、被災地の復興支援にあたっている。

2　発災時の対応

(1) 職員の安否確認と確保

災害が発生した際、職員とその家族等の安否確認、安全確認を速やかに行う。そして、以後の災害支援に充てることができるスタッフを確保する。そのため、発災時における職員等の安否確認の方法、休日や早朝・夜間時の災害が起きた場合に出局する基準（震度等）をあらかじめ決め、素早く対応しうる仕組みを設けておくことが必要である。

(2) 高齢者世帯等の安否確認

要援助者や社協が実施するサービスの利用者に対して、安否確認を行う。災害の規模等により、実際の対応は異なることが想定されても、災害発生時に誰が誰に対してどのように安否確認を行うかなどをマニュアル化し、定期的に訓練を行うことが必要である。また、避難所への移動、さらに必要な場合、福祉避難所や福祉施設への移動、新たなサービス利用につなぐことも求められる。

地域の要援助者の安否確認は、民生委員・児童委員[注48]との連携が不可欠であり、また、小地域ネットワーク[注49]が確立していれば、比較的スムーズに安否確認を行うことができるであろう。いずれにしても平時からの見守り・支援の仕組みづくりが重要である。

どの事業者も自らのサービス利用者の安否確認を行うので、連携して、効率的、効果的に安否確認を行うことができるよう、自治体も含めた団体間で協議しておくことも求められる。ケアマネジャーの存在も重要である。

●注48
全国民生委員児童委員連合会が策定している「災害に備える民生委員・児童委員活動に関する方針」（平成31〔2019〕年３月）を参照。全国民生委員児童委員連合会ホーム＞全民児連からのお知らせ＞2019年 を参照。

●注49
小地域単位の見守り・支援の活動。40頁参照。災害時の安否確認を取り入れることにより、従来の小地域ネットワーク活動の活性化を図っている事例もみられる。

(3) 要援助者の避難支援

「災害が発生し、又は発生するおそれがある場合において、人の生命又は身体を災害から保護し、その他災害の拡大を防止するため特に必要があると認めるとき」（災害対策基本法第60条第１項）、市町村長は避難指示を行う。ただし、自らもしくは家族の力によって避難することが難しい要援助者を、どのように避難させるかが課題となる。

実際、行政内でも、関係団体間でも、十分な運用は行われておらず、東日本大震災では、高齢者の死者が全体に占める割合は約６割である。障害のある人の死亡率は障害のない人の約２倍にのぼっている。

これを受け、平成25（2013）年、以下のとおり災害対策基本法が改正された。

①避難行動要支援者名簿の作成を市町村に義務付けるとともに、その作成に際し必要な個人情報を利用できること
②避難行動要支援者本人からの同意を得て、平常時から消防機関や民生委員、市町村社協等の避難支援等関係者に情報提供すること
③現に災害が発生、または発生のおそれが生じた場合には、本人の同意の有無に関わらず、名簿情報を避難支援等関係者その他の者に提供できること
④名簿情報の提供を受けた者に守秘義務を課すとともに、市町村においては、名簿情報の漏えいの防止のため必要な措置を講ずること

（第49条の11、12、13）

いずれにしても、災害時には、近隣の住民による避難支援が不可欠であり、前項の安否確認に加えて、必要な場合、避難支援を実施する体制をつくることが必要である。情報提供先として市町村社協が掲げられているが、実際には各自治体の地域防災計画によって定められる。社協としては、高齢者や障害者等避難行動要支援者の避難支援に限定せず、日頃の地域福祉実践のなかに防災・減災活動を位置付けていくことが必要である。

また、この法改正を受け、内閣府は、平成25（2013）年8月、「避難行動要支援者の避難行動支援に関する取組指針」を作成しており[注50]、この内容も理解しておく必要がある[注51]。

(4) 避難所運営・支援

災害により、電気、ガス、水道等のライフラインが切断されたり、家屋の倒壊、水没の危険等がある場合、避難所が設けられる。あらかじめ避難所として指定されていない場合でも、社協がデイサービスや福祉会館を運営している場合に、福祉避難所や避難所として使用されることも想定される。全国的にも避難所の準備は進められつつあるが、避難所は災害救助法に定められ、自治体が責任をもつものであり、市町村行政とあらかじめ協議しておく必要がある。

(5) 各種事業（サービス）の実施の判断

社協が実施する各種サービスについては、それを継続実施するのか中断するのか、サービス量を増加させるのか減少させるのか、サービスに従事する職員の配置を変更させるのかなどを総合的に検討していく[注52]。

特に、制度に基づくサービスについては、災害時も継続的に利用できることが重要であるが、例えば、社協がデイサービスを実施している場合、その拠点が避難所となることもある。その際にサービスをどのように継続していくのか、また定員をオーバーしての受け入れを行わざるを得ない場合などの対応方法について、事業継続計画（BCP）[注53]の策定や、あらかじめの市町村行政との協議が必要である。

また、サービス利用者のなかには、災害により身体的・精神的負担を受け、症状・状態が発生したり悪化する可能性もあることを念頭におき、日頃から、地域住民と関わりを密にし、状況を把握しておくことも必要である。

3 災害ボランティアセンターの設置

災害ボランティアセンターの設置の判断にあたっては、当然ながら、被災現地の情報収集、状況把握等をベースに、地元関係者が参集し協議して決定されるが、多くの被災地は被災経験がないことから、災害対応に知見をもつ地元県

●注50
それまでは「災害時要援護者の避難支援ガイドライン」（平成18〔2006〕年3月）を示していた（令和3年法改正により改定）。
内閣府ホーム＞内閣府の政策＞防災情報のページ＞防災対策制度＞災害時要援護者対策　を参照。

●注51
避難行動要支援者名簿（平成25年に作成義務化）は、約99%の市町村において作成されるなど、普及が進んだものの、近年の災害では、多くの高齢者が被害を受けており、避難の実効性の確保が課題となっている。このため内閣府（防災担当）では、避難行動要支援者の円滑かつ迅速な避難を図る観点から、個別避難計画について市町村に作成を努力義務化する災害対策基本法改正案を令和3年第204回通常国会に上程し4月可決・成立。5月に施行している。
個別避難計画は、避難行動要支援者（高齢者、障害者等）ごとに、避難支援を行う者や避難先等の情報を記載した計画である。
同法案に先立って取りまとめられた「令和元年台風第19号等を踏まえた高齢者等の避難のあり方について（最終とりまとめ）」（内閣府（防災担当）令和2年12月）では、計画策定にあたり、介護支援専門員や相談支援専門員等の福祉専門職などと並んで、社協の参画が期待されている。

社協、全社協、NPO 等が助言を行い、検討を進めることとなる。

災害ボランティアセンター設置の判断をした後は、速やかにボランティア受け入れのための体制づくり、資機材の調達方法、被災者への周知方法等を検討していくことになる。一方、被災者の数、自治体の人口、地震か水害か、都市部か山間部なのか、被災を受けた地域の広さ等、災害の状況により、県外からのボランティアを受け入れるかどうかは変わってくる。また時間の経過にともなっても災害ボランティアセンターの規模は変わってくる。設置期間も1週間程度の場合もあれば、半年程度の場合もある。センターを一定期間開設することが想定される場合、社協のネットワークにより、被災地外の社協職員等が運営スタッフとして支援に入る。それは、被災規模等によって、近隣の市区町村社協職員のみの場合から他県の社協職員も含める場合もあるが、こうした派遣は多くの県内社協間、ブロック内都道府県・指定都市社協間で協定が結ばれており、柔軟かつ臨機に支援を行うことが可能となっている。

東日本大震災においては、全国から延べ約 35,000 人の社協職員が派遣され、災害ボランティアセンターの運営支援等を行った。

なお、災害ボランティアセンターの設置に至らない場合であっても、被災し、支援を必要とする地域住民がいれば、社協として対応するのは当然のことである。従来の社協ボランティアセンターとして対応し、地元の住民等の地域助け合いの意識の高まりを支援することも期待できる。災害ボランティアセンターとならない場合も、社協は被災の状況等を総合的に勘案し、さまざまな対応をしていくことが求められる。

また、災害ボランティアセンターの設置は、社協の「専売特許」ではなく、実際にさまざまな団体がセンターを設置することがあることに留意する必要がある。その場合、社協のセンターは、外部の支援者とも連携しながら、いち早く復旧・復興支援に取り組んでいく。

東日本大震災においては、自ら活動を自律的に実施できる NPO、NGO は直接現地に入り、社協の設置する災害ボランティアセンターは、自ら活動先を捜すことができないボランティアが参加するかたちが一般的となった。今後もこのようなかたちが定着することになると思われる。

そのような場合でも社協災害ボランティアセンターが被災地と NPO、NGO とをつなぐ役割を果たすことが期待される。

4 活動期

(1) 災害ボランティアセンターの設置

広域の、あるいは大規模の災害が発生した際、多くの被災地で地元社協を中

●注 52
大規模災害発生後、被災地の社協では、各種事業の利用者の安否確認や地域におけるニーズ把握、生活支援の実施、一般事業の早期再開などが求められる。しかし、実際には、災害ボランティアセンターの設置・運営等が優先され、本来取り組むべき支援ができない、あるいは後回しになるといった状況が生じている。
このため全社協地域福祉推進委員会では、「被災地に対する社協ネットワークの役割と支援の提案～社協の法人運営と事業・活動の継続に向けて～」を令和元年5月に取りまとめた。同提案では、災害ボランティアセンター以外の事業・活動の継続に向けた被災地の社協の課題と対応を整理し、社協ネットワークを活用した今後の支援の可能性やあり方等について、その考え方を整理したものである。

●注 53
地震等の自然災害やインフルエンザ等、災害の種類や規模により、事業継続にあたっての影響度等を見積もり、事業を継続・再開するための具体的方策、経営者の役割、日頃の教育・訓練方法等を記載した計画。BCP（Business Continuity Plan）ともいう。
令和3（2021）年の介護保険制度改正では、感染症や災害が発生した場合であっても、必要な介護サービスが継続的に提供できる体制を構築する観点から、すべての介護サービス事業者を対象に、業務継続に向けた計画等の策定、研修の実施、訓練（シミュレーション）の実施等が義務づけられた（3年間の経過措置期間あり）。

心に災害ボランティアセンターが設置され、被災者のニーズの把握、ボランティアと被災者のコーディネート等、被災者とボランティアの両者の気持ちや状況を汲み取った、復旧に向けた総合的調整が行われる。

被災の規模が大きくなるほど、県外から多くのボランティアやNPOなどが被災地に集うこととなる。ボランティアは、個人単位はもちろん、グループ、学校単位、企業単位、同業者単位、地域単位とさまざまなかたちで訪れる。当日の混乱を避けるため、ボランティア活動者には、事前に申し込みを求める場合もあるが、ボランティアの人数や力量等を予測することは難しく、その場でさまざまな調整を強いられることが多い。

また、特に災害ボランティアセンターのスタッフが、災害支援の未経験者のみで構成されている場合などは、これから起こりうる出来事を見とおすことが困難であることも影響するため、センター運営にあたるスタッフの心身には大きな負荷がかかる。

こうした災害ボランティアセンターを支援していく組織のひとつとして、災害関係のNPOや社協、企業等からなる「災害ボランティア活動支援プロジェクト会議」[注54]は「ヒト・モノ・カネ・情報」などの資源を投入し、地元の意向に寄り添い、支援にあたっている。

具体的には、災害ボランティアセンターを運営する社協職員らを側面支援する運営支援者派遣や、必要な救援物資の投入を行うこととなる。支援Ｐには、これまでの災害支援のノウハウが多く蓄積されており、有益な役割を果たすことが可能となっている。

このような外部支援体制のもと、地元の関係・関連組織、災害NPO等との協働型ボランティアセンターとしていくことが求められている。

なお、災害ボランティアセンターのスタッフ自身の疲労軽減は、重要な視点である。地元スタッフが被災しながら活動し続けるケースは少なくなく、早い段階から確実に静養できるローテーション等を検討していくことが欠かせない。

●注54
平成16（2004）年の新潟県中越地震を受け、全社協をはじめ災害支援NPO等の関係者等と議論を積み重ね、中央共同募金会の呼びかけにより発足。災害ボランティア活動に関わる環境整備をめざし、人材、資源・物資、資金を有効に活用するため、現地支援を行っている。略して「支援Ｐ」と呼ばれる。詳細はホームページを参照（https://shienp.net）。

（2）情報発信の重要性

マスコミ等で頻繁に報道されるような大規模な災害であっても、実際にはごく限られた地域で起きている場合や、当該県内でのボランティア対応で可能と判断される場合もある。また、生活支援物資が不足しているとの報道がなされたことにより、逆にその物資で避難所等が溢れかえることもあり、行政や災害ボランティアセンターの機能がまひすることがある。したがって、物資の送付等の支援を行う場合には、現地の正確な情報を確認することが必須である。

最近、ほとんどの大規模災害では、現地災害対策本部や災害ボランティアセンターが、ホームページやフェイスブック等SNSで情報を発信する。ライフラインや公共交通機関、避難所の状況などが刻々と変化することに留意し、これらを十分に活用するとよい。また、被災者はライフラインの復旧や支援活動等を通じて避難生活から徐々に日常生活へと移行していくが、そうした状況の変化にともなう被災者の気持ちの変化に寄り添いながら、さまざまな角度から情報を得ていくことが求められる。

一方、発信者として災害ボランティアセンターから情報発信する場合は、災害ボランティアの募集の範囲や、ボランティア活動を行ううえでの留意点（活動時間帯や服装等）、ボランティア活動の状況等を適宜提供していく。

いずれにせよ、災害支援においては、日々刻々と変化していくニーズに合った、組織的な対応が求められているといえよう。

(3) 資金の確保

災害ボランティアセンターの開設・運営のためには、拠点の確保、事務所の備品や支援に必要な資機材の調達など、さまざまな費用が発生する。

その際、非常に有効なのが共同募金会が設置する「災害支援制度（災害等準備金）」である。これは、各都道府県共同募金会が、災害時に被災地で活動する災害ボランティアセンターなどの支援を行うために積み立てをしているもので、災害地域において、支援・救援を必要とする被災者の生活をサポートする活動が対象になる[注55]。このほか、自治体ごとの助成や、災害支援活動へ助成する財団もあり、あらかじめ把握しておきたい。

なお、中央共同募金会では、被災地等で活動するボランティア団体・NPOへの支援金として「災害ボランティア・NPO活動サポート募金」[注56]（ボラサポ）を実施している。この募金は、東日本大震災において、財務大臣が指定する寄付金（指定寄付金）[注57]として、企画・実施されたものであるが、熊本地震における被災地の活動に対して、「ボラサポ・九州」も実施されるなど、さまざまな大規模災害での支援活動をバックアップしている。

このように、災害ボランティアセンターの設置・運営については民間資金に頼ることが多く、課題となっていた。そこで全社協をはじめ、全国の社協は国に要望を行い、令和２（2020）年８月から、災害ボランティアセンターに係る時間外手当や臨時職員の賃金、派遣職員の旅費について、災害救助法の国庫負担の対象となった。

●注 55
東日本大震災においては、約８億8,000万円の助成があった。

●注 56
財務大臣が指定する寄付金（指定寄付金）として、東日本大震災発災直後の平成23〔2011〕年３月から寄付を受け付け、これまで約1.5万件、総額56億円を超える助成を行った。
ボラサポの助成を受けて活動した人数は概数で550万人（中央共同募金会調べ）と、阪神・淡路大震災で活動を行ったボランティア数約216万人（「兵庫県ホームページ『阪神・淡路大震災一般ボランティア活動者数推計』」参照）を大きく超えるといわれている。

●注 57
財務大臣が指定する寄付金（指定寄付金）は、個人からの寄付の場合、所得税については所得控除・税額控除のいずれか有利な方を選ぶことができ、法人の場合、法人税の全額損金算入が認められるなど税制上の優遇措置が受けられる。

5 その他災害時の対応

(1) 復興支援

災害が発生し、緊急的な被災者・被災地への支援が完了すると、被災前の生活に戻していくための、もしくは生活再建のための支援（復興支援）を行っていくことになる。

具体的には、仮設住宅への引越し、環境改善やコミュニティ形成に向けたサロン活動、中長期的視点での被災者の心のケアや訪問活動などの取り組みである。

また、この時期には、災害ボランティアセンターの閉所を視野に入れ、その後の被災者支援のあり方、住民の主体的な活動の開発支援、さまざまな支援組織との継続的な関わり方について検討していく。一定期間を経て、支援のめどが立つと、災害ボランティアが立ち去ることとなる。地域そのものも人的・物的に被害を受けているなかで、地域をどのようにエンパワメントしていくかの視点を、社協は発災当初から忘れてはならない。

住居が全壊になった際、それまで生活するうえで欠かせなかった物品や思い出の品なども廃棄せざるを得ない場合がある。地域の様子も変化することで、また、災害時の状況が思い起こされるなかで、被災者が不安に陥ることもある。被災者の心の支援も重要な要素といえる。

復興の道のりは決して短くはなく、また容易ではない。だからこそ、社協が災害ボランティアセンターを立ち上げ、被災された住民への支援を行う意義があるといえる。

(2) 福祉避難所の運営

高齢者や障害者、妊産婦、乳幼児、病弱者等、一般の避難所では生活に支障をきたす人びとの避難所として、福祉避難所が設置される。

具体的には、災害救助法が適用された場合において、都道府県またはその委任を受けた市区町村が福祉避難所を設置した場合、おおむね10人の要援護者に1人の生活相談員（要援護者に対して生活支援・心のケア・相談等を行ううえで専門的な知識を有する者）等の配置、要援護者に配慮したポータブルトイレ、手すり、仮設スロープ、情報伝達機器等の器物、日常生活上の支援を行うために必要な紙おむつ、ストーマ用装具等の消耗機材の費用について、国庫負担を受けることができる。また、指定避難所については、事前に避難所となることが決まっていることから、必要な場合に要介護高齢者等が個室を使用できるよう、あらかじめ福祉避難室用のスペースについて考慮することとされている。

東日本大震災においては、劣悪な環境を強いられた避難所が多かったこと、障害者等がハードの条件や、他の避難者との関係等から自宅での生活を余儀なくされることが少なくなかったこと、在宅の避難者と指定避難所との支援の格差が大きかったことなどの課題が各地で生じた。

そこで、前述のように平成25（2013）年6月、災害対策基本法が改正され避難所の生活環境整備等について規定するとともに、同年8月には「避難所における良好な生活環境の確保に向けた取組指針」[注58]が内閣府より提示されてい

●注58
内閣府ホーム＞内閣府の政策＞防災情報のページ＞防災対策制度＞避難所における良好な生活環境の確保に向けた取組指針 を参照。

る（平成 28 年 4 月改定）。

日頃から、行政とともに福祉避難所の対象となる人びとの数や現況を把握するとともに、関係者に対し福祉避難所の周知や訓練、自主防災マップづくり等を行っていく必要がある。

(3) 日常的な備え

100 の災害があれば 100 の対応があるといわれるほど、災害の対応は異なり、過去の被災地の支援経験をそのままもち込むことは危険ともいえる。むしろ、災害ボランティアセンターで行われる活動は、日々のボランティアコーディネートや組織化のスキルの延長・応用であり、情報収集・ニーズ把握、相談援助、プランニング、ファシリテーション、アウトリーチ、ネットワーキング、アドボカシー、コミュニケーション、マネジメントといった力量が求められ、こうした専門的な知識・技術を日々高めていく必要がある。最近では、災害ボランティアセンターの設置・運営に関する研修会も各地で開催されている。

もう一方で、地域のさまざまな機関・団体と日頃から関わりをもち、必ずしも災害に関わらず幅広い関係者と連携・協働し、「顔の見える関係」を構築していくことが社協関係者には求められる。それは即座に臨機応変な対応を生み出す源となる。

災害は突発的に発生する。過去に被災の経験のあった地域では、定期的に防災訓練や勉強会、災害対応マニュアルの見直しなどが行われており、さまざまなシミュレーションをしていくことが求められる。災害に強いまちづくりとは、日頃の人と人とのつながりの強いまちづくりであり、それは社協が進める地域福祉の推進そのものといえる。

第3章

社会福祉協議会活動の方法と考え方

第1節　社会福祉協議会に求められる専門性・視点と社協職員のアイデンティティの確立

1 社会福祉協議会に求められる専門性のとらえ方

社協の目的は、住民主体の福祉活動を基礎におき、地域住民が抱えている地域生活課題を地域全体の問題としてとらえ、地域の関係者との協働活動をとおして、福祉コミュニティづくりを進め、地域福祉の推進をめざすことであり、社協の専門性は、コミュニティワークが基本であるという理解は、今日でも適切であろう。

今日の社協は、①地区社協活動や小地域ネットワーク活動の振興などの小地域福祉活動の基盤づくり、②日常生活自立支援事業など福祉サービス利用支援や権利擁護に係る事業、③介護保険事業をはじめとする在宅福祉サービスの実施、といったように業務の領域が広がっている。実施する事業・活動の広がりにより、コミュニティワークに加えて、相談援助、個別援助、ケアマネジメントなどの専門的技術を用い、利用者を支援する領域が拡大している。

また、社協の事業形態や財政構造の変化にともない、経営・マネジメントに関する専門性を高めていくことも課題となっているといえる。

このようななかにあっては、コミュニティワークが社協職員に求められる専門性のすべてであるという理解は、社協の事業・活動や専門性を狭くとらえることとなる。

一方、社協の事業領域の拡大にともない、社協職員としての価値観や基本的考え方を共有することが難しくなっており、社協職員のアイデンティティの揺らぎが指摘されている。社協の目的が地域福祉の推進であり、住民との協働が基本となることを踏まえれば、社協のあらゆる業務において、コミュニティワークの考え方が基盤として求められているととらえ、その上に立って、事業ごとに必要とされる専門性が発揮されることが重要である。

本書では、第２章第１節（35頁）でふれたように、事業を四つの部門に分類している。これに沿って、求められる専門性・視点をあげることとしたい。

2 各部門に求められる専門性・視点

(1) 法人経営部門

適切な法人経営や事業経営を行うとともに、総合的な企画や各部門間の調整などを行う社協事業全体の管理（マネジメント）業務にあたる部門であり、「経営管理マネジメント」が専門領域の基本となる。具体的には、法人全体の経営管理、事業ごとの経営管理・サービス管理、財務管理、人事管理などがあげられる。また、自治体との間の補助・委託の調整も重要な事項となる。

(2) 地域福祉活動推進部門

住民との関係における「コミュニティワーク」の専門性が求められる。また、地域福祉活動の展開においては、住民組織、市民活動団体、さらに福祉分野内外の組織との協働が不可欠であることから、従来にも増して連携・協働を進める力が求められている。

また、住民の活動のなかにも個別支援の視点が必要となっていること、制度サービスにおいても、住民の福祉活動との協働が必要となっていることから、個別支援と地域支援とを結びつけて展開する視点も重要となっている。

(3) 相談支援・権利擁護部門

相談援助の技術が求められる。社協の場合、制度外ニーズへの対応が強く求められており、専門分野ごとの相談支援の機能ももつが、分野を超えて、相談を行い、つなげていく力が必要となる。

その際、住民の福祉活動との協働が求められていることから、住民と協働する個別支援ワーカーとして、コミュニティソーシャルワーカー[注1]の存在が、近年、注目されてきている。

また、日常生活自立支援事業や成年後見においてはもちろんのこと、あらゆる相談支援において、権利擁護、意思決定支援の視点が欠かせない。

●注1
コミュニティソーシャルワーカーについては、本章第3節を参照。

(4) 介護・生活支援サービス部門

介護サービスなどの多様な在宅福祉サービスを提供する部門であり、「ケアワーク」[注2]「ケアマネジメント」が専門性の基本となる。また、このような個々の利用者に関するものだけでなく、事業の経営管理、サービス管理の手法も重要である。

●注2
ここでケアワークとは、介護に限らず、保育、養育などを含むものとして整理している。

3 社協職員のアイデンティティの確立

地域生活課題の複雑化・複合化や介護保険事業などの在宅福祉サービスの需要の増大のなかで、社協が担う事業や活動は広がっており、また市町村合併もあいまって、社協の事業規模や職員数が急速に拡大した。事業規模の拡大は、社会的な期待と責任の大きさの表れと考えられるが、職員数の急増や、雇用形態や職種が多様化するなか、一人ひとりの職員が社協職員としての価値観や基本的な考え方を共有することが難しくなっているという指摘がある。

社協は、一人ひとりの地域住民の生活に目を向け、制度では対応しづらい福祉問題を重視し地域全体の問題としてとらえ、地域社会の中で解決策を考え、小地域福祉活動や在宅福祉サービスなどの実践を生み出してきた。

また、今日、地域福祉の領域や役割が大きくなるなかにあって、社協への社会的な期待も一層大きくなっており、職員一人ひとりが自覚と責任ある行動を行うことが一層重要となっている。

このような社協を取り巻く環境の変化を踏まえ、めざすべき社協職員像を明らかにして行動に結びつけるため、全社協・地域福祉推進委員会では、社協法定化60周年となった平成23（2011）年度に、「社協職員行動原則」を定め、全国的な普及を図っている。

「社協職員行動原則―私たちがめざす職員像―」

平成23年5月18日
全国社会福祉協議会
地域福祉推進委員会

社会福祉協議会は、その法定化以来、住民主体による地域福祉の推進をめざし、制度だけでは対応しづらい様々な福祉問題に対して福祉サービスや相談援助などの個別支援と地域における協働による解決を重視して、住民が主人公となる社会福祉のあり方を追求してきました。

私たちは、社会福祉協議会法定化60周年を期に、これまで築き上げてきた社協職員としての価値観や使命感を「社協職員行動原則」として共有し、誇りをもって行動します。

【尊厳の尊重と自立支援】

1．私たちは、人々の尊厳と自己決定を尊重し、その人が抱える福祉問題を解決し、住み慣れた地域でその人らしく暮らすことができるよう最善を尽くします。

○人々の尊厳と基本的人権を尊重し、援助を必要とする人が心豊かに地域社会の一員として生活が継続できるよう支援します。

○個別の支援にあたっては、常に相手の立場に立ち、その人らしく生活できるように自己決定を尊重し、自立に向かうよう支援します。

【福祉コミュニティづくり】

2．私たちは、住民が身近な地域における福祉について関心をもち、福祉活動に参加する住民主体による福祉コミュニティづくりをめざします。

○様々な機会を通じて、住民が身近な地域で相互に交流し、また地域の福祉問題に目を向け、話し合いや学び合う場づくりをすすめ、自らも積極的に参加します。

○住民自らが身近な地域において支え合いや支援活動に参加する福祉コミュニティづくりを意識的、計画的に取り組みます。

【住民参加と連携・協働】

3．私たちは、住民参加と地域の連携・協働により業務を行なうことを心がけ、地域に根ざした先駆的な取り組みを応援し、地域福祉を推進する実践や活動を広げます。

○社協が住民組織、社会福祉施設、民生委員・児童委員、ボランティアやNPOなどあらゆる地域の関係者による地域福祉をすすめる協働・協議の場（プラットフォーム）をつくる役割があることを理解し、あらゆる業務において、住民参加と地域における多様な組織や活動との連携・協働を心がけます。
○地域の先駆的な取り組みを発掘・応援し、また、福祉活動に取り組む人々の育成に努め、地域福祉を推進する活動や実践を広げます。

【地域福祉の基盤づくり】
4．私たちは、福祉課題を地域全体の問題として捉え、新たな事業や活動の開発、提言活動や計画づくりの取り組みに積極的に関わり、地域福祉の基盤づくりの役割を担います。
○地域の実情を常に把握し、そこで捉えた福祉課題を地域全体の問題として捉え、先駆性をもって事業や活動の開発や改善に取り組み、さらに提言活動や改善運動を行い問題解決に向けたアクションにつなげます。
○地域福祉計画、地域福祉活動計画の策定などの機会を捉え、福祉・保健・医療の連携によるよりよい制度づくりや地域福祉の財源づくり、福祉コミュニティの実現など地域福祉の基盤づくりの取り組みに積極的に参画します。

【自己研鑽、チームワーク、チャレンジ精神】
5．私たちは、自己研鑽を重ね、職員同士のチームワークと部署間の連携をすすめ、チャレンジ精神をもって業務を遂行します。
○社協職員としての自覚をもち、自己研鑽に努め専門性を高めます。また、職員同士と部署間の情報共有に努め、互いの役割を認識し協働しあえる環境をつくり、チームワークにより業務を遂行します。
○常に地域の福祉問題に目を向け、チャレンジ精神や先駆性をもって業務をすすめます。また、自らの業務の評価と改善に努め、コスト意識をもって効果的で効率的な業務を遂行します。

【法令遵守、説明責任】
6．私たちは、法令を遵守し、自らの組織や事業に関する説明責任を果たし、信頼され開かれた社協づくりをすすめます。
○関係法令の遵守はもちろん、社会的規律や職場内ルールに則った行動をします。
○職務上知り得た個人情報は、関係法令に基づき適切に対応します。また、プライバシーを尊重し、関係者との情報共有の際には、定められた手続きに基づき適切に対応し、その秘密を保持します。
○住民や関係者に対して、社協の業務について充分な説明責任を果たすとともに、情報公開に努めます。

第2節　地域支援の仕組みづくり

1　地域支援の方法

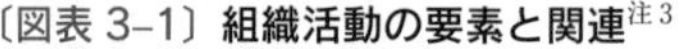

(1) コミュニティワークの機能

社協における地域支援は、地域福祉の方法論であるコミュニティワークを地域に対して総合的に適用することにより行われる。

地域における福祉課題や生活課題の発見・明確化、その解決のためのサービスや活動の開発・改善計画の立案及びその実施・評価など、社協はそうした計画化のプロセスにおいて、常に住民の参加や協働促進、福祉施設や関係機関・団体などの連絡調整、社会資源の造成・動員を含む一連の組織化活動を展開している。前者をコミュニティワークの計画化（planning）機能、後者を統合化（integration）機能といい、これらふたつの機能があいまって、地域支援は進められる。

これらの機能を具体的に実践するにあたっては、①問題析出・ニーズ把握のための調査法、②住民の合意形成を促進する討議法・委員会運営の技法、③情報提供・福祉教育の技法など、専門的技法が用いられる。

なお、地域の福祉ニーズの充足や課題の解決、あるいは地域社会の組織化（統合化）を阻む問題や課題が生じた場合、それを克服するために国や自治体の行

●注３
永田幹夫『地域福祉論　改訂二版』、全国社会福祉協議会、2003年。

〔図表 3-1〕組織活動の要素と関連[注3]

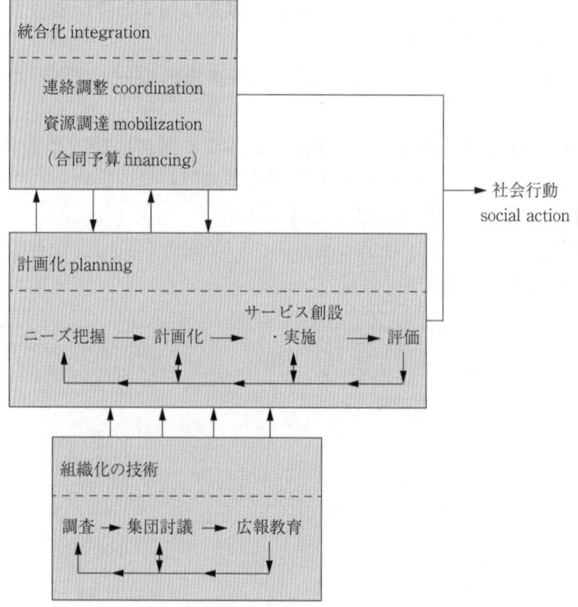

政機関や議会に働きかけ、行政的、立法的措置をとらせようと物理的行動力を発揮する社会行動（あるいは社会活動 social action）が行われる。

こうした、コミュニティワークのふたつの機能及びそれを効果的に進める専門的技法、ならびに社会行動をモデル的に示したものが図表 3-1 である。

(2) 計画化（planning）の機能

コミュニティワークの計画化（planning）のプロセスは、一般的に①課題・問題の把握、明確化、②計画の策定、③計画の実施、④計画の評価、の四つのプロセスに分けられる。ここでは、保護者からの相談をもとに子育てサロンづくりに取り組むことを例にとってこの四つのプロセスを説明しよう。

❶課題・問題の把握、明確化の段階

この段階では、子育てサロン活動を構想化するために、対象となる地域の特性を把握しながら、地域の課題や問題を整理していくことになる。

具体的には、子育て世帯数や年齢別の子どもの数といった地域の子育て家庭の状況、遊び場や児童館、児童委員・主任児童委員、地域の子育てグループやサークルの状況など、人的・物的あるいはフォーマル・インフォーマルの社会資源を把握したり、当該地域でこれまでにどのような相談が寄せられていたのか児童委員・主任児童委員から聞き取りを行う。また、当該地域あるいは市町村における施策の方向性の確認や、自治体が策定した各種の計画や報告書などを通読しておくと、将来的な見とおしを考えるのに役立つ。

対象となる地域の子育て家庭の課題・問題の把握の方法としては、統計調査や事例調査などを実施する方法、子育て家庭を集めた住民座談会の開催などが考えられる。なお、子育て中の保護者や子育て経験のある地域住民が直接参加する住民座談会の開催は、参加者間での課題や問題の共有化、解決行動への動機づけや活動主体の組織化にもつながる。

調査の結果、把握された課題や問題は自治体や社協の広報誌や自治会・町内会の回覧板に掲載したり、住民集会などにより、子育て当事者や地域住民に対して幅広く周知し、興味や関心を喚起しておくことが必要となる。

なお、これらをすべて社協職員が担うことは無理がある。早い段階より、相談を寄せた保育所未就園児の保護者たちを含め、児童委員・主任児童委員、さらに子育て経験者など、活動の担い手として依頼できそうなキーパーソンを組織化し、その人たちを巻き込んで準備を進めることが必要となる。

❷計画策定の段階

この段階では、把握された問題点や課題をさらに整理・明確化し、解決に役立つ条件を住民とともに検討する。

子育て中の保護者たちが、子育てサロンをどんな場にしたいか、そこでどんな活動をしたいか、などのニーズや思いを話し合い、理念や目的、基本的な考え方を明確化したうえで、具体的な行動計画を策定する。基本的な考え方の整理や行動計画の策定の主体は、地域住民自身であることが重要で、社協だけで決めるのではなく、住民参加を促進しながら、ワークショップなどを活用して行うことが必要である。こうしたプロセスをとおして、担い手同士の協働化の促進、マンパワー教育等が行われることになるからである

行動計画には、子育てサロンづくりに係る短期目標と中長期目標、具体的に取り組むべき活動内容、さらにその展開手順、担い手としての住民の役割や予算などが盛り込まれる。子育てサロンの運営は住民が主体的に行うよう社協職員は支援を行うが、必要な場合には、社協として支援を行うことを明確にしておく意味で、その役割を記述しておくことも考えられる。

できあがった計画はもちろん、計画策定の経過を含め、随時、計画内容を住民や関係機関・団体に周知し、より幅広い住民参加、関係機関の協力を得られるように社協として配慮する必要がある。

❸計画実施の段階

子育てサロンの立ち上げの手順は、①活動の担い手や支援者確保、②担い手自身による子育てサロンの基本的コンセプトづくり、③実施会場の確保や遊具等備品の準備、④参加の呼びかけ、⑤活動の実施である。

この段階では、まず、各種広報、セミナーや懇談会の開催により子育てサロン活動への動機付けや意欲の高揚を図りながら活動の担い手を集めたり、その担い手の自主性を尊重しながらサロン運営に係る話し合いの機会の設定、助言を行うなど、担い手の活動を側面から援助する役割が社協職員として重要となる。ただ、担い手たちが、困難に直面したときなど社協として相談を受け止め支援を行う体制確保が不可欠である。また、子育てサロンへの保健師等専門家派遣の要望等があれば、社協のネットワークを活用しその調整を行うことができることを伝えておくことも必要である。

❹計画の評価の段階

この段階では、定期的にあるいは必要に応じて、子育てサロンの活動内容や、担い手・参加者の活動への参画の仕方など、計画の進捗状況を評価する。この場合も、子育てサロン参加者や担い手の参加が重要で、これまでの活動を振り返り、活動の維持・改善に向け担い手や参加者自らが取り組めるよう、エンパワメントを図りながら支援することが社協に求められる。

(3) 統合化（integration）の機能

コミュニティワークは、地域の福祉ニーズや課題の発見・把握とその解決を通して、地域社会の組織化、統合化を図ることをもうひとつの機能としている。福祉ニーズや課題の解決にあたっては、社協など専門機関だけで対応するのではなく、地域社会自らが組織的に解決するために、連絡調整（coordination）を

行う社協職員の役割が非常に大きい。社協職員の連絡調整を媒介に、公私の組織や機関の協働化、地域住民の組織化、各種社会資源の動員や財源の調達・造成等を図るのである。こうしたコミュニティワークの働きを統合化（integration）機能という。

❶連絡調整（coordination）[注4]

連絡調整の方法には、情報の共有や合意形成のための話し合いや各種会議がある。少人数の関係者が直接話し合いの場に参加する方法、さまざまな機関・団体及び住民組織の利害を反映した地域の代表者による話し合いをとおし、その背後にある組織や機関・団体の相互協力を高め、それによって地域社会に影響を及ぼす間接的参加の方法もある。このような話し合いの場が委員会（committee）であり、委員会を中心に展開する活動をインターグループワーク（intergroup work）と称している。社協組織には、住民大会や福祉施設・機関の常設委員会、課題別・問題別委員会等、さまざまな話し合いの場があり、社協職員は、それぞれのメンバーや目的・機能に応じた企画・運営方法を工夫することが肝要である。

❷社会資源の調達・合同財政

住民が地域生活課題を抱えても、住み慣れた地域で暮らし続けるためには、福祉サービス等の社会資源を適切に調達し、適切なタイミングで活用することが求められる。社会資源とは、人、物、資金、情報、法制度、諸サービスの総称である。社会資源には、例えば介護サービスなどフォーマルなものだけではなく、地域住民同士のたすけあいやボランティア活動などインフォーマルなものも含まれる。社協職員には、地域の切実で共通なニーズを発見・明確化して、それらのニーズの充足に必要な社会資源を効果的に調達し、調整・維持する働きが求められる。また、適切な社会資源が地域にない場合は、新たな社会資源を計画的に開発することとなる。

地域のニーズが多様化・複雑化するなかで、社協だけでは地域の福祉ニーズや地域生活課題を解決することができなくなっている。生活上の課題解決は、福祉のみならず、医療や保健、所得、雇用、住宅、教育など広範囲にわたるため、多機関・多職種の連携・協働によるチームアプローチが不可欠である。それぞれの機関がもつ資源や職種のもつ専門性を効果的に活用するために、社協職員による連絡調整機能が重要とされるゆえんである。

社会資源のうちの資金について、合同予算（financing）は、もともとコミュニティオーガニゼーションの主要機能のひとつとされていたものである。地域福祉活動に必要な資金を、地域の関係機関や団体が住民の協力のもとに計画的に調達し、一定の基準のもとに合理的執行を行い、予算から決算までを公開し、広く社会的な理解を求めるもので、共同募金は具体的にその機能を担うもののひとつである。

●注４
日本語で「連絡調整」といった場合、「連絡」は個人や組織・団体に情報などを知らせること、また、「調整」は意見が異なる場合につり合いのとれた状態にしたり、折り合いをつけたりすることなどにより調和させ、整えることと解され、実態的にもそうした理解にとどまりがちである。
しかし、今日ではそうした日本語の一般的な響きから離れて、カタカナでのコーディネートあるいはコーディネーションと表記されるようになっている。そこでは、もちろん上記の意味が含まれるが、それにとどまらず、設定された目標の達成をめざし、連携・協働活動を支援することが含意される。当然、それぞれの組織の特性や目的・機能の違いがあるので、それに応じた役割分担をしたり、異なる意見や考え方を調整したり、目標の達成のために利害を調整し、最適な合意点を探しだす合意形成が含まれる。

❸社会行動法（social action）

今日、地域社会で生起する福祉ニーズや地域生活課題は、複雑・多様化しているが、こうした福祉ニーズや地域生活課題のすべてを既存の社会資源で充足することはできない。このように既存のサービスで対応できないときに、地域の住民や問題を共有する当事者、あるいは業界団体などが新しい社会福祉制度の創設や、現行制度の改善をめざして、国や自治体の議会・行政機関に働きかけ、立法的、行政的措置をとらせようとする行動及びその技術を社会行動法（social action）という。具体的には、議会に対する署名、陳情、請願、行政機関に対する要望などである。

社会福祉に係る業界団体あるいは従事者組織において、かつて全国規模で国会や厚生省（現厚生労働省）などに対して予算要求運動というソーシャルアクションを展開してきた。しかし今日、国から地方への権限や予算の移譲など地方分権化が進むなかにあって、しかも長らく続いた不況による予算の削減が続くなかにあって、予算対策運動を国に向けて展開し、予算を“勝ち取る”という要求型の運動形態は時代にそぐわなくなってきている。

地域住民あるいは当事者のニーズを基本に、広く地域住民にもアピールして世論を喚起しながら、自治体に対する提案型の運動形態の模索が求められている。

(4) コミュニティワーカーに求められる組織化の技術

❶調査

地域にどのような福祉問題が存在しているかを明らかにし、そのなかで解決が必要な課題（ニーズ）を明らかにすることを、コミュニティワークでは、地域診断（community diagnosis）と呼ぶ。地域診断は、コミュニティワーカーが社会福祉に係る多様なニーズや実態の把握、分析を行い、その原因の究明や解決方策を析出するために活用する社会福祉調査法（social work research）を用いて行うものである。

地域診断は、専門的な知識と技術が重視されるが、住民の主体的参加を得て行われることが必要である。これは、調査の対象として住民が意見を述べるというだけにとどまらず、①調査課題の設定、②調査の計画と準備、③調査の実施、④調査結果の集計と分析、といった一連の調査過程に住民の参加や協力を得ることで住民の主体性を育むことができたり、住民間の協働意識や体制が確立されるほか、住民自ら地域の生活課題を発見したり、気づきが促されるなどの教育効果を得ることができるからである。

❷話し合い（討議）

社協職員にとって、住民座談会や集会、専門家・関係者などの会議など、話し合いや討議の場の運営は日常的な活動である。社協が行う地域支援において、「話し合い＝討議」や「広報」を内容とするコミュニケーションが重要であり、地域支援における問題把握、活動主体の組織化、計画策定、計画の実施、評価の各段階を通じて必要とされる。

これは、こうした地域支援あるいはコミュニティワークの過程が、住民参加と公私の機関による協働活動によって展開され、この協働活動は、「話し合い」や「広報」を内容とするコミュニケーションを媒介にして行われるからである。

話し合いには、①情報の伝達・交換、②解決策立案、③連絡調整、④意思決定の四つの機能がある。これらの機能とともに、コミュニティワークにおいては、「話し合い」に住民や関係者が参加することによって、問題を発見し、共通する問題について考え合い、問題解決の可能性を見出すとともに、実践活動への意欲を高め、合意をつくり出すといった過程が大切である。さらに、「話し合い」に参加することによって、それぞれが人間的成熟、自己実現、主体的力量を培うといった、教育的な効果が得られることも重要である。

❸広報教育

コミュニティワークにおける広報活動は、調査や話し合い活動によって明らかにされた地域生活課題の所在やその解決方法を、地域住民や関係機関・団体に速やかに知らせ、彼らに、理解や認識を広め、福祉意識や態度の変容、問題解決行動への動機づけ、意欲の開発を図ることを目的に行われるものである。住民の参加や機関・団体の協力を基本とし、問題解決のための活動を展開するコミュニティワークの過程において、広報活動は最も重要な活動のひとつであり、コミュニティワーカーたる社協職員が必ず体得しなければならない技術である。

広報は、集団や組織、公私の機関・団体の対外的関係づくりを意味し、啓発・宣伝技術を手法とする。コミュニティワークにおける調査や話し合いの技法に続いて、あるいはほかの技法と重複し、相互関係をもちながら駆使されるものである。

住民の無関心・非協力的態度を変容させる福祉教育は、優れた情報・広報活動によってつくられる。したがって、住民の福祉意識を形成するための情報提供、世論喚起、学習機会の提供を図る福祉教育は、広報活動とともに、技法的には同次元で進められる活動といえる。

福祉教育の分野には、①市民の社会福祉に関する理解をどう進めるかという市民教育、②学校における福祉教育、③社会福祉の従事者教育がある。社協における地域支援においては、地域住民の社会福祉への関心と理解の深化を意図的に図り、しかも住民の社会福祉活動への自発的参加の醸成を図る①の福祉教育が重要になる。

地域社会における福祉教育の対象は、子どもから高齢者まで各年代層の多様な関心に応えるプログラムと実践的・体験的なものを重視し進めることになる。展開の方法としては世論の形成、広報活動、学習機会の提供、ボランティア活動による体験学習などがあげられる。

2 地域支援の仕組みづくり

(1) 小地域福祉活動の展開

❶小地域福祉活動の意義

小地域福祉活動は、一般的に、小地域を基礎に行われる住民の福祉活動と理解され、①住民間のつながりを再構築する活動、②要援助者に対する具体的な援助を行う活動、③地域社会の福祉的機能を高める組織化活動（地区社協またはそれに代わる基盤組織づくり）、が含まれる。

小地域福祉活動の意義は、次のとおりである。

① 住民が福祉活動に直接参加できる場をつくる
② 地域生活課題や福祉ニーズに対応するために最もまとまりのよい基礎組織を実現する
③ 住民がお互いの問題を理解しやすい範囲で活動を組織することで、社会福祉の理解や協力の基礎づくりが進められる
④ 地区内の住民諸組織が共通問題の解決に向けて協働することを通じて、組織相互間の理解が進み、問題解決の力量が高まり、福祉コミュニティ形成につながる
⑤ 地域が地域生活課題に取り組むことをとおして、個々人の課題から地域全体の課題としての取り組みが進み、まちづくりにつながる（「福祉でまちづくり」）。
⑥ 地域社会における「お互いさまの行為」として、要援助者の孤立を防ぐ住民固有の生活援助（支援）を行う
⑦ 制度やサービスが利用できない、またはない場合、日常的に生活に密着した身近な活動やサービスを生み出す
⑧ 地域社会の暮らしのあり方や生活者の立場から、行政や専門職との協働活動を進める

❷小地域福祉活動の活性化

小地域福祉活動の活性化のためには、それを推進する基礎組織の存在が重要で、当該基礎組織に当該小地域福祉活動を地域に必要なものとして位置付けることが前提となる。

そのうえで、小地域福祉活動を活性化する要件をあげると以下のとおりである。

① 小地域福祉活動を支援する専門職を配置する

　地域福祉推進基礎組織づくり、基礎組織の運営支援、さまざまな小地域福祉活動づくりや運営支援を行うワーカー（コミュニティワーカー）が不可欠である。また、住民・ボランティアが担う個別支援を支援したり、連携・協働して支援を行ったり、他の専門職につないだり、さらには、住民

では対応しきれない場合に、自らが個別支援を行うワーカーが必要である（詳細は次節「個別支援と地域支援の融合」を参照）。

② 小地域福祉活動、地域福祉推進基礎組織を地域福祉計画等の行政計画に位置付ける

小地域福祉活動や地域福祉推進基礎組織などを地域福祉計画等行政計画に位置付け、支援にあたる専門職配置を含め、財政的支援が記述されることが重要である。なお、住民の活動は主体性の確保が最も重要であり、押し付けではなく“住民自らがつくる”ことを踏まえたものでなければならない。

③ 住民による個別支援活動を地域ケアシステムに位置付ける

フォーマル、インフォーマルを超えた総合相談・生活支援のシステムが求められているが、住民の福祉活動はその主体性確保が重要であり、単に利用できる資源としてとらえてはいけない。

住民による相談窓口を含め、住民自身が主体性をもって担うべきもの、専門職が担うべきものを明らかにし、協働して担う場合のルールを整理しておく必要がある。

④ NPO 等のテーマ型組織の活動との連携・協働を図る

小地域福祉活動は、いわゆる地縁型の活動であり、テーマ型の組織の活動とは、方向性や方法が異なる場合があり、連携が不十分な状況がみられる。しかし、地域密着の活動において、特に要援助者に焦点をあてた活動においては、連携・協働は不可欠である。今後、この改善を図っていく必要がある。

⑤ 個人情報の取り扱いについて整理する

友人、隣人や職場の同僚のことを気づかって、ほかの人に様子を伝えることは、地域においても職場においても、当然、自然の行動である。したがって、これらは、個人情報保護法の規制には本来なじまないものである。しかし、法的あるいは倫理的な制約がまったくないわけではなく、プライバシーの侵害等には十分配慮しなければならない。例えば、日常生活のなかで異変に気づき、近隣の人に声をかけて手助けを行うことがあるが、これを個人情報保護法の規制を受けるものと考える必要はない。しかし、声かけは必要な範囲の人にとどめる等、プライバシーに配慮することは当然である。これらについて、住民、関係者に理解を得る必要がある[注5]。

●注５
平成 27（2015）年９月に個人情報保護法が改正され、平成 29 年５月 30 日の施行日以降は、5,000 件以上の個人情報を保有して事業活動をしている事業者に限らず、すべての事業者は、個人情報保護法のルールに沿った個人情報の取扱いが求められることになっている。
すべての事業者とは、法人に限定されず、営利・非営利の別は問わないため、個人事業主や NPO・自治会等の非営利組織であっても個人情報保護法を守らなければならないこととなる。
地域活動を行っている関係団体等には、こうした法改正の動きに関する正しい情報を伝え、法令遵守に向け注意を促す必要があるが、一方で、過度な反応によって見守り支援等の地域活動が抑制されないよう注視することも重要である。

(2) 地域福祉推進基礎組織

❶地域福祉推進基礎組織とは

小地域福祉活動は次のように、住民の福祉活動のなかに含まれ、ボランティア活動や当事者・家族の活動と一部重なり合う関係にある。

〔図表 3-2〕小地域福祉活動の位置付け注6

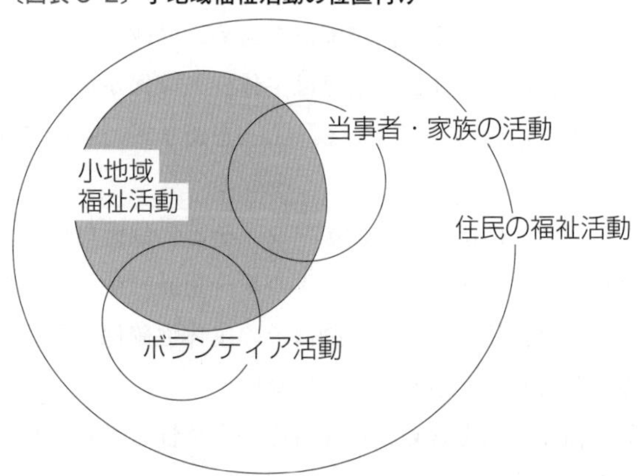

小地域福祉活動の構造は、次の四つの層に分けて整理できる（図表 3-3）。

第１層は、自治会・町内会活動である。近年は、自治体が住民自治を進める組織として設立を促進しているコミュニティ協議会注7や、市町村合併後の**地域自治組織**の活動などの形態がみられる。いずれも、当該地域の全住民（個人ないしは世帯単位）の参加を原則としている。社協は、このような全住民が参加する組織に「福祉はすべての方がたの課題である」として福祉への関心をもってもらうよう働きかけを行ってきた。

第２層は、第１層を基盤としてつくられる。地区社協（地域福祉活動を目的とした組織）、自治会・町内会あるいはコミュニティ協議会の福祉部会の活動である。ここでは総称して「**地域福祉推進基礎組織**」注8と呼ぶ。すべての住民をメンバーの対象とする組織形態をとるところが多い。したがって、第１層の組織と同一ではないかという指摘もあるが、その役員（地区社協会長、コミュニティ協議会・福祉委員会委員長等）として地域生活課題を継続的に考える人びとが位置付けられることの意義が大きい。これは、第１層（全住民）の中の、いわばボランティアグループであり、この層が形成できるかが推進上のポイントとなる。

第3層は、第2層の活動のなか、あるいはそれに支えられて行われる見守り・生活支援の活動（小地域ネットワーク、ふれあい・いきいきサロン、食事サービス等）である。これは、第２層から生まれてくるものであるが、第２層を活性化したり、時には、第２層をつくる流れとなるところもある。

第４層は、第３層に比べて、テーマを明確にした、自主性が強い生活支援の福祉活動（第３層より事業体的な性格をもつ）である。第２層を基盤として生まれる場合も、まったく別に生まれ、活動している場合もある。

●注６
「小地域福祉活動の推進に関する検討委員会報告書」全社協、2007年、４頁。
「地域福祉・ボランティア情報ネットワーク」ホーム>全社協の主な調査研究報告一覧 を参照。

●注７
名称はほかに「まちづくり協議会」など。小学校区ないし中学校区程度の範域。

地域自治組織

基礎自治体内の一定の区域を単位とし、住民自治の強化や行政と住民との協働の推進などを目的とする組織（第 27 次地方制度調査会答申、2003 年 11 月 13 日）。

地域福祉推進基礎組織

地縁団体等の全住民を代表する組織と福祉活動組織の二者で構成される地域を基盤とした住民の地域福祉活動を推進する基礎的な組織（「住民と行政との協働による小地域福祉活動の開発および活性化に関する調査研究事業」報告書Ⅰ、平成 21〔2009〕年３月、小地域福祉活動の活性化に関する調査研究委員会）。
「地域福祉・ボランティア情報ネットワーク」ホーム>全社協の主な指針・規定等一覧 を参照。
地区社会福祉協議会、校区福祉委員会、自治会福祉部会、コミュニティ協議会福祉部会等がこれにあたる。

●注８
地区社協という名称以外にも、小地域社協、校区社協、校区福祉委員会、住民福祉協議会等、種々の名称がある。

社協の地区担当及びボランティア・市民活動センターは、各層に下図のような役割を発揮している。図の右側からの矢印は、ボランティア・市民活動センターからの働きかけを表している。上にいくほどボランティア・市民活動センターの関わりが強いということがいえよう。

小地域福祉活動の担い手は、自治会・町内会などから頼まれて活動を行う「頼まれ型ボランティア」だけではなく、自発的あるいは呼びかけをきっかけに活動する「手挙げ型ボランティア」も存在しており、その場合は、ボランティア・市民活動センターの支援も重要な役割を果たしている。また、活動組織のなかでも、地域福祉推進基礎組織から生まれたものでないものについては、ボランティア・市民活動センターの支援の役割が大きい。

●注 9
「小地域福祉活動の推進に関する検討委員会報告書」全社協、平成19（2007）年10月（一部改定）。「地域福祉・ボランティア情報ネットワーク」ホーム>全社協の主な調査研究報告一覧 を参照。

〔図表 3–3〕小地域福祉活動の推進に関する市区町村社会福祉協議会の機能[注9]

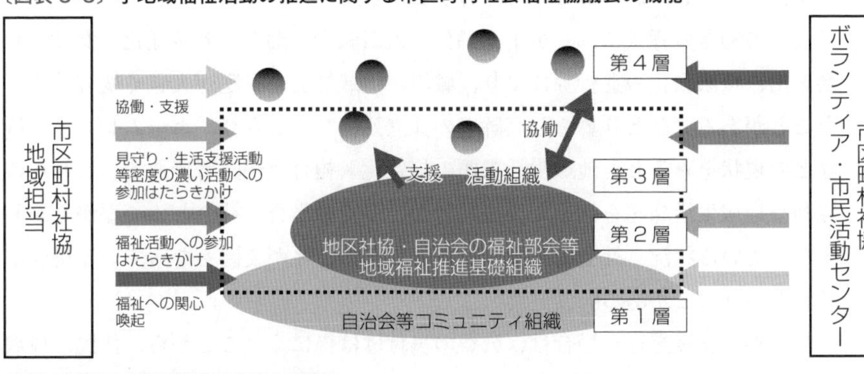

❷地域福祉推進基礎組織の機能

社協は、これまで、住民の主体的な福祉活動の組織化・支援を進めるため、地域福祉推進基礎組織の組織化、活動の推進を行ってきた[注10]。

●注 10
地域福祉推進基礎組織のなかには、地区社協、校区福祉委員会という組織ではなく、自治会・町内会に福祉部（担当者）を置いたり、自治会・町内会を基盤に福祉委員を置くなど、自治会・町内会などのなかに福祉課題に取り組む組織を置くところもある。

基礎組織の機能としては、次の六つをあげることができる。

①　小地域の福祉に関する協議
②　福祉に関する広報・啓発
③　福祉活動の支援、連絡調整
④　福祉活動の実施
⑤　福祉活動の創設支援
⑥　要援助者への個別支援の調整

※福祉に限らず、まちづくりの活動まで広げて実施している場合もある。

このうち「④福祉活動の実施」は基礎組織に基盤をおかない活動も存在するので、「③福祉活動の支援、連絡調整」には、基礎組織外部の活動も含まれる。「③福祉活動の支援、連絡調整」には、福祉活動の担い手（組織）と地縁団体との調整も含まれ、基礎組織のメンバーに福祉活動の担い手が含まれる場合には、基礎組織内の調整、担い手が含まれない場合には、（地縁団体を中心とする）基礎組織と（外にある）福祉活動の担い手との調整ということになる。

これらの機能は地域の助け合いをベースに一連のものとして発揮される。

第3節 個別支援と地域支援の融合

1 個別支援と地域支援の融合の必要性

制度で対応できない（対応しにくい）ニーズに応えることについて、関係者はさまざまな取り組みを行ってきた。

制度サービスが不十分であった時代においては、制度化することを目標におきながら、個別支援に取り組むという位置付けの場合が多かったように思われる。近年は、制度サービスが充実するなかで、必要不可欠のものとして制度外の支援を行う必要があるとの考え方が広がっている。

近年の動きの背景には、少子高齢化、人口減少、働き方の多様化、女性の社会進出、核家族化の進行等により、職場、地域社会や家庭が大きく変容してきたことがある。ひとり暮らし高齢者の孤立死、ひきこもり、ホームレス、虐待などの現状をみると、地域生活課題の複雑化・複合化が顕著である。これらの深刻な地域生活課題を抱えた要援助者が、多くの場合、社会とのつながりが薄くなっている状況（社会的孤立）にあり、そのことが要因となっている場合が多いということがある。

制度外の支援を行う場合は、公費の裏付けは得にくいことから、住民、地域社会の構成員（社会福祉法人、NPO法人のみならず、学校、商店、企業等さまざまな組織）の労力や金銭の負担を得て、実行されることになる。

このことから、「制度が実施できないことを住民に押し付けているのではないか」、「制度サービスの発展を阻害しているのではないか」という危惧はしばしば語られることであり、実際、その指摘が的確な場合もある。しかし、支援を要する人のニーズを解決するためには、制度外の支援は不可欠である。

現代の地域生活課題は、専門職のみならず、地域社会、住民が動かなければ解決しない、ということであるが、そのことを住民が主体的に考え、行動する状況をつくることが求められる。そのための専門職による支援が「地域支援」である。

住民に対しても、単に、個別支援に参加してもらうことであれば、結局は専門職の下請けにしかすぎない、ということになる。地域社会、住民がその構成員である要援助者の生活や困っていることを知り、自らの支援が必要であることを認識しての活動でなければならない。この節の「個別支援と地域支援の融合」というテーマが必要な理由である。

個別支援と地域支援の融合とは、まず目の前の問題に取り組み、解決（個別支援）を図るとともに、地域社会、住民に働きかけ、協働しながら（地域支援）、個別支援の仕組みづくりを進めることである（図表3-4）。

個別支援をとおしてニーズをより明らかにし、制度での対応につなぐ（制度サービスの柔軟化、改善、新設）、それが難しい場合、あるいは時間がかかる場合は、専門職と住民の両方で柔軟に対応する仕組みづくりを進めることとなる。

〔図表 3-4〕**個別支援と地域支援の融合**

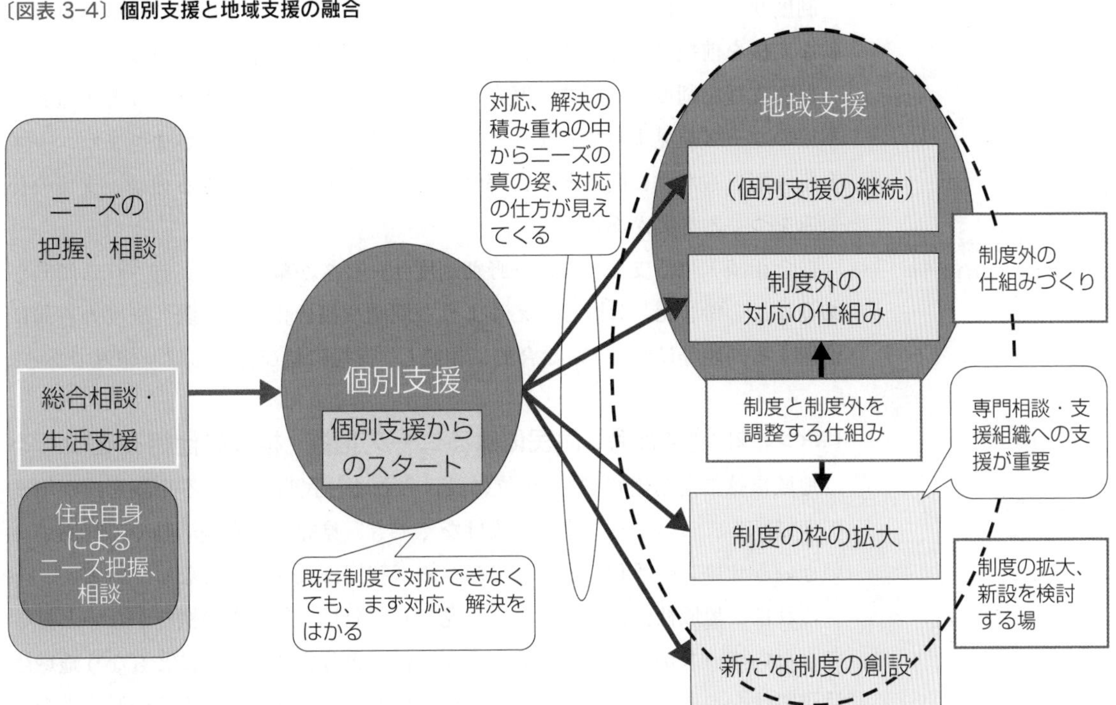

2 個別支援と地域支援の融合のポイント

［ポイント1］地域総合相談・生活支援の仕組みをつくる

制度サービスによる支援だけではなく、住民による支援を含めた制度外の柔軟な支援を前提に、幅広く受け止めるニーズの把握、相談の仕組みをつくる。

個別支援を制度サービス、既存サービスのみによって対応しようとすると、本来のニーズを見失ってしまう可能性がある。したがって、さまざまなニーズを先入観をもたずに聞きとり、解決に結び付けることができる相談・支援の仕組みをつくる必要がある[注11]。

総合相談・生活支援とは、分野別制度サービスが縦割りに実施される傾向があることを踏まえ、分野を超えるような問題や複合化した問題、制度の谷間に位置する問題等について、総合的に相談し、支援に結び付ける取り組みである。

●注 11
総合相談・生活支援の詳細については第２章第４節(62頁)を参照。

［ポイント2］地域社会、住民によるニーズ把握、相談の仕組みをつくる

地域福祉推進基礎組織[注12]単位に設けられる住民自身による相談窓口が増えてきている。このような窓口を設けなくても、見守り・支援活動やふれあい・いきいきサロンの活動をとおしてのニーズ把握は大きな力となっている。

これは、地域社会、住民の中に、見守り・発見・気づきの機能がないと把握できないニーズがあり、そもそも人間関係が希薄化することにともなう地域生活課題は、本人の自覚が薄く、専門相談機関に自ら出向く可能性が低く、身近なところにニーズ把握の機能が必要との問題意識からきている。それ以上に大切なことは、住民自らがニーズを把握することは、住民が主体的に活動することにつながっていくということである。逆にいえば、専門職が把握したニーズをもとに行う住民の活動は、主体的なものになりにくいということである。

●注 12
46頁、106頁を参照。

［ポイント3］制度の枠組みを広げた生活支援の仕組みづくりを働きかける

既存制度では対応できない（対応しにくい）場合には、ニーズに柔軟に対応できる生活支援サービス・活動が存在することが必要となる。これには、制度の社会資源の枠を広げた対応と、制度外の社会資源づくりのふたつがある。

ひとつめの制度の枠の拡大は、ルールそのものを緩やかにする方法と、隣接する対応の仕組みをつくることのふたつが考えられる。

自治体単独のサービスにおいて、例えば、食事サービスの利用対象は、本来、高齢者に限られているが、同居の障害のある無職の子どもを対象とする、というような対応である。

また、例えば、介護保険制度の報酬対象を変えることはできないが、報酬対象外を、事業所が事業所の社会貢献として、職員に対し賃金を支払いながら行

うことは可能である。このように制度による事業の仕組みを利用し、隣接した仕組みをつくることが考えられる。

［ポイント４］個別支援を柔軟に担う制度外の社会資源づくりを働きかける

ふたつめの制度外の対応は、ボランタリーな存在が必要である。ボランティアグループ、社会福祉法人・福祉施設の地域における公益的な取組が主に担ってきたが、近年では、NPO法人を始め、種々の公益法人が実施し、さらに営利法人の社会貢献活動もある。

具体的には、1970・80年代から、食事サービス、移動サービス、住民参加型在宅福祉サービス（有償・有料のホームヘルプサービス）などが展開された。

小地域ネットワーク活動においても、見守り、ニーズ把握にとどまらず、具体的な生活支援を行うことが広がってきている。ふれあい・いきいきサロンも交流活動を通じた個別支援機能を発揮している。さらに、突発的なニーズ、従来の仕組みでは対応できない個別性の高いニーズ、臨機応変の対応が求められるニーズなどに対応するボランティアの仕組みなども出てきている。

［ポイント５］個別支援と地域支援を統合的に担うワーカーを設置する

全社協では「住民と協働する個別支援ワーカー」として、その機能を次のように整理してきた[注13]。これらの機能を総合的に発揮することに特徴がある。相談・ニーズ把握を確実に問題解決につなぐ、地域住民に問題解決を依頼する場合も要援助者のみならず担い手の側に立った支援を行う、さらに、地域と専門職のネットワークや支援システムをつくっていくことを担うというものである。

このワーカーの働きをひとりのワーカーが担うのか、数種類のワーカーが分担するのかは論議の分かれるところであるが、分担している場合でも緊密な協働が必要であるということと、どの機能を担うにしてもほかの機能を十分に意識して実施する必要があることについては、異論がないところであろう[注14]。

①相談窓口機能

どんな相談もまずは受ける。断らない/制度では対応できないニーズを受ける/インフォーマルな支援が求められるニーズ、地域と一緒に取り組んでいかなければならないニーズを受ける。

②ニーズ把握機能

制度の狭間のニーズ、本人がSOSを発信できないような人の課題を見つける/地域の活動からニーズを拾う（ニーズを待っているのではなく、掴みに行く）/地域に出かけて行くときに何か潜んでいるニーズはないか目配りする。

③問題解決機能

相談の内容によって、制度で対応できるものは制度につなぐ/地域で支えてもらえる人に出会ってもらう/地域の人を交えてケース検討会を開催する/個別

●注13
「地域福祉コーディネーターに関する調査研究委員会報告書」全社協、2009年３月。
「地域福祉・ボランティア情報ネットワーク」ホーム>全社協の主な調査研究報告一覧 を参照。

●注14
このワーカーの名称について、全社協は慎重に対応してきたが、「コミュニティソーシャルワーカー」の用語が定着してきたことを踏まえ、「コミュニティソーシャルワーカー（地域福祉コーディネーター）」という表現としたい。

支援を解決までもっていく/自らも必要があれば支援する/ニーズを解決するために、住民活動、専門職の支援をつないだり、協働させる/地域で受けとめられるレベルか判断して地域につなげる。

④地域住民へのエンパワーメント機能

地域に個別ニーズを住民に見える形で返していく/地域を資源と考えない/住民の力を引きだしていく。具体的な提案を行う。

⑤地域組織化機能

地域が要援助者を排除しないように啓発活動を行う/個別の課題を受け止められる地域組織をつくる。

⑥ネットワーキング機能

個別の課題解決のために地域と専門職のネットワークをつくる/個別ニーズに対応するために近隣のネットワークをつくる。

⑦地域の支援システム構築機能

困っている人の個別課題から地域生活課題を発見して支援の仕組みをつくる/個別課題で解決できないことを、仕組みにして解決していく（個別課題を地域社会が解決できる仕組みをつくる。住民が課題を感じて動き出す仕組みをつくる）。/個別事例を念頭におきながら、自分の住んでいる地域で起こったことを、地域で共有できる課題に変えていく。

[ポイント 6] 専門職と住民が協働し、地域福祉型福祉サービスを推進する

専門職だけが要援助者の生活支援に関わるかたちとなれば、地域社会、近隣住民とのつながりが薄れてしまうことが往々にしてある。

したがって、専門職による支援と住民による支援が連携し、さらに福祉コミュニティづくりと結びつく支援形態が求められる。全社協では、これを「地域福祉型福祉サービス」[注 15]と名付けて、その展開を提案している。

●注 15
83 頁参照。

「人間関係」「役割」づくりを重視し、またそのようなケアを実現するために、運営面において、地域社会との関係を重視することが重要となる。

具体的には、①専門職を基本として、住民が人的・物的・経済的等、さまざまな面から支援を行うものとして、宅老所、小規模多機能施設、認知症高齢者や知的障害者のグループホーム、地域小規模児童養護施設などがあげられる。また、②住民、ボランティアを基本として、地域の専門職（コミュニティワーカー及びケアワーカー、医療職など）は必要に応じて支援を行うものとして、ふれあい・いきいきサロン、住民参加型在宅福祉サービスなどがあげられる。

[ポイント 7] 社協の各部門のサービスマネジメントを実施する

社協の各部門間の連携については、その重要性が強調されてきたが、個別支援と地域支援の融合という文脈から近年注目されているのは、社協内の各部門

の参加により行うケースカンファレンスである。

専門職側の支援から漏れないように住民に依頼するということだけでなく、ある場合は、専門職を住民が手伝い、ある場合は住民を専門職が手伝うという関係で進むことが期待される。

小地域ネットワーク活動により発見されたニーズを専門職につなぐという従来からの連携パターンに加えて、ホームヘルパーが自らでは対応できないニーズを把握し、地域担当に伝えるという取り組みも展開されており、従来の部門にこだわらない新しいサービスマネジメントが展開されつつある。

このサービスマネジメントは、個別支援のあり方を検討するだけでなく、住民による支援の仕組みづくり等にもつながる可能性をもつものである。

［ポイント８］制度外の仕組みづくりについて住民自身が検討する場を設ける

住民による個別支援はそれ自体が重要であり、固有性がある（職員の代替ではない）が、さらに、個別支援に住民が関わることにより、要援助者の生活を「制度に任せきる」のではなく地域社会が支えること、排除しない地域づくりが重要であるという理解を住民に働きかけていくことが重要である。

そのためには、社協職員が住民に働きかけることは不可欠であるが、住民・ボランティア自らが主体的に計画・実行していくことが基本となる。例えば、ふれあい・いきいきサロンの頻度をあげることも、社協職員が提案するだけでなく、住民自身が利用者のニーズを踏まえて必要性を感じ、自ら決定していくプロセスを踏むことが重要である。

［ポイント９］要援助者を地域社会が支えることの重要性に対する住民の認識の啓発を進める

この検討の場を実現するためにも、福祉活動に対する住民の理解を深めるための体系的な働きかけを行うことが重要となる[注16]。

●注16
第２章第３節３「福祉教育の推進ポイント」の項を参照。

［ポイント10］制度の拡充、新設を検討する仕組みをつくる

この節では、個別支援からスタートする方法を強調しているが、個別支援を進めるなかで当然に制度の拡充・新設が必要となる場合もある。個別支援の経験に基づき、制度の拡充や新設を検討する仕組み、それも迅速に対応できる仕組みをつくる必要がある。そのためには、相談・支援組織、自治体の関係各部署が集まり、迅速に判断することができるようにすることが必要である。

なお、この場合も、制度による支援にともなって、実施が期待される住民・ボランティアによる支援、制度外の支援についても視野に入れて検討されることが望ましく、住民・ボランティアの参加も必要となる。

第４節　関係組織との連携・協働

1　地域福祉における協働の意義

(1) 地域福祉論における協働

地域福祉論においては1970年代から地域福祉の鍵概念として「公私協働」が提唱されていた。阿部は、「地域福祉は、地域内の公私の機関が協働し、社会福祉のための各種の施策・施設・人材等の資源を動員することによって、地域の福祉ニーズの充足を図ると共に、住民参加による社会福祉活動を組織し、地域の福祉を高めようとする公私協働の実践的体系」注17であるとし、公私の協働と分離という緊張関係のうえに、地域福祉の実践を体系化する必要性を強調した。地域福祉論以前にも社会福祉の理論には公私論の歴史があるが、それは戦後の公私の分離論や公私格差の是正など公私の役割の違いを強調するものであった。これに対し、地域福祉論では在宅福祉・地域福祉における新たな公私の役割分担として「公私の協働」が打ち出されたのである。

●注17
阿部志郎「地域福祉」『現代社会福祉辞典』全社協、1982年。

公私協働の考え方は社会福祉法第４条、第５条の基本理念規定にも読み取ることができる。平成30（2018）年４月１日施行の改正社会福祉法で、その考え方はより明確になっている。住民の生活ニーズに総合的に対応し、社会参加を実現するためには、フォーマル、インフォーマルの担い手の参加、協力、連携、すなわち協働が必要となるのである。

（地域福祉の推進）
第４条　地域福祉の推進は、地域住民が相互に人格と個性を尊重し合いながら、参加し、共生する地域社会の実現をめざして行われなければならない。
２　地域住民、社会福祉を目的とする事業を経営する者及び社会福祉に関する活動を行う者（以下「地域住民等」という。）は、相互に協力し、福祉サービスを必要とする地域住民が地域社会を構成する一員として日常生活を営み、社会、経済、文化その他あらゆる分野の活動に参加する機会が確保されるように、地域福祉の推進に努めなければならない。
３　地域住民等は、地域福祉の推進に当たつては、福祉サービスを必要とする地域住民及びその世帯が抱える福祉、介護、介護予防（要介護状態若しくは要支援状態となることの予防又は要介護状態若しくは要支援状態の軽減若しくは悪化の防止をいう。）、保健医療、住まい、就労及び教育に関する課題、福祉サービスを必要とする地域住民の地域社会からの孤立その他の福祉サービスを必要とする地域住民が日常生活を営み、あらゆる分野の活動に参加する機会が確保される上での各般の課題（以下「地域生活課題」という。）を把握し、地域生活課題の解決に資する支援を行う関係機関（以下「支援関係機関」という。）との連携等によりその解決を図るよう特に留意するものとする。
（福祉サービスの提供の原則）
第５条　社会福祉を目的とする事業を経営する者は、その提供する多様な福祉サービスについて、利用者の意向を十分に尊重し、地域福祉の推進に係る取組を行う他の地域住民等との連携を図り、かつ、保健医療サービスその他の関連するサービスとの有機的な連携を図るよう創意工夫を行いつつ、これを総合的に提供することができるようにその事業の実施に努めなければならない。

(2) 地域福祉実践における協働の意義

❶地域資源の動員によるニーズへの総合的な対応

協働は地域生活課題・ニーズに総合的に対応するために必要である。この場合の地域生活課題・ニーズとは、社会福祉法の「地域生活課題」の規定にあるように、福祉・保健だけでなく、まちづくり、労働、教育、居住、社会的孤立などさまざまな活動を含む。このような幅広い課題に対応するためには、地域の種々の資源を動員し、それぞれが活動資源やノウハウを補いあうことが必要となる。

資源となる団体・機関を例示すると以下のとおりとなるが、あくまで一例であって、取り組む課題によって自由に広がる。

- 地縁型組織…自治会・町内会、地区社協など
- ボランタリーな活動団体…民生委員・児童委員協議会、子ども会、当事者団体、ボランティアグループ、市民活動団体・NPO 法人など
- 福祉・介護・保健サービス提供組織…社会福祉法人・福祉施設、介護サービス事業所、医療機関、地域包括支援センター、自立支援協議会、要保護児童対策地域協議会、福祉事務所、保健センターなど
- 教育関係機関・部局…学校、教育委員会、公民館など
- 経済・労働団体・機関…生協、農協、企業、青年会議所、商店街、商工会議所、ハローワークなど
- 行政関係機関・部局…福祉部局をはじめとする各部局など

❷強み・弱みの補完/学習の促進/活動の再編

活動団体の側からみれば、協働はそれぞれの強みを出し合い、弱みを補いあうものである。例えば、災害ボランティアセンターは、地元での調整力をもつ社協や地域の団体と、全国的な NPO や企業により構成され、おのおのがノウハウや活動資材・財源等をもちよって、互いの強みを出し合って行う協働の実践である。

また、協働を通じてそこに参加する人びとの間で学習が促進される効果が期待できる。特に、組織間の協働においては、それぞれの組織の常識（規範、信念など）や知識、ノウハウにとらわれない幅広い意見の交換や学習が行われることによって、組織の枠を超えた知識の移転やノウハウの創造といったダイナミックな学習が行われることが期待される。

さらに、協働によって地域の新たなネットワークをつくり、新しい刺激を団体や個人に与えることで、新しい活動を創造したり、団体の発生を促すという視点も重要である。一度ネットワークができあがると、そのなかの限られたメンバーで情報や資源の交換が行われがちとなり、新たな情報や発想は生まれにくくなる。しかし、これまでつながっていなかった別々のネットワークを橋渡しすると、ネットワークを超えた付加価値のある情報や刺激がもたらされる。協働はネットワークをつなぎなおす機会となり得るのである。

❸新しい公共の創造

近年地方自治で重視される「新しい公共」という考え方は、地域における公共サービスはもっぱら自治体だけが提供するという従来の通念から脱却し、行政と民間活動との協働によって、地域社会に新たな公共的活動を形成する必要性を提起するものである。第27次地方制度調査会による「今後の地方自治制度のあり方についての中間報告」（平成15〔2003〕年4月）は、「地域における住民サービスを担うのは、行政のみではないということであり、分権時代の基礎的自治体においては住民や、重要なパートナーとしてのコミュニティ組織、NPOその他民間セクターとも協働し、相互に連携して新しい公共空間を形成していくことを目指すべきである」としている。

新しい公共空間は、「地域住民と自治体職員とが、心をあわせ、力をあわせ、助け合って、地域住民の福祉の向上に有用であると自治体政府が住民の意思に基づいて判断した公共的性質をもつ財やサービスを生産し、供給していく活動」[注18]であるコプロダクションをめざすものと理解してよいだろう。これまでもっぱら公共サービスの消費者であった住民が行政サービスの生産過程に参加すること（コプロダクション）によって、どのようなニーズにどこまで資源を投入するかという意思決定が行われるとともに、市民の側も担うべき役割を負うことを通じて、単なる行政への依存を脱却し、行政機能の増殖に歯止めをかけることができる。このことは、住民の意思を行政施策の政策課題の選択や政策の決定に反映させるローカルガバナンスにつながる。

●注18
荒木昭次郎『参加と協働』ぎょうせい、1990年、9頁。

(3) 協働のコスト

ところで、地域福祉の推進という観点からは、協働は確かに望ましいことではあるものの、個々のアクター、団体にとって、協働は決してしなければならないものではないし、常によいというわけではない。とりわけボランタリーな活動者や団体は、協働の活動に参加することで、これまでできなかった課題に取り組めるようになる可能性がある一方で、過度な役割を負って疲弊してしまったり、システムの一部として与えられた活動をするだけとなり、ボランタリーな発意や発展性を失ってしまう恐れもある。

また、協働はそれ自体が目的ではない。協働して解決したい課題など具体的な目的があって、このために行うべき活動・事業があり、これに複数の主体が協力して取り組むことがより効果的である場合に、初めて協働する意義がある。

協働は、異なる目的、理念、資源をもつ人びとや団体が行う行為であるから、それぞれの活動の理念を尊重し、また参加者同士がwin-winの関係になることが必要である。もちろん地域福祉における協働は複数の主体が協力するもので、営利企業がそれぞれのメリットを追求して行う提携関係と異なるから、最終的にはそれが福祉的な支援を必要とする人びとのためになるか、住民や地域に利益をもたらすかという点から、それぞれの団体の利害を乗り越えることが必要となる。それだけにおのおのの主体のニーズやメリット・利害といったことを乗り越えて、共通の目的・課題などの接点を見出し、協働のルールをつくるまでの協議・調整過程に多大なエネルギーがかかる。

調整に手間をかける覚悟がなかったり、取り組むべき事柄がそれほど重要でなければ、わざわざ協働する必要はないし、共通課題がなくなれば協働関係は解消されてよい。

2 社会福祉協議会活動と協働

(1) 協働を促進するうえでの社協の特性と役割

社協組織は、その構成要件そのものにさまざまな組織や団体が参加することが定められ、これらと協働して地域福祉の推進に取り組むためのものとして、社協には、排他的な地位が与えられていると考えることができる[注19]。

また、社協は社会福祉法人という非営利で公益性の高い法人格をもつことに加え、市区町村社協の理事・評議員会は地域のさまざまな団体によって構成されている[注20]。社協は、地区社協等の地域福祉推進基礎組織、町内会・自治会、民生委員・児童委員、当事者団体や家族の会、ボランティアグループ等の社会福祉に関する活動を行う者である住民組織の統制のもとにあることがわかる。

以上の法的位置付け、組織構成、運営形態から、社協は極めて公共的で中立的な団体であり、地方自治体は、その施策展開において幅広い団体の協働を促進する役割を社協に対して付与しやすいといえる。

したがって、社協にとっての協働とは、単に社協の活動を推進するために他の組織の参加や協力を得ればよいのではない。その公共的な役割から、地域の団体間の連携や協働を促進するいわば仲介・支援組織としての役割・使命を果たすことが要請されている。

一方で、法的位置付けがありさえすれば、社協が行政や地域の関係団体から協働の要として認められるというわけではない。元来、地域福祉では、さまざまな主体がおのおのの発意に基づいて自由に多様な活動を行うことが望ましい。現に今日ではNPOなど地域福祉を推進する主体は増えている。また在宅福祉サービスでは地域包括支援センター、生活困窮者自立支援事業、自立支援協議会などコーディネート・調整する仕組みが制度に組み込まれている。協働促進は決して社協の専売特許ではあり得ない。このようななかで、ひとつの団体だけでは解決できない地域の共通課題を発見し、それを解決する事業やサービスを構想し、そのノウハウを提供できる組織、ほかが行わないこと、ほかではできないことを行う組織が、協働の要となり、公共の担い手として他団体や行政から認められる。

●注19
第１章第１節７（2）「社会福祉協議会間の構成に関する法規定」を参照。

●注20
第４章第１節３「社会福祉法人経営の機関（評議員会、理事会等）」を参照。

社協は地域福祉の推進を目的とする団体として協働の要として機能しているのかどうかを常に問われ、もし機能していなければその存在意義そのものに疑問が投げかけられる立場にあるのである。

なお、社協は地域のなかで一定の発言力をもつ団体などによって役員が構成されている。これはともすれば、それらの団体に受け入れられにくい人びとや団体と社協とはつながりにくく、社協の組織構成に地域社会の変わりにくさが反映されているということでもある。しかし、だからこそ、地域社会からは排除されがちな少数者の当事者組織や新しい活動者が社協の活動や構成員として参加することは、地域社会に影響を与えうるのである。

(2) 社協が有する資源

地域福祉活動に取り組む団体はさまざまであるが、社協は住民組織とのつながり、協議の場、事務局機能、会館、助成金、法人格、サービス・活動など、協働を促進するうえでほかの組織にはない豊富な機会と資源をもっている。これらを有効に活用し、協働のための共有資源とする必要がある。

❶住民組織とのつながり

社協は町内会・自治会、地区社協等地域福祉推進基礎組織、民生委員・児童委員、ボランティアグループなど、住民組織とのつながりをもっているため、例えば、予防活動や見守り活動など、地域住民の参加を得て多面的なサービス・活動を展開できる。これは通常の福祉・介護サービス提供組織にはない社協の強みである。また、住民だけでボランタリーに取り組めることには限界があるため、複雑な課題に対しては専門職や機関のバックアップが必要となる。社協には、自らの専門スタッフやサービスによって住民組織をバックアップしたり、ボランタリーな活動者と地域のほかの専門職・専門機関とをつなぐ役割を果たしうる。

❷協議の場

協議体である社協は、社会福祉法人・福祉施設の連絡会、ボランティアセンター運営委員会、ボランティアの連絡会など、関係機関が参加する多様な場をもっている。協働には、関係者が集まる場や組織の設定が重要であるが、何もないところから場をつくり呼びかけることそのものに苦労する。社協がすでにもつ協議の仕組みの構成員を見直したり、それをもとにした新しい実行部隊をつくるなど工夫をすれば、今ある仕組みから協働の場が生まれる可能性がある。

❸事務局機能

社協は各種団体の事務局を担っている。各団体にはそれぞれの運営の慣行や力量があるため新しい活動に取り組むことは難しい面はあるにせよ、事務局を担うことで各団体の役員等との関係はできており、少なくとも警戒されずに新たな提案ができる立場はある。うまくすれば団体の参加を促進したり、団体のもつネットワークや資源を地域福祉に動員することができる。

〔図表 3-5〕 **社協が事務局を担う団体（2018 年調査）**

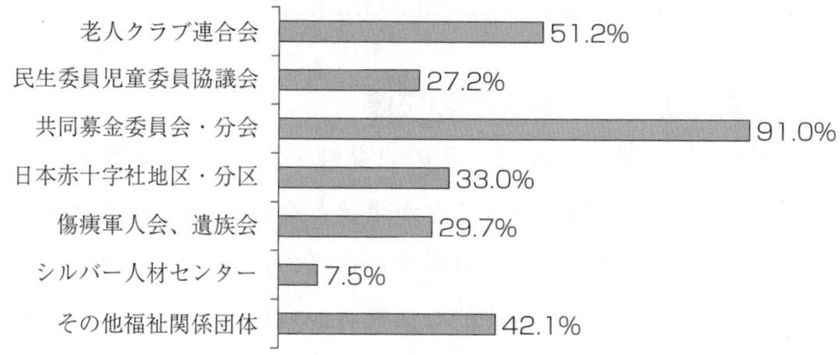

❹会館などの拠点機能

大部分の社協は行政所有ないしは自己所有のセンターなどに事務所を置き住民が利用できる会議室や印刷機等の機材等を有している[注21]。社協にとっては当たり前のこうした資源をほかの社会福祉法人・福祉施設や NPO がもつことは困難である。社協の会館は多くの人びとが利用しているため、工夫により地域のさまざまな活動の状況を住民や団体が知ることが可能となる。また、社協にとってもさまざまな団体と緩やかな関係をもち、活動の状況を把握する機会となる。

●注 21
社協の事務局は、「自ら運営管理する建物」30.5%、「役所、福祉事務所内」22.1%、「それ以外での施設、建物内」46.6%である。全社協、2018 年調査。

❺助成金

社協はわが国最大の民間資金である共同募金会の事務局を担う[注22]とともに、各種の民間助成金の情報を入手しやすい位置にいる。また行政に対しては補助金や委託金について折衝できる立場にある。社協には各種資金の情報を提供し、有効な活用方法を提案して、助成金をより付加価値の高い活動に結びつけていく役割がある。また助成金を取り扱う窓口には活動団体の側からアクセスしてくるため、社協にとっては新しい団体とつながりをつくり、活動の状況を把握する機会となる。

●注 22
共同募金会の支会・分会を担っている社協は 1,376 か所、91.0%。全社協、2018 年調査。

❻税制優遇

個人及び法人が社会福祉法人に対して寄付を行った場合、特定公益増進法人並みの優遇措置が与えられる。社協の成り立ち、法人格、組織構成、運営からいって、社協に対する寄付が特定の個人や集団の利益になることはあり得ないので、協働の活動・事業のための寄付を社協が受け付けて管理し、地域のために活用することは理解が得られやすい。

❼サービス

社協が行うフォーマル・インフォーマルのさまざまなサービスは具体的に問題を解決するためのツールであり、質量ともに十分なものであれば協働の際の強みとなる。またサービスを担う専門職がもつ知識・技術・経験は、地域生活課題を発見したり、ボランタリーな活動を支援するための資源となる。

3 協働の進め方

(1) ボランタリーな活動者やNPOとの協働

ボランタリーな活動者と協働する際は、その自発性・自己決定を尊重しつつ、活動の限界を補い、必要な支援を行うことが重要となる。ひと言でボランタリーな活動者といっても、地域における位置や世代等の違いから、行動の文化は大きく異なることに留意したい。自律的な活動者から見ると、社協は自らを中心あるいは一段高いところに置き、あらかじめ決めた方向にものごとを進めようとしがちであり、対等な関係でゼロから一緒につくり出していく姿勢に欠けるように映るのである。NPOなどテーマやミッションがあって、より自発的につくられた組織では、対等な立場で議論に加わり、そもそもの企画段階から議論をしながらつくりあげていくプロセスが大切にされる。こうした組織に対しては、次のような手法をとる必要がある。

① 決まってしまったような原案を出して「ご意見をいただく」のではなく、ほぼ白紙段階から一緒に考える
② 実質的な議論ができるメンバー、時間帯で会議を行う
③ それぞれの思いの違いを整理しつつ、議論を後戻りさせない手法を身に付ける
④ 役割・責任をどんどん分担する
⑤ 情報や課題をオープンに投げかけ一緒に考える

大部分のNPOやボランティアグループは思いを共有しているため、活動へのエネルギーはある。しかし、メンバーのもつネットワークはあるものの、地域社会からの認知や波及力はあまりない。社協には、ボランティアやNPOなど新しい活動者、当事者等と既存の団体をつないで、新しいエネルギーを引き出したり、場合によっては団体の再編を促す役割が求められる。

(2) 社会福祉法人の公益的な取組と複数法人による協働の広がり

平成28（2016）年の社会福祉法改正により、社会福祉法人に対して地域における公益的な取組を実施する責務が義務づけられた[注23]。これは個々の法人に対する努力義務であるが、この法改正を機に、市区町村レベルで社会福祉法人の連絡組織をつくり、連携協働して公益的な活動・サービスに取り組む事例が広がるようになった。市区町村社協は連絡組織の設立や活動推進の役割を担っている。下記のような活動例がある。

・複数法人と民生委員児童委員協議会が連携したフードドライブによる困窮者

●注23
法的には努力義務である。地域における公益的な取組とは、「日常生活又は社会生活上の支援を必要とする者に対して、無料又は低額な料金で」提供される福祉サービス【社会福祉法　第24条第2項】である。厚労省は、①社会福祉事業または公益事業を行なうにあたって提供される福祉サービスであること、②日常生活または社会生活上の支援を必要とするものに対する福祉サービスであること、③無料又は定額な料金で提供されること、という要件を示している。

支援活動

・複数法人と社協のコミュニティソーシャルワーカーが連携した福祉なんでも相談と問題解決

・複数法人が連携した地域防災活動の支援

また、都道府県社協が中心となって、県域の社会福祉法人が連携した公益的な取り組みも推進されている。

(3) プラットフォーム

従来と異なる組織化原理による協働の手法を表すものとして、プラットフォームという考え方が有効だろう。プラットフォームとは台・舞台などの意味で、さまざまな主体が乗る場とイメージできる。ある課題解決や活動事業のためにさまざまな主体が参画し、資源やノウハウを持ち寄って、共通の目標、活動事業、協働のルールなどに沿って活動するというものである。

従来の連携とは、中心にコーディネーターがいて、つなぐことであった。また組織化とは、○○連絡会などの組織をつくることであった。これに対してプラットフォームは「場が用意されていること」が重要である。そこに自律的な個人、団体が参加し、それぞれの活動理念・特性をもちながら、ゆるやかに連携して協働する。出入りも自由で、ミッションが終われば解散する。また、特定のコーディネーターが仕切るというよりは、複数のアクターの折衝によってルールやつながりが自生的に創発する。

具体例としては災害ボランティアセンターがある。また、福祉教育推進プラットフォームや地域ケア推進住民プラットフォームなどが提案されている[注24]。種々のプラットフォームがつくられ、社協がその事務局を担うようになると、社協はいわば地域福祉の種々の課題解決にあたる共同事務局的なものとなる。それは今後の社協の方向として重要である。

●注 24
「社会福祉協議会における福祉教育推進検討委員会報告書」、全社協、平成 17 (2005) 年 11 月。「「地域総合相談・生活支援システム」の構築に向けて」全社協、平成 17 (2005) 年 11 月。
「地域福祉・ボランティア情報ネットワーク」ホーム＞全社協の主な調査研究報告一覧 を参照。

第５節　住民参加の計画づくり

1　社協における計画策定の意義

従来、社協が取り組んできた計画はコミュニティワークの機能として策定されるものであり、単にペーパーとしての計画（plan）ができればよいのではなく、計画の過程（planning）が重視されるものである。

こうした計画づくりは、社会福祉計画法（social welfare planning）により行われる。社会福祉計画法は、地域生活課題やニーズの把握・分析をとおして、将来のあるべき福祉の状態を想定して、その目標を達成するために、サービス等の社会資源の効果的な調達や配分あるいは社会資源の開発を計画化することにより、地域生活課題やニーズの合理的解決をめざす方法体系である。

具体的に、市区町村社協においては、問題析出・ニーズ把握のための調査活動、住民の合意を促進する集団討議・委員会の運営の技法、情報提供・福祉教育の技法を生かした地域福祉活動計画づくりを進めている。

地域福祉活動計画の策定は、すでに地域福祉活動の一部といえ、計画策定の過程で、住民の参加あるいは当事者の参加をどの程度保障することができるか、また、関係機関・団体との連携がどれだけ確保されるか、さらには、問題の発見やニーズの把握がどれほど進むかなど、その広がりや深まりが、その後の地域福祉の推進を左右するといえる。

2　計画づくりと住民参加

一般的に計画の過程は、構想する段階、実施の段階、達成度の評価の段階であり、それらがフィードバックされながら進められていくもので、「PLAN（計画）」、「DO（実践）」、「SEE（評価）」サイクルといわれている。

もとより、地域福祉の計画づくりは、その構想から評価に至る各段階において住民参加が不可欠である。住民が計画づくりのプロセスに参加することは、多くの住民が地域生活課題等に関心をもち、主体的に福祉のまちづくりを進める契機となる。このため、地域の実情に応じて、可能な限り住民自身が考えたり、多様な意見が表出できる機会を設定することが重要となる。

計画化のプロセスは、地域住民と関係機関や団体、そして社協との協力のうえに成り立つもので、常に多数の人びとや団体が参加し、立場の異なる人の合意がなされなければならない。地域住民等の参加や合意形成は自然に成り立つものではなく、社協職員による調査や討議、広報・教育などの専門技術が常に活用されることとなる。

3 小地域における計画づくり

これまで全社協では市区町村社協に対し、地域福祉活動計画の策定を提案し、また、行政計画である地域福祉計画との関係では、地域福祉計画と地域福祉活動計画の一体的な策定を提案している。さらに、各地での小地域福祉活動計画の実践や共同募金改革の動きも受けて、小地域福祉活動計画や共同募金推進計画を含めた各計画を連動して策定・見直しを図るメンテナンスサイクルを提案してきた[注25]。また、「これからの地域福祉のあり方に関する研究会報告書」でも市区町村内の圏域ごとに「地区福祉計画」を策定し、実際に地域福祉活動に関わる者自らが計画策定を行うことが提案されている。

このうち小地域における計画づくりは、計画の策定段階や決定段階、実行段階、評価段階のそれぞれの段階において住民の参加を可能とする。具体的には計画づくりに住民が参加することは、①地域の課題や目標を関係者で共有し、同じ方向を向いて協働することができること、②住民同士の話し合いにより、活動の優先順位や重点を明らかにできること（合意形成）、③中長期的な見通しをもって、計画的に小地域における福祉活動に取り組めること、④計画に定められた地域福祉活動について、地域住民自らが評価できること、といった効果がある。小地域における計画づくりは、その過程をとおして、人の育ちを支援し、住民相互の絆を強めることにつながるのである。

ただ、地域住民の参加促進や動機付け、そのための話し合いの場の設定やスムーズな運営は自然に成り立つものではなく、そこでの社協職員の役割が大き

●注25
地域福祉活動計画の策定及び地域福祉計画と地域福祉活動計画の一体的な策定については、『地域福祉活動計画策定指針―地域福祉計画策定推進と地域福祉活動計画―』（全社協、平成15〔2003〕年11月）参照。
「地域福祉・ボランティア情報ネットワーク」ホーム>全社協の主な指針・規定等一覧 を参照。
計画のメンテナンスサイクルについては、平成17年度地域福祉計画に関する調査研究報告『地域福祉計画による社会福祉の総合化をめざして』（全社協、平成18〔2006〕年3月）を参照。
「地域福祉・ボランティア情報ネットワーク」ホーム>全社協の主な調査研究報告一覧 を参照。

〔図表3-6〕市区町村社協が関わる各種計画の関係

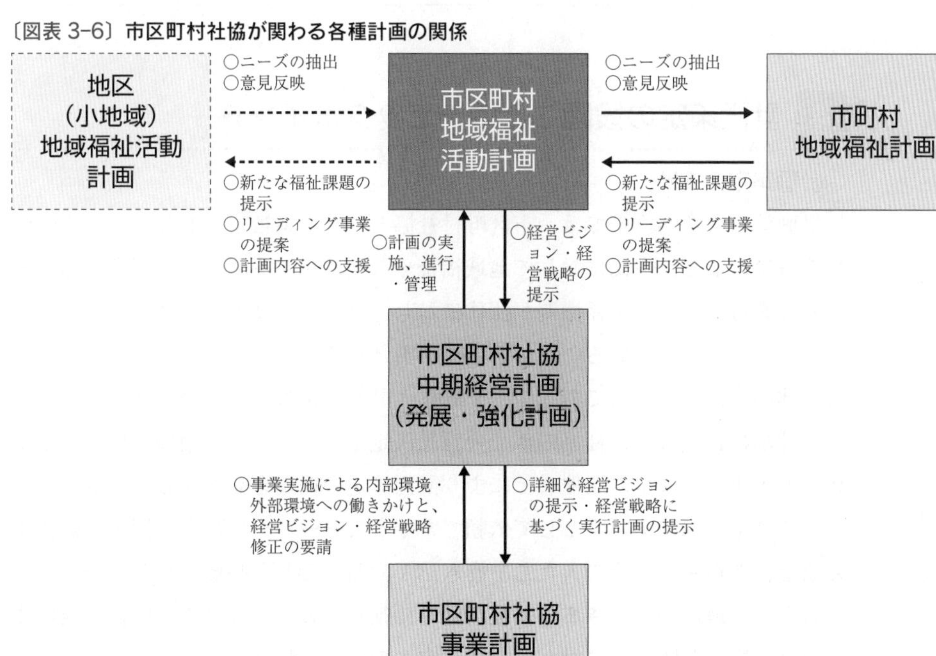

い。松端克文は、「住民が“主体的”にコミットしていくことを支援するアプローチ」としての地域支援の必要性を指摘し、その実践における社協職員の役割の重要性を強調している[注26]。

具体的には、松端は、社協職員が「『私の問題』・『あなたの問題』を『私たちが暮らす地域の問題（私たちの課題）』に変換して支援していく「コレクティブ・アプローチ」（collective approach）の実践の必要性を説いている。ここでは住民参加の計画づくりにおいて、社協職員として留意すべき事項がわかりやすく整理されている。

●注26
松端克文は、『NORMA 社協情報』No. 258（2012年7月）からNo. 268（2013年7月）まで10回にわたり「地域福祉を『計画』的に考え・推進するということ」と題する記事を連載し、地域福祉推進の役割を担う社協が、地域福祉活動計画や発展強化計画の策定のみならず、「計画」的に考えるという文脈で日々の業務をとらえ直すことで、地域福祉を戦略的に推進していくことの重要性を確認するとともに、社協が地域福祉を推進していくための具体的なヒントを提供している。こちらも参照されたい。なお、本文の指摘はNo. 264に掲載されている。

●注27
松端克文「子どもが参加する福祉教育の事例」ソーシャルワーク演習教材開発研究会編『ソーシャルワーク演習ケースブック』みらい、2012年。

〔図表 3-7〕**コレクティブ・アプローチの展開プロセス例**[注27]

①住民が集い学び合えるような参加の舞台（場・機会）を構想し、さまざまな取り組みにおいて住民参加を演出する。
②そうした参加を通じて福祉の問題や課題への住民自身の「気づき」を促す。
③その際、住民がお互いに「共感」し合えるような体験を大切にする。
④そして、住民からそうした問題や課題を何とかしなければならないという「やる気」を引き出す。
⑤確認された課題に対して、いろいろな解決策を検討する。
⑥参加者の「やる気」を課題解決に向けての具体的な活動につなげていくこと（想いをかたちにすること）ができるよう支援する。
⑦一定の活動が実践され、展開されていくと、それをいかに拡げていけるのかということ（活動を拡げること）に留意する。
⑧年度末など一定の段階で活動を振り返り、参加者自身が自らの変化・成長を確かめながら次の活動へと展開していく。

4　計画策定の段階ごとのチェックポイント

①計画策定の準備

計画策定の準備段階では、市区町村社協として計画策定の取り組みを明確に位置付けること、住民に対して地域福祉や計画に対する関心や機運を高める働きかけを行うこと、関係機関・団体に対し、計画づくり推進の呼びかけやネットワークづくりを進めること、がポイントとなる。

具体的には、役員会での承認や予算化、計画策定の大まかなスケジュールや策定体制の合意など、社協内部での意思決定を行う。また、地域住民に対しては、セミナーや講座の開催などにより計画策定の機運を醸成するとともに、計画づくりや活動の担い手として依頼できそうなキーパーソンを把握・組織化するなど、あらかじめその人たちを巻き込んでおくことが必要となる。

さらに、地域のさまざまな福祉活動や福祉サービスを提供する団体、地域住民組織、当事者団体等に対し、計画策定への参加を呼びかける。

②計画策定の体制づくり

この段階では、策定推進組織をつくり、計画づくりの実施体制を確立すること、住民参加・協働のためのルールづくりと情報の共有化を図ること、住民組織の活動や多様な団体の活動状況を把握すること、がポイントとなる。

具体的には、計画策定委員会の設置のほか、住民参加・協働による策定推進組織をつくるために、100人委員会、福祉圏ごとのワーキングチームなどを公募により設置する。その際、年齢層（小中学生の参加など）、当事者やその家族、福祉活動を行っているかどうかなど、参加する住民層が偏らず、多様な住民や団体の参加が得られるように工夫する。

また、委員会の開催を土日や夜間としたり、委員会の傍聴や議事録を公開するなど、住民参加・協働に取り組みやすい体制づくりを行うほか、参加者相互が協働しやすくするために、時間の厳守、自発的な参加、特定の団体への勧誘の禁止などといったルールづくりを行う。さらに、計画策定に直接関与できない住民のために、広報誌やインターネット等を活用した広報を行うとともに、点字や外国語による情報提供などを行う。

③地域生活課題の把握と整理

この段階では、住民の参加や協力を得ながら、地域特性や社会資源・福祉サービスの現状などを把握する。また、把握された地域生活課題の整理についても住民の参加や協力を得ながら行う。この過程では、住民が自ら地域生活課題を発見できるよう支援するとともに、住民自身による気づきの促しを行いながら、住民の主体性を育むことが肝心である。

地域生活課題の把握方法としては、福祉サービスの利用者や地域住民を対象にしたアンケート調査やヒアリング調査の実施、住民等による小地域座談会や交流会等による地域生活課題の討議、福祉マップの作成をはじめとした各種ワークショップの活用などがある。

④課題解決策の検討と計画の構想化

この段階では、多様な住民参加の取り組みを図り、地域生活課題の解決策について検討すること、地域生活課題の把握と整理の段階で用いた住民参加の取り組みを継続的に展開し、課題解決の方法について検討を行うことがポイントとなる。

地域福祉活動推進の理念や計画のコンセプト・目標、構成など計画の構想化は、策定委員会、住民ワークショップ等のメンバーによる作業委員会等によって論点や基本的な方向性についての案を作成することになるが、検討状況に関する中間発表会などを適宜開催し、広く住民に進捗状況を伝えるとともに、それに対する住民の意見を聞くなど、住民参加を確保し、市町村全体の関心を高めることが必要である。

⑤計画内容の明確化

計画内容の明確化の段階では、具体的な事業や活動を検討し、優先順位などを明確にすること、地域福祉計画との調整をはじめ関係施策、計画との整合性を検討すること、計画の実践にあたっての役割分担や財源などについて関係機関・団体の調整を図ること、がポイントとなる。

具体的には、作業委員会等で引き続き計画内容の具体化を図り、策定委員会や住民ワークショップ等で検討する。また、民間が担う事業や活動については、共同募金との関係を積極的に位置付け、共同募金運動と連動した広報活動を行い、それによって住民の関心や共感を集め、事業や活動への住民の参加や寄付行動につなげる。

この段階で、地域福祉計画や他の行政計画、関係施策との調整や、計画実践にあたっての関係機関や団体との役割分担などの調整を、参加メンバーの合意のもとに行うこととなる。さらに、具体的な事業は、できるかぎり年次計画や数値目標を示すべきであるが、関係者の合意形成を重視し、緩やかな内容や取り組みを共有する視点でとどめる項目があってもよいものとする。

⑥計画の決定

この段階は、策定委員会や住民の検討組織での計画内容の合意形成と実践・評価体制の検討を行うこと、計画案について広く住民からの意見を聞くこと(住民説明会やパブリックコメントの実施)、社協をはじめとする関係団体の了解を得ること、がポイントとなる。

具体的には、住民参加による策定推進組織の合意と参加メンバーの活動実践や計画評価への住民参加につなげることとなるが、引き続き計画で位置付けられた活動や取り組みへの参加につなげる、策定委員会等を評価組織等として、住民ワークショップ等の住民の検討組織を地域福祉の推進組織として継続的に位置付けるなど、計画の実現に向けた進行管理の体制をつくることになる。

さらに、計画内容について住民に広報誌やインターネット、SNS、新聞やケーブルテレビ等の媒体を活用した説明や広報を行い、それに対する意見を求め、質問などについて対応する。

そのうえで社協の理事会において報告し、承認を得る。また、計画づくりに参加した団体等においても、参加メンバーを通じ当該組織に説明し、合意形成を図った上で協力体制を築くことになる。

⑦広報啓発と計画づくりの諸活動の評価

この段階では、計画内容をあらゆる住民へ周知すること（広報誌への掲載、冊子の配布、ホームページ掲載など)、「計画づくり」の過程を評価することがポイントとなる。

具体的には、計画書やパンフレットを作成し、関係団体へ配付するほか、ホームページへの掲載などにより周知に努める。また、新しい活動への参加などを呼びかける。さらに計画づくりに参加した地域住民へのアンケートの実施（計画への参加の動機、参加しての意識の変容、住民参加・協働を進めるための配慮があったかなど）など、「計画づくり」活動への支援・推進の評価や、社協としての支援や参加のあり方について評価を行う。

⑧計画の実施・評価

この段階は、計画の実現に向けた進行管理や計画の評価を行うこと、計画の実施を通じて、住民参加・協働の幅を広げたり、新しい活動や実践に取り組み計画の見直しにつなげることがポイントである。

具体的には、評価委員会や推進組織によるワークショップ等を継続的に開催し、住民参加・協働による推進組織が形骸化しないようにする。また。計画の実施状況を、広報誌やインターネット等を活用して継続的に公表したり、評価のための住民ワークショップの公募などを行い、新しく福祉活動を始めた団体、あるいはこれまで計画づくりに参加しなかった団体や地域住民が参加できるような工夫を行うなど、住民参加・協働の幅を広げることに留意する。

第 4 章

市区町村社会福祉協議会の経営

第1節　組織管理

1　市区町村社会福祉協議会の法人経営

(1) 社会福祉法人としての組織経営と定款

❶社会福祉法と各法人の定款に基づく運営

社会福祉法では、第109条に市区町村社協の目的、構成、事業、区域などが規定されているが、具体的な事業経営や役員体制等組織を規定し、法人としての社協経営の根幹となるものは、それぞれの社協で定める定款である[注1]。

市区町村社協の大部分が社会福祉法人格を取得し、さまざまな事業を経営しているが、社会福祉法人として定款に基づいて適切に組織経営を行うことは、社協の事業全体の健全な経営や信頼を維持するために必要不可欠である。

❷「社会福祉法人審査基準」等と「法人社協モデル定款」

厚生労働省は、「社会福祉法人審査基準」、「社会福祉法人定款例」[注2]、及び「社会福祉法人審査要領」[注3]により、社会福祉法人の経営の詳細について定めている。

社会福祉法人格をもつ市区町村社協は、このような社会福祉法人のルールに沿って、経営することになるが、社会福祉協議会は、幅広い地域の関係者の参加を組織構成要件とし、社会福祉施設などを経営する社会福祉法人と比べると社団的な性格を有しており、また、その事業も社会福祉事業以外の事業も含めた幅広い社会福祉を目的とする事業[注4]を行うことが法的に期待されている。社会福祉法でも社協については、ほかの社会福祉を目的とする事業の経営者や社会福祉法人とは別に第109条に別に定めがあり、また、審査基準、定款例、審査要領においても特記がある。さらに、全社協では、こうした法令上の定めや市区町村社協の特性を踏まえ、厚生労働省と調整し、「法人社協モデル定款」[注5]（以下、モデル定款）を示している。

●注1
社会福祉法の第6章（第22条～第59条の3）において社会福祉法人に関しての規定があり、社会福祉法人格を有する社会福祉協議会もこの規定を守らねばならない。定款の作成もそのひとつである。

●注2
審査基準は、厚生労働省雇用均等・児童家庭局長、社会・援護局長、老健局長連名通知「社会福祉法人の認可について」（最終改正　令和2年12月25日）の別紙1、定款例は同通知別紙2。

●注3
厚生労働省雇用均等・児童家庭局総務課長、社会・援護局福祉基盤課長、社会・援護局障害保健福祉部企画課長、老健局高齢者支援課長連名通知「社会福祉法人の認可について」（最終改正　令和2年3月31日）別紙。

●注4
2頁、用語解説を参照。

●注5
「法人社協モデル定款」：「地域福祉・ボランティアネットワーク」ホーム>全社協の主な指針・規定等一覧　を参照。

2　市区町村社会福祉協議会の組織構成

(1) 市区町村社会福祉協議会の構成員の基本的考え方

市区町村社協の構成の基本的考え方は、住民組織、福祉団体、保健医療団体など多様な関係者の参加を得るというものである[注6]。

社会福祉法第109条では「社会福祉を目的とする事業を経営する者及び社会福祉に関する活動を行う者が参加し」とされ、社協創設以来の考え方と一致している。

なお、社会福祉法はこのように「参加」としているが、その具体的な内容については規定していない。会員総会による協議・決定という方法も考えられるが、実際には、構成員をベースとして評議員が選出され、また理事が選出され、これにより、社協の構成員の総意を社協経営に反映させる、というかたちをとってきた。さらにそれだけでは、構成員の意見や活動を反映することはできないことから、部会、委員会の設置など、さまざまな協議の場、実践の場を設定することが必要としてきた[注7]。

このように、一貫した構成員の考え方をもってきたが、社会福祉の担い手、関係者の広がりを踏まえ、新・社会福祉協議会基本要項では、「会員（構成員）」との考え方を整理し、市区町村社協経営指針では、「構成員組織（団体）会員制度」の考え方を整理し、全国に提案を行ってきた。

構成員について、市区町村社協経営指針[注8]では次のように整理している。

＜市区町村社協の構成員の基本的な考え方＞
○市区町村社協は、地域福祉の推進に参加・協働する地域のあらゆる組織・団体を構成員とし、地域社会の総意を結集することが重要である。構成員は、住民組織、公私の社会福祉事業者及び社会福祉関係団体、社会福祉に関する活動を行う団体等、地域福祉推進に必要な地域の主要な諸団体を基本に、地域の実情に応じて構成する。

具体的には、次の組織をあげている。

①　住民組織
●住民会員、地域福祉推進基礎組織、住民自治組織等
●当事者等の組織
②　公私の社会福祉事業者及び社会福祉関係団体等
●民生委員・児童委員またはその組織
●社会福祉法人・福祉施設、社会福祉団体
●更生保護事業施設・更生保護事業団体
●福祉（介護・保育）サービス事業者
●社会福祉行政機関
●保健・医療、教育等の関係機関・団体
③　社会福祉に関する活動を行う団体
●ボランティア団体
● NPO 等の市民活動団体
●企業、労働組合、経済団体
●そのほかの社会福祉に関する活動を行う団体※
④　地域福祉推進に必要な地域の主要な諸団体
●まちづくり、住宅、環境、労働、経済等の生活関連領域の関係団体
●その他法曹、金融関係など地域福祉推進に必要な団体等

※農協、生協は基本的にこれに該当する。

●注６
この考え方は社協創設時当初からであり、昭和 37（1962）年策定の「社会福祉協議会基本要項」においても次のように記されている。「市区町村社会福祉協議会は、地域の事情に応じて、それぞれの機能を効果的に推進するため、おおむねつぎのものをもって構成される。
(1) 町内会等住民の自治組織
(2) 機能別、階層別各種の住民組織
(3) 民生委員児童委員協議会
(4) 医師、歯科医師、薬剤師、保健婦、助産婦等保健衛生関係者またはその団体
(5) 社会福祉、保健衛生、更生保護関係の施設および団体
(6) 社会福祉、保健衛生、社会教育等の関係行政機関の代表またはその地域担当者」

●注７
『住民福祉のための社会福祉協議会活動』（社会福祉協議会基本要項の解説を行っている本。昭和 45〔1970〕年発行）では「社協の組織機構としては、できるだけ共通問題をとらえ、またそれについての話しあいが、充実したものとして行なわれるように、地域別、機能別など、いろいろな形の協議と実践の場を設ける必要がある。」（14頁）としている。

●注８
「市区町村社協経営指針」：平成 15（2003）年、全社協地域福祉推進委員会策定、平成 17(2005)年改定、令和２（2020）年第２次改定。

この構成員組織（団体）会員制度とは、上記のような構成員により会員を構成し、構成員（団体）会員の合意のもとに理事・評議員の選出についての規定を設け、法人経営につなぐというものである。

現在、構成員組織（団体）会員制度をもっているころは、4割弱程度にとどまっているが[注9]、会員制度をもっていないところでも、事実上、上記のような関係者の分野ごとに定数を定め、理事・評議員を選出するというかたちをとっているところが多いと思われる[注10]。

なお、社会福祉法人定款例[注11]においては「社会福祉協議会及び社団的な法人で会員制度を設ける社会福祉法人は、定款に次の章を加えること」として、会員の章を置くこととし、「会員に関する規程は別に定める」としている。したがって、構成員たる会員をどのように定めるかは、それぞれの市区町村社協において定める会員規程によることになる[注12]。

(2) 住民会員

住民会員制度の内容は各社協によってさまざまであるが、大きく分ければ、住民会員を市区町村社協の①直接の会員と考える場合と、②賛助的な会員と考える場合とがある。直接の会員とする前者の場合には、Ⓐ地域福祉推進基礎組織を「住民組織」の基礎会員として位置付け、その構成員で社協との関係では間接的な参加形態をとる場合と、Ⓑ住民個々が社協に直接的な参加の形態をとる場合、の2とおりが考えられる。

社協組織との関係でみると、Ⓐの場合は「住民組織」と社協との関係を明確にする必要性があり、Ⓑの場合は住民会員の理事・評議員の選出等の参加のあり方が課題となる。

いずれにせよ、社協（社会福祉法人）における会員とは、会費の納入によって資格・権利を生ずるものとされる社団法人における「社員」とはその性格は異なるが、会員となることをとおして、地域福祉の推進や社協事業への参加を意思表示してもらうものである[注13]。

市区町村社協が、地域住民の参加や協力・支持を基礎として事業展開を行う上で住民会員制度をとることは重要である。住民会員制度をとっている市区町村社協は、現在87.0％である。

なお、この住民会員の会費は、その性格から寄付金とは整理されない。した

〔図表4-1〕**住民会員制度の有無**

	1984年	1987年	1993年	2000年	2009年	2012年	2015年	2018年
社協数	2,012	2,256	2,825	2,976	1,499	1,195	1,269	1,316
実施割合	61.2％	67.9％	83.8％	88.4％	87.8％	90.3％	87.1％	87.0％
調査回答数	3,285	3,322	3,372	3,368	1,707	1,324	1,457	1,512

●注9
「社協活動実態調査2018」によると、構成員組織（団体）会員制度が「有」としているのは37.0％である。なお、この調査において、構成員組織（団体）会員制度は、「社協組織の会員（構成員）として社協組織への参画等の権利義務が明確になっているもの」としている。

●注10
昭和37（1962）年の基本要項策定時においても次のように整理している。「構成員を原則として「組織体」としたのは、関係機関・団体・施設についてはもとより、住民の場合においても、たとえば全戸加入等の形態をみても、実質的には住民組織が加入し、その代表を社会福祉協議会の役員とするという事実に即したのである。これらの組織を構成員とするに当たっては、機械的・形式的に流れることなく、それぞれの組織の自発的参加を促進し、かつその自主性を尊重しなければならない。」（「住民福祉のための社会福祉協議会活動」、昭和45〔1970〕年発行）。

●注11
本節注2を参照。

●注12
社会福祉法では会員制度の設置にふれていない。

●注13
住民会員制度が賛助会員的性格を有するという意味では、地域住民の自覚に基づく加入を基本として整備を図る必要があり、一律・機械的なものではなく、社協の役割や住民会員制度の説明を通じ、自覚ある加入を広げることが必要である。さらに、地域住民に対する情報提供、相談、機材の提供、市区町村社協事業への参加や意見を反映できる機会の提供（評議員や部会委員の公募等）等を通じて、市区町村社協への参加をすすめ、住民会員の増強を図っていくことが望まれる。

一方で、住民会員制度については、会費の徴収を自治会に依頼している場合も多い。自治会には、寄付者の自発的な意思を十分尊重してもらうとともに、会費の使途等については明確に住民に説明し理解してもらうことが重要である。

がって、政治家に禁止されている選挙区における寄付に該当しないものと整理されている。

(3) 賛助会員

住民会員制度と別に、社協の活動に対して特に賛同し、賛助会費というかたちの寄付を行う会員として、賛助会員制度をとっている社協もある。賛助会員制度をとっている市区町村社協は78.6％である（平成30〔2018〕年、全社協調査）。

対象としては、あらゆる個人・組織が考えられる。賛助会員制度は、自主財源確保に意味があるだけでなく、社協への参加意識醸成の意味をもつ。実際の経営では、個人の賛助会員の場合には、通常会費の上に特別会費を負担するなど、住民会員との区分けが必要である。団体賛助会員の場合には、構成員会員との区別が必要である[注14]。

●注14
賛助会員が支払う賛助会費など対価性がないものは寄付扱いできる。社会福祉法人には従来から寄付金の所得控除制度があり、平成23(2011)年度の税制改正によって税額控除と所得控除のいずれかを寄付者が選択できるようになった。税額控除とは、所得税額から一定の金額を控除する制度である。税額控除は、所得控除と比べ、小口の寄付者への減税効果が高いことが特徴であり、各市区町村社協では「税額控除対象法人」となることが求められる。

〔図表4-2〕賛助会員制度の有無の推移

	1984年	1987年	1993年	2000年	2009年	2012年	2015年	2018年
社協数	1,434	1,867	2,012	2,258	1,319	1,047	1,205	1,188
実施割合	43.7％	56.2％	59.7％	67.0％	77.3％	79.1％	82.7％	78.6％
調査回答数	3,285	3,322	3,372	3,368	1,707	1,324	1,457	1,512

(4) 住民会員制度をめぐる課題

住民会員制度については、多くの市区町村社協ではその会費の徴収を自治会に依頼し、委ねている場合が多いが、その徴収方法について、会費を出す住民自身の任意性が十分尊重されていないのではないか、また会費の使途が住民自身に明らかにされていないのではないか、という指摘を受けている。

前述したように、住民会員制度は市区町村社協にとって組織基盤の要のひとつである。特に、近年は、小地域福祉活動等の住民に密着した日常生活圏域を基盤にした福祉活動や住民参加の取り組みがますます重要となる中にあって、自治会等の地縁団体との連携や協働は不可欠になっている。住民会員制度など地域住民や住民組織と市区町村社協との関係のあり方については、それぞれの市区町村社協において事業展開や組織運営と関連付けて見直すことが、今後の社協組織経営における課題の1つとなっている。

3 社会福祉法人経営の機関（評議員会、理事会等）

（1）機関の設置

社会福祉法では、社会福祉法人に評議員、評議員会、理事、理事会、監事、会計監査人といった機関を置くこととしている。このうち会計監査人は、一定規模を超える社会福祉法人に設置が義務化されている[注15]。

第36条　社会福祉法人は評議員、評議員会、理事、理事会及び監事を置かなければならない。
2　社会福祉法人は、定款の定めによって、会計監査人を置くことができる。

評議員、理事、監事、会計監査人の受任者は「善良な管理者の注意をもって、委任事務を処理する義務」（善管注意義務）を負うこととなる（民法第664条）。

（2）評議員・評議員会

❶評議員、評議員会の権限・役割

評議員は、社会福祉法上に、議題の提案権、議案[注16]の提案権、評議員会招集権が定められている。

評議員会は、役員をけん制監督する役割を担うもので、役員[注17]の選任・解任、定款変更等の基本的事項について決議する権限をもつ。

評議員会は、平成29（2017）年4月の改正社会福祉法の施行により、諮問機関から議決機関に位置付けられた。しかし、社協においては、この法施行前より、評議員会を議決機関として位置付けてきた[注18]。これは、「市区町村社協は、地域社会の総意をもって地域福祉を推進するために、構成員組織等から構成される評議員会を設置し、法人にとって重要な事項を決定する」[注19]ことが理由であり、評議員会は、「協議体」としての社協の使命、役割を具体化するもので、他の社会福祉法人と異なり、社団法人的性格をもつ社協の特性を明確化するうえで重要な意味をもっているからである。

社協以外の社会福祉法人においては、評議員会は、年1回の開催を義務化し、予算及び事業計画については議決事項としていない[注20]。しかし、社協においては、上記のような実情を踏まえ、モデル定款で、予算、事業計画等についても、議決事項とし、最低年2回開催する規定としている。

モデル定款においては「評議員会の権限」として次のように例示している。

第12条　評議員会は、次の事項について決議する。
（1）理事及び監事＜並びに会計監査人＞の選任又は解任
（2）理事及び監事の報酬等の額

●注15
会計監査人の設置が義務付けられている法人は、前年度の決算における法人単位事業活動計算書（第2号第1様式）中の「サービス活動増減の部」の「サービス活動収益計」が30億円を超える法人又は法人単位貸借対照表（第3号第1様式）中の「負債の部」の「負債の部の合計」が60億円を超える法人であること（法第37条及び社会福祉法施行令第13条の3）。

●注16
評議員は、評議員会において、評議員会の目的である事項につき議案を提出することができる（法第45条の8第4項で準用する一般法人法第185条）とされている。例えば議題が「役員を選任（解任）する件」であれば、議案は「Aを役員として選任（解任）する」となる。

●注17
ここで役員（社会福祉法第31条）とは、理事、監事をさす。

●注18
現在の平成28年11月改定の法人社協モデル定款では、『社協においては、その社団的な性格を踏まえて、法改正前から評議会員を「法人の重要な事項について議決する機関』と位置付けており、これを継続する。」としている。

●注19
「市区町村社協経営指針」（本節注8を参照）。

●注20
租税特別措置法第40条の特例（公益法人等に財産を寄附した場合の譲渡所得等の非課税の特例）の適用を受ける場合、「事業計画及び収支予算」、「基本財産の処分」、「臨機の措置（予算外の新たな義務の負担及び権利の放棄）」、「公益事業・収益事業に関する重要な事項」についても決議が必要となる。

（３）理事及び監事並びに評議員に対する報酬等の支給の基準
（４）予算及び事業計画の承認
（５）計算書類（貸借対照表及び収支計算書）及び財産目録ならびに事業報告の承認
（６）予算外の新たな義務の負担又は権利の放棄
（７）定款の変更
（８）残余財産の処分
（９）基本財産の処分
（10）社会福祉充実計画の承認
（11）公益事業・収益事業に関する重要な事項
（12）解散
（13）その他評議員会で決議するものとして法令またはこの定款で定められた事項

評議員会は、社会福祉法及び定款に規定された事項のみを議決することとなっているが、それ以外の事項についても「協議」を行うことは可能であり、重要な事項については引き続き評議員会を構成する組織の意見が反映されるようにすることが必要である。なお、法に規定する以外に評議員会の議決事項を設ける場合には定款に定めることが必要である。

❷評議員会の構成と選任

外形的に組織体制を整えるというだけではなく、同時に、社協の目的の実現にむけて、評議員会（次に述べる理事会についても）の機能強化や活性化に向けて継続的な取り組みを行うことが必要である。また、評議員会の構成や定数を検討するにあたっては、「協議体」としての機能が損なわれることのないよう、関係者と十分協議し、慎重に行うことが必要である[注21]。

市区町村社協経営指針では、構成員組織その他（構成員ではないが関係者である組織、学識経験者など）のなかから、選任候補者を選ぶこととしているが、評議員構成のイメージを次のように示している。

〔評議員会構成のイメージ〕
①住民組織/住民会員、地域福祉推進基礎組織、住民自治組織等
②当事者等の組織/老人クラブ、障害者団体、介護者の会等
③社会福祉に関する活動を行う団体/ボランティア団体、NPO 法人等の市民活動団体、農協、生協等
④民生委員・児童委員またはその組織
⑤事業者関係/社会福祉法人・福祉施設・社会福祉団体、更生保護事業施設・更生保護事業団体、福祉（介護・保育）サービス事業者
⑥保健・医療、教育等の関係機関・団体/医師会、医療・保健機関、学校、教育委員会等
⑦社会福祉行政機関
⑧地域福祉推進に必要な地域の主要な諸団体/まちづくり、住宅、環境、経済団体等
⑨その他/学識経験者（社会福祉、法務、税務、事業経営等の専門家）

●注 21
法人社協モデル定款（平成 28〔2016〕年 11 月改定）第７条の解説においては次のようにしている。
「②社協は、社団的な性格を持つ組織であり、各方面の幅広い意見を反映し、地域社会の総意をもってその事業をすすめていくことができるよう、評議員の定数は地域の実情や事業規模等を勘案し、適切な数とする。
③評議員会は法人の議決機関であることから、評議員の選任は、とくに慎重を要し、地域住民、福祉活動を行う者及び社会福祉関係者等を代表するにふさわしい体制をつくる必要がある。」
「地域福祉・ボランティア情報ネットワーク」ホーム＞全社協の主な指針・規定等一覧 を参照。

評議員の選任・解任の方法については、法人が定款で定めることとされている。定款例[注22]では評議員選任・解任委員会を設置することがあげられており、これが標準的な方法となる。候補者は理事会が選任・解任委員会に提案する。さらに、選出の透明性や納得性を確保するために、選出規程を作成するのが一般的である。

●注 22
社会福祉法人定款例第６条「この法人に評議員選任・解任委員会を置き、評議員の選任及び解任は、評議員選任・解任委員会において行う。」

評議員の任期は、「選任後4年以内に終了する会計年度のうち最終のものに関する定時評議員会の終結の時まで」とされている。したがって、例えば令和３年（2021）４月１日に就任する評議員の任期は、令和６（2024）会計年度の決算にかかる定時評議員会すなわち令和７（2025）年４〜６月の間に開催される定時評議員会の終結の時までとなる[注23]。

●注 23
任期自体を「４年以内」としているのではないため、任期終了時の定時評議員会の開催日を４年以内の日にしなければならないということではない。

評議員の資格や評議員・役員との特殊関係者[注24]の就任については詳細な規定があるので、その確認が必要である。

●注 24
当該役員の親族、使用人等特殊な関係がある者。

(3) 理事・理事会

❶理事の権限・役割

会長[注25]は、理事会の決定に基づき、法人の内部的・対外的な業務執行権限をもつ。具体的には、理事会で決定した事項を執行するほか、理事会から委嘱された範囲内で自ら意思決定をし、執行する。また、対外的な業務執行をするため、法人の代表権をもつ。

●注 25
定款例においては「理事長」としているが、社協においては、通常「会長」と称していることが多い（理事長としている例もある）。社会福祉法の名称と異なる通称名や略称を定款に使用する場合には、「法律上の名称」と定款で使用する名称がどのような関係にあるのかを、定款上、明確にする必要がある。

会長以外にも、業務を執行する理事（「業務執行理事」）を理事会で選定することができる。この業務執行理事は対外的な業務を執行する権限はない[注26]。

●注 26
旧モデル定款では、常務理事は会長が指名することとされていたが、常務理事を社会福祉法に基づく業務執行理事とする場合には、理事会で決議する必要がある。社会福祉法第 45 条の 16 第２項第２号。

上記以外の一般の理事は、理事会において、業務執行の意思決定に参画するとともに、理事の職務の執行を監督する役割等を担う。

❷理事会の権限・役割

理事会は、すべての業務執行の決定や理事の職務執行の監督を行う。

理事会は以下の職務を行う。

・社会福祉法人の業務執行に関する意思決定
・理事の職務の執行の監督
・会長、副会長及び常務理事の選定及び解職

❸理事の構成と選出

理事の選任・解任の決議は評議員会で行う。

理事のうちには次に掲げる者が含まれなければならないとされている[注27]。

●注 27
社会福祉法第 44 条第４項。

・社会福祉事業の経営に関する識見を有する者
・当該社会福祉法人が行う事業の区域における福祉に関する実情に通じている者
・当該社会福祉法人が施設を設置している場合にあっては、当該施設の管理者[注28]

●注 28
社協も、第１種社会福祉事業の社会福祉施設を経営する場合にはこの規定が該当する。自治体が設置した施設の指定管理を行う場合も同様。

市区町村社協では、その地域社会全体の総意のなかで事業や活動を展開する必要があり、地域の社会福祉関係者や社会福祉活動を行う組織・団体の関係者、行政、住民組織等の構成員のなかから理事を適切に選び、それぞれの立場から地域福祉の推進や社協経営について幅広く議論し、経営を進めることが原則である。

しかし、構成団体を代表して発言・議論する理事も重要であるが、一方で、法人経営上は、地域福祉や社会福祉に関する専門性とともに、前述した法令遵守（コンプライアンス）が強く求められており、経営上の判断、労務、法務、リスクマネジメントなど、必要な専門性が求められる。

こうしたことから「市区町村社協経営指針」では、市区町村社協の理事構成は、主要な構成員組織・団体から選出される「構成員理事」と、会長とともに常務理事（業務執行理事）等の社協の経営に専念する「経営管理理事」及び行政職員等によって構成することとしている[注29]。

●注 29
社会福祉法人審査基準においては「社会福祉協議会は、地域福祉の推進役として、社会福祉事業経営者、ボランティア活動を行う者等との連携を十分に図っていく必要があることから、当該社会福祉協議会の区域において社会福祉事業を経営する団体の役職員及びボランティア活動を行う団体の代表者を加えること」とされている。

〔図表 4-3〕**市区町村社協の理事の構成と責務**

市区町村社協の理事構成のイメージ（※は関係通知により必須）

構成員理事	―社協の構成員団体から適切な人材を選出する ・住民組織の代表者 ・ボランティア活動を行う代表者（社会福祉に関する活動を行う者）※ ・当事者団体の代表者 ・社会福祉施設等の社会福祉事業を経営する団体の役職員※ ・民生委員・児童委員 ・その他社会福祉及び関連分野の代表者　等
経営管理理事	―原則として社協の経営に専念する者を選出する ・常務理事等
その他	―市区町村行政職員 識見を有する者（事業経営や社会福祉の専門家）等

なお、関係行政庁の職員が社会福祉法人の役員となることは適当でないとされているが、社協については、社協の目的である地域福祉の推進を図るため行政との連携が必要であることから、役員総数の 1/5 以内の範囲で役員になることができることとされている[注30]。

●注 30
社会福祉法第 109 条第 5 項
「関係行政庁の職員は、市町村社会福祉協議会及び地区社会福祉協議会の役員となることができる。ただし、役員の総数の五分の一を超えてはならない。」
都道府県社協についても、第 110 条第 2 項で規定。

理事の資格や理事の親族等特殊関係者の就任については詳細な規定があるので、その確認が必要である。

図表 4-4 は平成 30（2018）年における市区町村社協の理事・評議員の出身団体である。

〔図表 4-4〕理事・評議員の出身団体別人数（2018 年調査）

	理事		評議員	
	人	%	人	%
地域福祉推進基礎組織	1,798	10.4	3,705	11.7
町内会・自治会	1,981	11.4	5,562	17.6
まちづくり協議会	88	0.5	192	0.6
老人クラブ	737	4.3	931	2.9
民生委員・児童委員（協議会）	2,131	12.3	5,068	16.0
社会福祉法人	1,336	7.7	1,773	5.6
社会福祉法人以外で社会福祉事業を経営するもの	159	0.9	356	1.1
更生保護事業関係施設団体・保護司	238	1.4	794	2.5
当事者及び家族の団体	603	3.5	2,179	6.9
女性団体・青年団体	483	2.8	1,168	3.7
NPO 法人（上記以外）	86	0.5	296	0.9
ボランティアグループ（上記以外）	1,088	6.3	1,831	5.8
行政の首長	245	1.4	20	0.1
福祉関係行政職員	895	5.2	813	2.6
社会教育・学校教育関係行政職員	157	0.9	562	1.8
その他の行政職員	226	1.3	197	0.6
議会議員	421	2.4	369	1.2
保健・医療関係団体	298	1.7	733	2.3
教育関係団体	189	1.1	765	2.4
協同組合（農協・生協・漁協）	49	0.3	256	0.8
経済・労働等関係分野団体	369	2.1	851	2.7
住宅、環境等の生活関連領域の関係団体	23	0.1	86	0.3
学識経験者（上記以外）	2,727	15.8	1,391	4.4
その他	981	5.7	1,727	5.5
全　体	17,308	100	31,625	100

理事：正副会長・専務または常務理事を含む

❹会長

改正社会福祉法においては理事長以外の理事に対する「代表権」の行使は認められず、「理事長以外の理事が職務を代理し、及び理事長が代理者を選定する旨の定款の定めは無効である」[注31]とされた[注32]。

ただし、業務執行理事について、業務執行権限規程等によりあらかじめ分担している権限に関しては、会長が一時的に不在になった場合にも引き続き執行することが可能であり、さらに、例えば一定額以下の支出など会長の専決事項の範囲で事務局長等に授権している事項等についても引き続き執行は可能と考えられる[注33]。

「新・基本要項」では、「会長は原則として民間人とする」としている。これは、社協がその役割を果たそうとするとき、行政の首長や助役が会長であっては民間性が発揮できない、という考え方に基づくものである。社協が公共的な役割を果たすということは、行政と同じになることではなく、民間性を発揮して行政ともよきパートナーとなり、その役割を果たすということである。

●注 31
「『社会福祉法人制度改革の施行に向けた留意事項について』に関する FAQ の改訂について」(平成 28 年 11 月 11 日、厚生労働省社会・援護局福祉基盤課事務連絡）問 39-5。

●注 32
従来は、職務代理を置く事例があった（また、以前のモデル定款では職務代理の規定をあげていた）が、これはできなくなった。

●注 33
このため、改正法では利益相反取引(自己契約及び双方代理を含む)については、理事会における承認及び報告により可能とされている。

〔図表 4-5〕会長の出身母体（その他を除く上位5団体）の割合の推移

	1997年	2000年	2003年	2006年	2009年	2012年	2015年	2018年
学識経験者※	36.8%	38.8%	42.9%	48.3%	49.6%	52.1%	52.4%	53.7%
行政の首長	37.8%	35.3%	31.5%	19.7%	16.6%	15.9%	13.4%	12.8%
地域福祉推進基礎組織	4.6%	4.7%	4.6%	5.1%	7.0%	6.7%	7.5%	7.0%
民生委員・児童委員（協議会）	6.2%	5.8%	5.7%	6.0%	5.9%	5.1%	5.3%	5.4%
町内会・自治会	4.4%	4.6%	5.0%	5.7%	6.6%	6.4%	6.2%	5.2%
全　体	100%	100%	100%	100%	100%	100%	100%	100%

※学識経験者：民生委員・児童委員等関係団体、関係者を除く学識経験者

自治体の首長が社協会長となっている割合は、平成9（1997）年には37.8%であったが、平成30（2018）年には12.8%と1/3程度となっており、民間人による会長への移行が進んでいる。

❺業務執行理事

理事長以外にも社会福祉法人の業務を執行する理事（業務執行理事）を理事会の選定により置くことができる。

業務執行理事は、理事長とは異なり、代表権はないため、対外的な業務を執行する権限はないとされ、また、業務執行とは、「契約にサインすることや、事業費の支出の決済など、理事長等の法人の機関が行う行為が法人の行為と認められるような行為」[注34]とされている。

なお、モデル定款では、常務理事を業務執行理事とする構成をとっているが、業務執行理事を複数選定することも可能である。副会長を業務執行理事とすることも考えられ、それぞれの組織において各理事の具体的な役割、職務に応じて、業務執行理事とするかどうか検討が必要である。

また、従来設置事例があった事業担当理事（例えば介護保険担当理事や会計担当理事）は、業務執行理事として業務執行権を明確化することも考えられる。

❻会長などの選任

会長、副会長及び常務理事は、理事会の決議によって理事のなかから選定することとなる。

❼監事

監事は、2人以上とされている。

監事の内には、社会福祉事業について識見を有する者、財務管理に識見を有する者が含まれていなければならないとされている[注35]。また、当該法人の理事や職員を兼ねることはできない[注36]。

監事の職務は、法人の業務監督、会計監査である。これに伴ない、理事・職員に報告を求めること、調査することができること。また、不正や不正の恐れがあると認めるとき、法令・定款に違反する事実、著しく不当な事実があると認めるときは、理事に対して理事会の招集を請求できること、等が定められて

●注34
「『社会福祉法人制度改革の施行に向けた留意事項について』に関するFAQの改訂について」（平成28年11月11日、厚生労働省社会・援護局福祉基盤課事務連絡）。

●注35
社会福祉法第44条第2項。

●注36
社会福祉法第44条第5項。

いる。

公認会計士や税理士などの会計専門家を監事として迎えたり、あるいは外部監査（会計監査人の設置が義務付けられていなくても）を行うことが必要である。さらに社協の事業や活動を十分理解し、日常業務の執行状況をみながら、適切な監査ができる人を選任することが必要である。

❽会計監査人

会計監査人は、社会福祉法人の計算書類（貸借対照表、資金収支計算書及び事業活動計算書）、その付属明細書、財産目録を監査し、会計監査報告を作成する。

会計監査人は、公認会計士または監査法人でなければならない。

選任・解任については、理事会において案を決定し、理事が評議員会に提出し、議決を行うこととなる。

会計監査人の設置義務のある法人（特定社会福祉法人）は、現在は、収益30億円を超える法人または負債60億円を超える法人とされている[注37]。

●注37
収益額、負債額の基準は、平成29年度以降の会計監査の実施状況等を踏まえ、必要に応じて見直しを検討することとされている。

(4) 部会、課題別委員会など

多くの社協では、理事会のもとに、事業実施上で必要となる各種委員会・部会などが設置され、運営されている。呼称はさまざまであるが、①構成員が活動領域別に参加した「部会」、②社協の事業運営課題を検討する「事業運営委員会」、③新たな地域生活課題への対応の企画・方針などを検討する「課題別（問題別）委員会」、④構成員以外のメンバーをも加えた「連絡会」などに分類される。

部会・委員会の運営は、担当制をとるなどにより役員（理事）がその中心になることが必要だが、同時に、構成員の各組織や地域のなかで、専門的な知識を有した人びとや実際に活動している人びとが参加できるよう、配慮することが重要である。

❶部会

「部会」は、社協の構成員の活動領域ごとに、社協の事業課題に関する協議、連絡調査、協働活動を行うために設置される。評議員の選出などはこの部会において行われる場合がある。領域ごとの部会として、「老人福祉部会」「障害福祉部会」「児童福祉部会」「母子・父子福祉部会」、また社会福祉施設をメンバーとする「福祉施設部会」などがあげられる。

❷運営委員会

「運営委員会」には市区町村社協が行う事業について、関係者のみならず、地域住民や利用者、あるいは当事者組織などの関係団体から広く意見を聞き、各事業の住民参加を図る役割をもっている。具体的には、「在宅福祉サービス事業運営委員会」「生活福祉資金貸付推進（調査）委員会」「心配ごと相談所運営委員会」「ボランティアセンター運営委員会」などがあげられる。

❸課題別（問題別）委員会

「課題別（問題別）委員会」は、高齢者介護、障害者の自立支援、子育て支援など、ニーズなどに対応した社協事業経営や、住民参加活動の開発などのテーマについて、当該各分野の専門職の参加も得て、事業・活動方針などを提言する、専門委員会としての性格をもった委員会である。

❹連絡会

「連絡会」は、部会のように社協構成員による内部組織とは違い、社協事業などに関する理解を深め、協働活動などを目標として組織化された、ゆるやかな連絡組織である。「福祉施設連絡会」「介護保険事業所連絡会」「保健・医療・福祉関係専門職連絡会」などの例がみられる。また、ボランティア活動の振興を目的に、ボランティア団体だけではなく、ボランティア活動を受け入れる社会福祉施設や障害者団体、支援する企業や労働組合、マスコミ関係者などが参加した幅広い「ボランティア活動懇談会」などの組織化も有益である。

❺広く住民、関係者の協議を行う場の設定

社会福祉法人定款例においては、運営協議会の設置の条項をあげている[注38]。

これは、評議員会が議決機関になったことにより、諮問の機能がなくなった、主に福祉施設を経営する社会福祉法人を念頭に、福祉サービス利用者等の意見を運営に反映させる仕組みを想定したものである[注39]。

社協の場合、元々、地域の住民の代表や福祉サービスを利用する当事者が評議員会の構成メンバーとして参画していることから、基本的には運営協議会を別途設ける必要はないと考えられる。しかし、個々の社協の判断で、評議員会とは別に、地域福祉を推進する上で地域の住民や関係者の幅広い意見を聞く場が必要であると判断した場合には、運営協議会という位置付けにこだわらず、設けることが考えられる。

●注 38
定款例第 22 条のあとに、「運営協議会（地域や利用者の意見を法人運営に反映させるべく、地域の代表者や利用者又は利用者の家族の代表者等を構成員として社会福祉法人が任意で設置するもの）を設ける場合には、定款に次の章を加えること。」としている。

●注 39
社会福祉法人制度改革に関する福祉部会報告（平成 27〔2015〕年）では、「評議員会が議決機関として位置付けられることに伴い、現行の評議員会が担っている諮問機関としての機能の一部を代替する仕組みとして、各法人が地域の代表者や利用者又は利用者の家族の代表者等が参加する「運営協議会」を開催し、意見を聴く場として位置付けることにより、地域や利用者の意見を法人運営に反映させることが適当である。」としている。

4　市区町村社会福祉協議会における事業・組織の経営管理

（1）事業・組織の経営管理

❶経営（マネジメント）の考え方

1990 年代頃より、NPO をはじめとする市民活動団体などが活躍するようになるなかで、非営利組織の経営論が注目されるようになった。社会福祉分野においても、社会福祉基礎構造改革以降、社会福祉法人の自主性や主体性が求められるようになるなかで、経営（マネジメント）の考え方を踏まえた組織・事業の経営が重視されるようになった。

経営（マネジメント）とは、一般的には、その組織や事業の目的を達成するために必要な資源（経営資源）を適切かつ効果的・効率的に活用することだといわれている。福祉サービスにおける経営資源としては、①人材（職員の確保、管理、育成等）、②施設・設備（その設置と管理）、③財務（資金の調達と適切な管理）、④ノウハウ（サービス提供の方法等）、⑤情報（利用者情報の管理、事業情報の公開、広報）、さらに、地域福祉を推進する社協の事業・活動においては、⑥地域社会（地域の福祉活動や関係団体等とのネットワーク）も経営資源の１つと考えられる。

自組織の理念や事業の目標を明確にし、その組織理念や事業目的を達成するために必要な事業体制や職員体制、財源などを構築する。そして、その評価や改善が図られるよう、運用や運営の方法を規程やマニュアルとして整備し、その達成基準を定め、役職員や社協の構成員、会員の共通理解のなかで「PLAN（計画）－DO（実行）－CHECK（評価）－ACT（改善）」というマネジメントサイクルによって組織や事業を経営することが基本となる。

市区町村社協においても、こうした経営（マネジメント）の基本をふまえた事業・組織の経営管理を行っていくことが不可欠になっている。

❷法令遵守（コンプライアンス）

法令遵守（コンプライアンス）とは、すべての役職員が、法令や地方公共団体が定める条例、組織が自ら定めた定款や諸規程、さらに社会規範や倫理・モラルなどを、日常のあらゆる事業や活動において主体的かつ組織的に意識し、遵守することであり、営利・非営利、行政・民間を問わず、あらゆる社会活動において強く求められている。

特に、市区町村社協の事業において、福祉サービスの提供や福祉に関する相談活動などを通じて要援助者への支援活動を行っていることをふまえれば、社会福祉法に定められる個人の尊厳や自己決定、自立支援の実現に向けた体制の整備が求められており、事故防止などのリスクマネジメントや苦情解決の対応なども当たり前の仕組みとして用意しておく必要がある。

さらに、社協の事業や活動においては、要援助者やボランティアなど地域住民のさまざまな個人情報が集まるため、個人情報の取り扱いに十分配慮する必要がある。また、その一方で、社協に対する住民の支持や参加を得るためには、事業内容や財務状況などについての情報の公開を積極的に行うことも必要である。そのため、個人情報や情報公開などの関係法令等について、役職員が十分に理解しておく必要がある。

市区町村社協は、地域のさまざまな関係者を構成員としているという意味で、ほかの社会福祉法人に比べても公益性の高い団体であり、しかも全国のネットワーク組織であるため、ひとつの不祥事件は、個人の問題、当該社協組織ではなく、社協組織全体の信頼を損なうことにつながりかねない。そうした意味で、法令遵守（コンプライアンス）に基づく組織管理が、社協組織が地域住民から、また社会的に信頼を得るために最も基本的かつ重要な事項であるといえる。

❸事業経営の透明性の確保

社会福祉法では、社会福祉法人の経営の原則[注40]を、「社会福祉事業の主たる担い手としてふさわしい事業を確実、効果的かつ適正に行うため、自主的に経営基盤の強化を図るとともに、その提供する福祉サービスの質の向上ならびに事業経営の透明性の確保を図らなければならない」と規定している。質の高いサービス提供とともに、事業経営の透明性を強く求めている。特に社協は、公益性の高さから、より積極的に対応することが必要である。

●注 40
社会福祉法第 24 条。

さらに、平成 28（2016）年 4 月に施行された改正社会福祉法により、備置き・閲覧の対象となる書類や閲覧対象者の拡充、財務諸表や現況報告書の公表を法令上位置付けるなど、透明性の向上策がとられた。

そのため社会福祉法人審査基準や社会福祉法人定款例では、財務諸表を福祉サービスの利用を希望する者や、そのほかの利害関係人に公開することを、定款に規定することを求めている。また、社協の場合、モデル定款において、会員に対しても財務諸表の公開を行う旨、規定している。

また、現況報告書等の所轄庁への電子データでの提出及びインターネットにおける現況報告書ならびにその添付書類である貸借対照表、収支計算書（資金収支計算書、事業活動計算書）の公表が義務化されている[注41]。

●注 41
第 3 法人の組織運営　5 法人の組織運営に関する情報開示等(2)。

また、社協活動の情報公開についても、従来の定期的な広報誌の配付だけでなく、ホームページ等を活用して日頃の社協活動を掲載したり、事業報告書を、活動事例や財源構造、組織構成、中長期的な活動の方向性などに再編して関係者に配付するなど（アニュアルレポート等）、社協活動を一層わかりやすく、できるだけ幅広く多くの地域住民に広報・周知することが求められている。

❹公益性を担保する財務規律

社会福祉法人制度改革においては、公益性を担保する財務規律として「適正かつ公正な支出管理」「余裕財産の明確化」「福祉サービスへの再投下」などが強調され、特に、社会福祉法人が保有する財産については、事業継続に必要な財産（控除対象財産）を控除したうえで、再投下対象財産（社会福祉充実財産）を明確にするとともに、社会福祉充実財産が生じる場合には、法人が策定する社会福祉充実計画に基づき、既存事業の充実や新たな取組に有効活用することが制度上求められている。

社協においては、建物の更新など事業継続のための各種の積立金や、地域福祉やボランティア活動を推進するための基金等を保有している場合が多いが、これらの使途の明確化や、経営管理面での強化を図ることが重要である。

特に、基金については、自社協の事業だけでなく、地域のさまざまな福祉活動に活用する目的で設置されるものも多い。このため、基金の活用（取り崩し）

についての規程化や計画化、運営委員会の設置などが必要である。

❺個人情報保護

平成 17（2005）年４月より個人情報保護法が全面施行され、市区町村社協では介護保険事業や日常生活自立支援事業の利用者、さらには登録されているボランティアなど個人情報保護への一層の取り組みが重要になっている。

厚生労働省では、「個人情報保護法」や「個人情報の保護に関する基本方針」（平成 16〔2004〕年４月２日閣議決定）を踏まえ、福祉関係事業者や医療・介護関係事業者に対する個人情報の適切な取り扱いに関するガイドラインを作成している。これを受け、全社協地域福祉推進委員会では「個人情報保護実務対策の手引」を作成している（平成 17〔2005〕年２月）。

これらに基づき、関係規程等を整備し、職員研修等でその徹底を図ることが必要である。また、ホームページ等を活用し、その内容をプライバシーポリシーとして、広く公表しておくことも必要である。

❻役員体制の構築と内部けん制

こうした経営（マネジメント）の考え方を踏まえ、法令遵守（コンプライアンス）などを基礎にした事業・組織の経営を具体化するためには、しっかりとした役員体制の構築を図ることが重要である。具体的には、業務執行に責任がもてる役員体制、諸規程の整備、業務分掌・職務権限の明確化、役職員における社協組織の目的・理念に基づいた行動規範の共有化、経営状況や活動内容の情報公開の徹底などの体制整備と具体的取り組みを行うことが必要である。

また、監事監査、会計監査人による外部監査、さらに内部監査を含めた内部けん制の仕組みが必要である。

（2）日常的な事業・組織の運営管理

❶事務局長の役割

市区町村社協においては、事務局長は、日常的な事業・組織を掌握する経営管理の要である。会長や常務理事等の役員と密接に連携し、適切に事業を管理するとともに、リーダーシップを発揮して、業務改善や職員のモチベーションを高めるなどの役割をもっている。

事業が広がり、部門や部・課を複数有する市区町村社協にあっては、専任の事務局長を置くことが必要不可欠である。従来は、行政からの出向も多く見受けられたが、公益法人への行政職員の派遣が見直されるなかで、プロパーの社協職員自身が組織管理（マネジメント）能力の向上を図ることが重要である。

❷経理体制の整備

市区町村社協の事業が多様化し拡大し、さまざまな日常的な経営管理の業務があるなかにあって、会計処理を担う経理の事務処理の体制を整備することは極めて重要である。しかしながら、市区町村社協のなかには、「経理規程に即した執行がされていない」、「内部けん制の仕組みがない」、「現金の取り扱いが多い」、「監査の際に必要なチェックがされていない」などの状況が散見され、このような場合には、早急な対応が必要である。経理上の不祥事は、社協全体の社会的信用失墜につながりかねないものであり、事故防止の観点からも、「社協モデル経理規程」[注42]にのっとった適正な処理を行うことが大前提となる。

●注42
「地域福祉・ボランティア情報ネットワーク」ホーム＞全社協の主な指針・規定等一覧 を参照。

特に、内部けん制ができる職員配置や責任分担が重要であり、事務局長等が会計責任者として取引の遂行、資産の管理及び帳簿そのたの証憑書類の保存等会計処理に関する責任をもち、少なくとも総務・経理担当者等から出納職員を明確に位置付けてそうした業務を行わせる体制整備を行う必要がある。

一方、市区町村社協で起きている事故は、地域の関係団体の事務局業務を担ったり、日常生活自立支援事業を実施したりするなかで、事務受託団体や利用者など社協以外の名義の預貯金通帳等を預かることにともなうことが起因するものも多い。こうした預貯金等の出納業務は、法人経理の業務に属さないものであるため、その取り扱いが担当セクション、時に担当職員任せになることも多く、事故が生じる危険性を高めている。法人経理業務と同様な内部けん制の仕組みで対応することが必要である。

全社協では、不祥事故防止の観点から「市区町村社協事務局長の出納業務に関する10のチェックポイント」を作成しており、これらを参考に事務処理要領などを作成、全役職員が日常の業務のなかで十分に理解して、対応できるようにしておく必要がある（図表 4-6）。

〔図表 4-6〕〈本チェックポイントがめざす不祥事故防止に向けた体制整備〉

① 常に、社協が保有するすべての預貯金通帳及びその届出印を把握する。
② 預貯金通帳や届出印の管理及び出納業務等が、一部の職員だけではなく、伝票起票は事業担当者が行うなど、役職員間で業務を分散化させ、内部けん制が働きやすい体制を整備し、その体制により実際に運用する。
③ 現金の取り扱いを含むすべての出納業務が記録や文書に残されている仕組みを整備し、実際に運用する（銀行振込による支払いの原則化等）。
④ 帳簿上の金額と預貯金残高の照合などのチェック体制を整備し、実際に運用する。
⑤ 社協が預る事務受託団体等の預貯金通帳や届出印の管理及びその出納業務はその取り扱いについて契約書等の書面をとりかわし、原則として、上記①～④と同様の体制を整備し、実際に運用する。

5 「市区町村社協中期経営計画」の意義と策定のポイント

(1) 「市区町村社協中期経営計画」とは

近年の市区町村社協をめぐる状況に応じた組織経営体制や業務管理体制を新たに構築するためには、社協内部の役職員だけでなく、外部の関係者の協力・理解を得ながら進める必要があり、単年度での場当たり的な対応では困難である。また、さまざまな団体やサービス事業者が地域福祉の推進に対して大きな関心をもち、具体的に取り組みを始めており、自社協がどのような社協像をめざし、どのような事業にどのように取り組むのかを具体的に内外に示し、共通の理解にしていくことが重要になっている。

「市区町村社協中期経営（発展・強化）計画」とは、社協を取り巻くさまざまな変化に対応するために、3 年～5 年程度を期間とする計画である。社協は、地域福祉を推進する中核的な団体として事業運営・経営のビジョンや目標を明確にし、その実現に向けて組織、事業、財務等に関する具体的な取り組みを計画的に遂行する必要がある。これを通じて、事業の見直しや新しい分野の事業展開を図り、その作成過程のなかで、役職員の意識変革を進め、社協の存在意義を社会にアピールし、地域住民や自治体等に対し説明責任を果たすものである。

特に、市区町村社協は、これまで行政の補助金・委託費等によって長年事業を展開してきたため、単年度の収支を重視する傾向があった。しかし、中期的な計画づくりのなかで、収支バランスをみながら事業展開を検討し、合わせて職員のやる気やサービスの質の向上につなげることが求められている。

さらに、業務管理体制の確立も重要課題である

また、地域福祉計画や地域福祉活動計画づくりと積極的に関連づけて取り組みを進めることで、住民組織や NPO 団体、福祉サービス事業とのネットワークづくりを進め、会員や構成員のあり方を見直していくことも重要である。

(2) 「市区町村社協中期経営計画」の策定のポイント

❶計画策定体制の確立

「市区町村社協中期経営計画」は、新しい分野や事業に積極的に打って出るための社協の戦略計画であると同時に、組織変革に迫る「改革計画」でもある[注43]。平成 30（2018）年 4 月現在 21.2％の社協で策定している[注44]。

策定にあたっては、会長や理事の判断が重要であり、理事会において計画策定の必要性、方法、スケジュールなどの基本方針を決定し、社協の構成員を始めとする各種団体に説明を行い、策定に必要な予算も含めて、法人の重要事項として評議員会で了承を得ることが必要である。

●注 43
同じく市区町村社協が策定を進めるものとして「地域福祉活動計画」がある。この項で解説した「中期経営（発展・強化）計画」が社協自身の計画であるのに対し、地域福祉活動計画は、民間の福祉活動全体の計画である。住民自身が参加し、自らのこととして計画するものである。第 3 章第 5 節（122 頁）参照。

●注 44
策定中、策定予定を加えると 32.6％。

また、計画の策定にあたっては、外部スタッフのアドバイスを必要に応じて得ることがあっても、あくまでもその市区町村社協自身の計画であり、職員の意識変革を進めるという意味からも、事務局が主導的に取り組むことが重要である。

したがって、事務局としての計画案を提案するために、事務局長、各部・課・所長クラスで構成する策定委員会を設置し、また具体的な作業を行うために、事務局内の各部門のリーダー等によるプロジェクトチームを結成し、計画づくりを進めることが考えられる。

〔図表 4-7〕 **社協中期経営計画策定体制例**注45

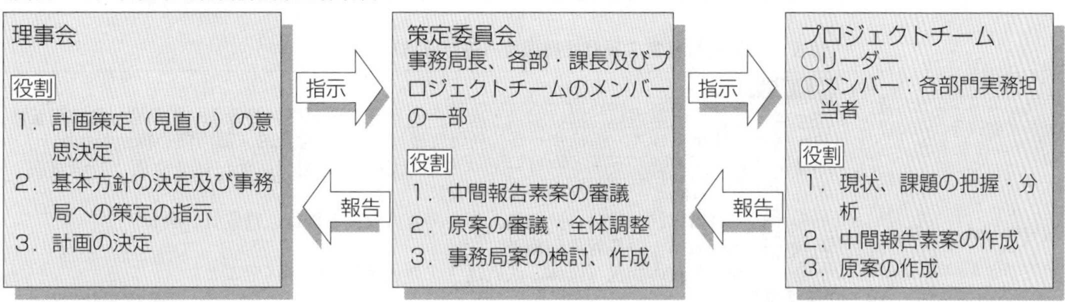

❷計画策定のプロセス

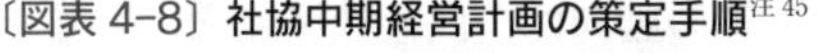

「市区町村社協中期経営計画」は、計画を構想する段階（PLAN）、計画の実施の段階（DO）、計画達成度の点検、評価の段階（CHECK）、計画・目標の見直しの段階（ACT）、といういわゆるマネジメントサイクルを中期的に展開するものである。

また、計画づくりの手順としては、次の図のように7段階が考えられる。

●注 45（出典）『市区町村社協発展・強化計画策定の手引』全国社会福祉協議会地域福祉推進委員会、平成 17（2005）年9月。「地域福祉・ボランティア情報ネットワーク」ホーム>全社協の主な指針・規定等一覧 を参照。

〔図表 4-8〕 **社協中期経営計画の策定手順**注45

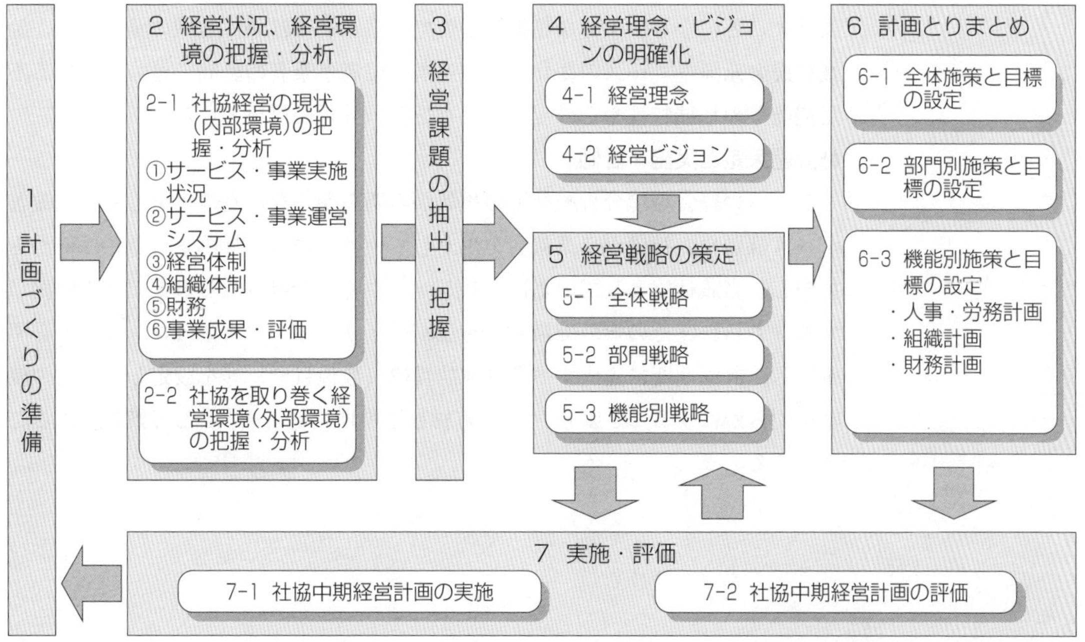

❸内部環境と外部環境の把握

特に重要な点は、自らの社協の現状を把握し、「強み」「弱み」の分析につなげることであり、その際、組織管理（マネジメント）の諸機能を相互に関連づけて、体系的に内部環境を調査・分析することである。個々の事業の目標や実績、運営体制を見ていく必要があるが、その組織管理や機能はバラバラに存在するのではなく、有機的に連携することも求められるのである。

また、社協運営状況の実態を把握するためには、統計的・係数的データも重要であるが、役職員、サービス利用者や地域住民、関係組織についても協力を得て、意見や考え方を把握することも重要である。

●注 46
（出典）『市区町村社協発展・強化計画策定の手引』全国社会福祉協議会地域福祉推進委員会、平成 17（2005）年９月。
「地域福祉・ボランティア情報ネットワーク」ホーム＞全社協の主な指針・規定等一覧 を参照。

〔図表 4-9〕社協経営の現状把握項目（内部環境）注 46

調査項目
サービス提供・事業実施状況、効果・成果の測定―サービス・事業別、部門別（地域福祉活動、在宅福祉サービス、福祉サービス利用支援）、全体（総合的、部門間連携）の状況
事業・サービス運営システム―サービスや事業の企画・開発、サービス評価、苦情解決、ネットワークの構築、地域福祉の人材養成
経営体制―組織体制（役員、評議員、部会・委員会）と機能、構成員、会員
組織・運営―人事・労務管理、施設・設備
財務―財源、財務の状況（全体、法人運営、介護保険等経理区分ごと）
調査対象
役員、職員（全員、各部課長級、中堅以上等）/サービス利用者、地域福祉活動の担い手、一般地域住民/関係機関・団体
調査方法
既存資料・データの活用/質問紙調査/面接調査（個別ヒアリング、グループヒアリング）

こうした内部環境の把握に加え、社協を取り巻く外部環境も把握し、それが社協にどのような事業展開の機会をつくるのか、また反対に脅威を及ぼすものなのか、その対応について基本的な方向付けを行う。

特に、各行政計画の策定状況、自治体の福祉・保健・医療等施策、市民活動やボランティア推進施策やコミュニティ施策の動向は、直接社協運営に影響を及ぼすことになり、十分な把握が必要である。そのほか、地域の業界環境、地域住民の意識やニーズの変化、他の連携・協働事業者の動向、地域における不足機能等の地域特性やその変化なども把握・分析の対象となる。

❹計画策定と実施・評価

これらの経営環境分析や社協の現状から明らかになった事実をもとに、改善すべき課題や、社協が事業機会を生かしていける強み（社協らしさ）は何かを把握し、当該社協としての当面のビジョンや特に発展させる事業領域を明確にする。さらに、その領域で最も力を注ぐべきサービスや事業のコンセプトを明確にし、計画期間に達成すべき具体的目標（数値目標）等を設定し、社協の戦略を明らかにすることより、「市区町村社協中期経営計画」として策定されることになる。

〔図表 4-10〕**新規事業・重点事業の選定方法のイメージ**注46

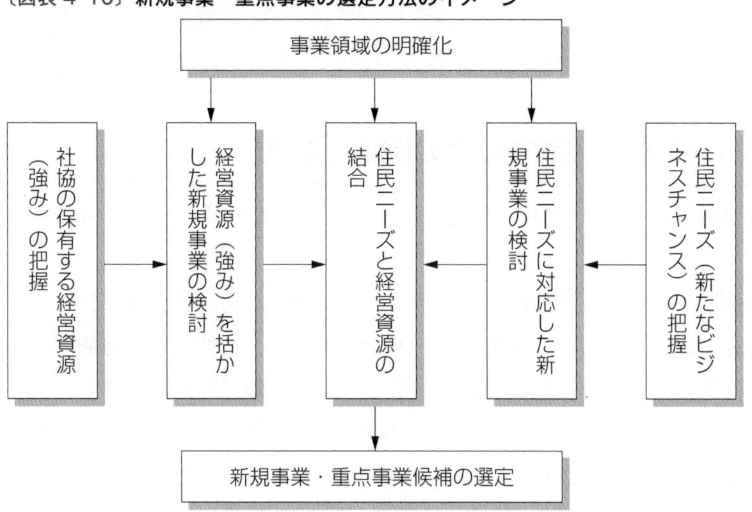

また、これに合わせて、計画を実現させるという視点で、組織体制や財務管理や人事・労務管理等の業務管理の強化や改善策についても明らかにし、役職員の共通の理解の中で、具体的に取り組むことが重要である。

計画策定後、必ず実施状況の評価を行い、次期の計画づくりにつなげるなど、中期的な PDCA のマネジメントサイクルのなかで「市区町村社協発展・強化計画」を展開していく必要がある。

第２節　財務管理

1 社会福祉協議会財源の現状と課題

社協の財源確保の基本は民間財源を基盤として公費の導入を図ることである[注47]。

●注 47
新・社会福祉協議会基本要項「2. 市区町村社会福祉協議会の組織、財政、事務局」の財政の解説部分。「新・社会福祉協議会基本要項」「地域福祉・ボランティア情報ネットワーク」ホーム>全社協の主な指針・規定等一覧 を参照。

詳細に述べれば、社協の財源構造は、歴史的に、構成員会費・住民会費・賛助会費・寄付金・共同募金配分金・基金利子など、地域住民や地域のさまざまな諸団体に支えられる民間財源を基盤としつつ、地域福祉を推進し、市町村行政などと協働した公共性の高い事業に取り組むための、補助金や委託費等の公費財源によって構成されているところに特徴がある。また、平成 12（2000）年度以降は介護保険制度の施行によって、介護報酬が大きな財源のひとつとなり、社協の財源構造に大きな影響を与えている。

図表 4-11 は、財源構成の推移をみたものである。まず、会費・共同募金・寄付金を合計した民間財源の比率が大きく減っていることがあげられる。それぞれの金額は増えているが、それ以上に財源規模が大きくなっている状況である。

一方、公費についてみると、補助金の割合は、同様に減ってきているが、受託費はいったん増えて、平成 24（2012）年度には減っている。介護保険制度創設前、市区町村社協による在宅福祉サービスの受託実施の量が増えたことにより、受託費はいったん大幅な伸びを示したが、介護保険制度や創設以降その割合は減少傾向にある。

1 市区町村社協当たりの平均の財政規模は、介護保険事業などの事業の拡大と平成の大合併により大きく伸びてきたが、最近では横ばい状態である。

●注 48
図表 4-11、4-12 のデータは、財政調査による。

〔図表 4-11〕市区町村社協の財源構成の推移[注48]

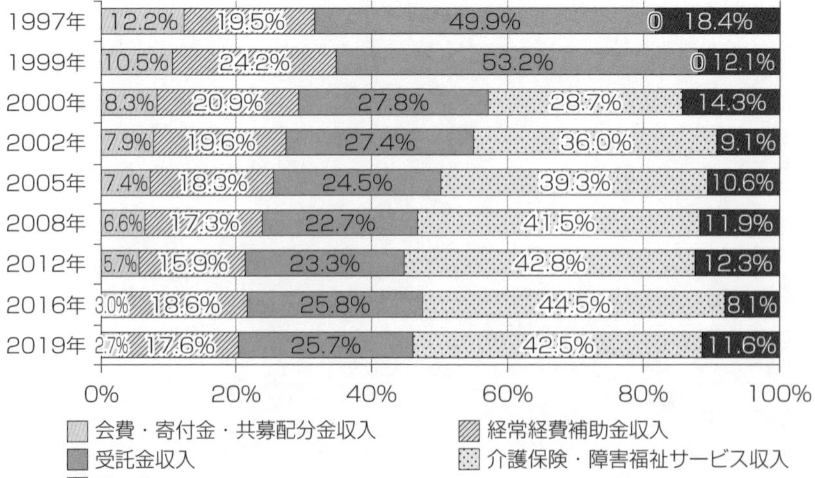

〔図表 4-12〕市区町村社協の財政規模の推移[注49]

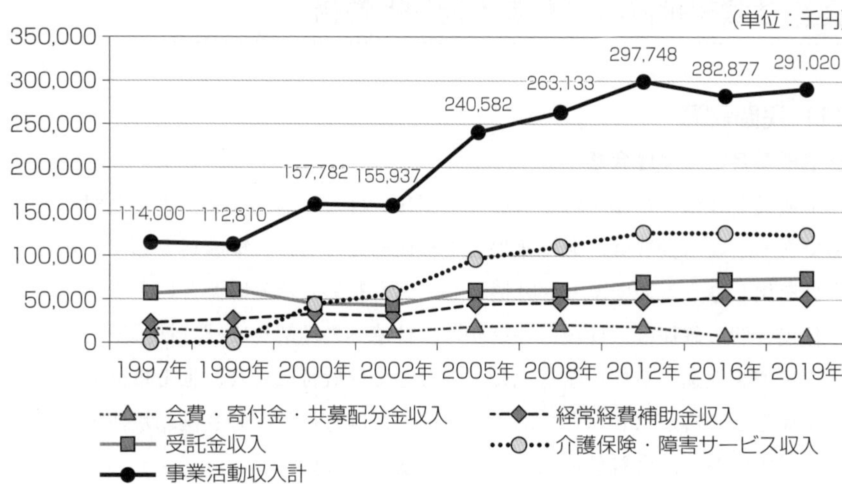

2　これからの市区町村社会福祉協議会の財政をめぐる課題

(1) 市区町村社会福祉協議会の財政をめぐる状況

近年の市区町村社協の財政をめぐる第１の課題は、地方自治体の財政悪化に伴う、補助金や委託金の縮減である。社協にとって、公費財源は依然、主要な財源基盤であり、公費の削減は大きく影響することになる。

第２に、介護保険を始め在宅福祉サービスへの種々の法人の参入である。近年、シェアの低下とともに、事業総額は減少に転じている。また、この参入の問題は、地域福祉推進においてもみられ、これによる補助金・委託金の分散の現象もみられる。

第3に、社協自身の財源構造の変化である。介護保険制度導入後は、介護サービスの財源が公費から介護報酬という事業収入に変わるなかで、公費依存の高い社協とそうでない社協との間で、財源構造の格差が大きく広がっている。

こうしたなかで、住民の福祉ニーズに即した地域福祉を推進するために必要な事業への意欲、そのための財源には、公費とならんで、会費・寄付金、事業収入を的確に得ていくことが必要である。住民の支持がない社協は、その存在意義そのものが問われかねない。一方で、競合のなかで社協としての特性を発揮し、自己努力によって事業を展開する社協は、自立的な経営体質を高め、その事業を大きく発展させる可能性もある。

事業環境や財源構造が大きく変わるなかで、これからの市区町村社協のめざすべき方向性を全役職員が共通認識し、意識改革を図ることが強く求められる。

3 社会福祉協議会財源の種類と性格

(1) 民間財源

❶構成員会費・住民会費

構成員会費は、社協組織を構成する団体、施設・機関などによる会費、負担金である。この会費は、財源確保という側面とともに、構成員としてお互いに会費を出し合うものであり、社協として最も基盤となる財源といえよう。

住民会費の確保は、住民に呼びかけ、社協への理解を広げ、社協事業や活動への参加を促進する住民組織化の一環として位置付けられ、世帯単位での会員制を採るところがほとんどである。全国の市区町村社協の９割弱が住民会員制度を設けており、会費額の内訳に大きな変化はない。

〔図表 4-13〕**住民会員の会費額の推移**

	2000 年	2003 年	2006 年	2009 年	2012 年	2015 年	2018 年
300 円未満	9.3%	8.8%	10.0%	8.9%	9.5%	9.4%	9.3%
300-600 円未満	47.6%	47.2%	52.3%	52.2%	52.0%	51.5%	51.2%
600-900 円未満	7.7%	7.2%	7.3%	7.2%	7.0%	7.6%	7.4%
900-1200 円未満	27.4%	28.1%	24.6%	24.3%	25.2%	25.8%	25.5%
1200 円以上	7.8%	7.8%	5.2%	5.9%	5.7%	5.5%	5.7%
NA	0.2%	0.9%	0.6%	1.5%	0.6%	0.2%	0.9%
調査回答数	2,976	2,965	1,416	1,499	1,195	1,269	1,316

住民会員制度のある市区町村社協のうち加入率 60% 以上の社協が 60.3% となっている。

〔図表 4-14〕**住民会員制度の加入率の分布（2018 年調査）**

	30% 未満	30-60% 未満	60-80% 未満	80-100% 未満	100%	無回答	調査回答数
社協数	161	272	409	359	25	90	1,316
実施割合	12.2%	20.7%	31.1%	27.3%	1.9%	6.8%	100.0%

構成員会費、住民会費は、社協財源の基礎をなす重要な存在であるが、金額を集めることも大事だが、それとともに、多くの関係者・住民に会員となってもらうことに意義があるものであり、財源の主をなす存在にはなりにくい。その意義を十分に踏まえた対応が必要である。

❷寄付金

個人や企業に対して、地域福祉推進、社協活動の重要性をアピールし、機会あるごとに寄付を働きかけることが必要である。

使途については、寄付者の意向を尊重しつつ、合わせて地域福祉活動計画に盛り込まれた社協の事業課題などのなかから、使途の選択肢をいくつか示して、社協事業に理解を求めることも必要である。例えば、ボランティア活動に寄付金を生かすと同時に、社協広報紙上に「私たちはボランティア活動を応援しています」という、会社名や個人名入りの意見広告を載せるなどの取り組み事例もみられる。

また、社会福祉法人への寄付には優遇制度[注49]があり、これを的確に知らせ、寄付の動機付けをすることが重要である。

●注49
社会福祉法人に個人が寄付をした場合、①所得控除制度と②税額控除制度いずれかを確定申告の際に寄付者（納税者）が選択することができる。また、法人が寄付した場合、寄付金額が一定の算式により、損金に算入される仕組みがある。「寄附」は法令用語。

❸賛助会費

賛助会費は、寄付金の一種であるが、「会費」としては通常会費より多い額を定期的・継続的に集めるところに特徴がある。税法上は「寄附金」[注50]とみなされ、税制優遇の対象となる。

また、「特別会費」という名称で、住民会費に別の種類を設けている場合にも、一般「住民会費」と「特別会費」との差額は寄付とみなされる。

●注50
したがって、議員などの政治家が賛助会費を出す場合には寄付とみなされる。当該選挙区内の場合は、公職選挙法で禁止行為にあたるので注意が必要である。

❹共同募金配分金

共同募金は社会福祉法では、地域福祉の推進を目的に行われ、社会福祉事業や更生保護事業のみならず、幅広い社会福祉を目的とする事業に配分することとされており、配分委員会の承認により配分することなどを法的に位置付けている。そのため共同募金は、地域福祉活動、ボランティア・市民活動などの、制度に基づかない諸活動・事業への配分を促進することが求められている。

共同募金配分金のうち地域福祉事業への配分は、共同募金配分実績全体の約6割以上を占め、地域福祉活動財源の大きな柱となっている。平成28（2016）年度実績では、配分実績の64.2％にあたる約95億円[注51]である。

●注51
中央共同募金会統計資料による。

地域福祉への関心が高まるなかで共同募金運動の透明性の確保が強く求められている。いわゆる社協配分には、社協の助成機能を通じて、法人格をもたないボランティア団体を始めとする地域諸団体に配分されるものも多い。共同募金運動の透明性が問われ、社協（を通じた）配分の使途と募集・審査・決定過程に対して、住民が関心を示すことに留意する必要がある。

今後は、地域福祉を推進する財源として最も効果的に活用するため、市区町村社協と共同募金会は連携し、小地域福祉活動、福祉教育、ボランティア活動・NPOに対する配分プログラムを開発し、推進することや、地域福祉活動計画を策定する際、共同募金の配分によるプログラムを明確に位置付けることなども考えられる。

こうした状況を踏まえ、現在、共同募金においては、従来の募金のみの組織から、一定の配分機関としての役割を有する共同募金委員会を住民参加によって市区町村に設置する取り組みを進めている。共同募金委員会では、地域配分における公募性を導入したり、地域福祉活動計画と連動した共同募金推進計画づくりなどの取り組みが期待される。

(2) 公費財源

❶社会福祉協議会の基幹となる事業を推進するための補助金

社協は、その設立当初から、公費財源を基本財源のひとつとしてきた。それは、行政と社協が協働して取り組む住民の福祉ニーズの把握、地域福祉活動計画の策定、公私社会福祉関係団体のネットワークなど、「連絡調整」「総合企画」「普及及び宣伝」などを担う基幹職員の人件費を含む社協運営費に対して、市町村が補助をする必要があるという考え方である。

現在、運営費補助、特に人件費についての補助金が減少する傾向がある。しかし、歴史的には、まず、市町村社協創設当時の昭和27（1952）年に厚生省（現・厚生労働省）社会局長から都道府県知事に出された通知「小地域社会福祉協議会の整備について」(社乙第77号)において、行政も社協の構成員の一員であり、負担金を支出するよう求めている。また、市区町村社協職員について、福祉活動専門員として、市町村への地方交付税の算定基準に積算されている[注52]。

●注52
52頁参照。

人件費以外の社協に対する国庫補助金は、ボランティアセンターをはじめとして行われてきたが、地域福祉推進の担い手が多様化するなかで、補助先、委託先を社協と限らないものが基本となってきている。

一方、社会福祉の各分野とも、地域福祉の観点からの事業推進が基調となってきており、例えば、平成27（2015）年4月からスタートした介護保険制度の介護予防・日常生活支援総合事業[注53]は、社協が担っている（あるいは今後担うべき）地域福祉活動に対する補助・助成につながる可能性が高く、今後、重要な財源になっていくものと思われる。自治体と協議を図りながら、それぞれの施策・制度による補助金事業等を横断的・総合的に関連づけて取り組み、地域福祉の推進施策として定着化させていくことが重要である。

●注53
介護保険財源は国庫補助とは言えないが、国レベルで施策化しつつ、自治体判断で補助・助成を行うものであるので、国庫補助的な性格をもっている。

❷委託費の取り扱い

かつて、市区町村社協は、市町村を実施主体とする公的在宅福祉サービスを担うことによって、財源に占める委託費の割合は急速に高まったが、介護保険制度の導入後は、その財源は介護報酬などの事業収入としての性格をもつものが中心となった。これにより財源中に占める委託費の割合は減る傾向である。

しかし、前述のとおり地域福祉関連の事業の実施主体が市町村となるなかで、委託費で行われたり、制約の多い補助金として運用される傾向も出てきている。そうしたなかで、他団体との競合や管理的な経費が確保できないなどの課題も多くなっている。委託・補助条件などを取り決める際に、しっかり事業展開上の経費（コスト）について自治体と認識を共有するとともに、社協が実施することでの成果や効果をアピールしていくことが重要である。

(3) 介護報酬等の「事業収入」

❶在宅福祉サービス提供を通じた事業収入

前述のとおり在宅福祉サービスを実施する市区町村社協では、福祉サービスの提供等を通じて得る介護保険サービスや障害福祉サービスに係る報酬は大きな財源であり、ほかの収益事業による収入も含めた「事業収入」が、社協の主要な財源のひとつとなっている。

そのため、福祉サービス事業経営においては、それぞれ市区町村社協が、自ら経営主体として、採算性の確保、運営資金の確保、資金の借り入れや償還、収益の有効な配分や活用などについて検討する必要がある。さらに、単に採算性だけに着目するのではなく、地域のさまざまな福祉ニーズに即した在宅福祉サービスの開発・提供を行うという視点から、事業の収益を新しいサービス開発に投資したり、ほかの財源も組み合わせたサービスの経営を行うことも必要である。「事業収入」が市区町村社協の主要な財源となるなかで、こうした新たな財務管理の考え方や手法の確立が求められている。

なお、介護保険事業など、在宅福祉サービスを実施する社協と、実施しない社協とでは、「事業収入」の財源比率に占める割合が大きく異なる。

❷収益事業収入

収益事業とは、社会福祉法人審査基準[注54]において「法人が行う社会福祉事業又は公益事業の財源に充てるため、一定の計画のもとに収益を得ることを目的として、反復継続して行われる行為であって、社会通念上、事業と認められる程度のものであること」、また、「法人の社会的信用を傷つけるおそれがあるもの、又は投資的なものは適当でない」とされている。

●注 54
社会福祉法人審査基準：第４章第１節（130 頁）を参照。

事例としては、公共施設等における売店・自動販売機、冠婚葬祭事業、駐車場・駐輪場など継続したもので、安定した収益が見込める事業が一般的である。収益事業から社会福祉事業への繰り入れをした場合は寄附金とみなし、一定の限度額までは法人税などの収益事業所得計算上、損金の額に算入することができる優遇措置が認められている。

なお、たまたま機会に恵まれて開催するようなバザーやチャリティショーなどで利益をあげても、それは「反復継続した行為」ではないことから、収益事業とはみなされないとされている。

4 これからの市区町村社会福祉協議会の財政をめぐる課題

社協の財源構造が大きく変わり、また社協事業そのものも大きく広がりをみせるなかで、社協の多様な事業と財源との関係を整理し、それぞれの事業にふさわしい財源によって事業を推進していくことが求められる。事業と財源のあり方について整理を試みたものが、図表 4–15 である。この表を参考にしながら、幅広い社協の事業や、業務に即したこれからの財源のあり方の課題について、みていくことにする。

❶法人運営や事業の基盤にかかる経費

これまで、社協事業の基盤となる人件費や、社協の法人運営にかかる経費は、市町村行政からの補助金を中心的な財源にしてきた。しかし、前述のように、社協の運営や事業の基盤となる経費を、公費に依存していくことは難しくなっている。そのため、こうした経費は、社協の各事業の共通経費としてとらえる必要がある。

もちろん、社協が地域福祉を推進する公益的な組織であることから、市町村行政などがその基盤となる費用の一部を補助することは、今後も求められる。しかし、介護保険事業の経費について、法人として管理経費を見込まなければ、適正な経営管理にはならない。さらに、市町村からの委託費や補助金のあり方も、事業実績など事業量に着目したものに変わっていくもののと考えられ、各事業に係る経費として按分し、それぞれの事業でもち合うような仕組みを検討する必要がある。

❷住民参加の事業の推進と民間財源の活用

地域福祉活動計画の策定機能、地域福祉ネットワーク機能、総合相談機能や小地域の福祉活動への支援機能、ボランティアや福祉 NPO などの振興や支援機能は、これからの地域福祉の推進にとって重要な課題であり、市区町村社協の中核となる事業である。

基本的にこれらは、住民やさまざまな団体の参画や協力のもとに推進するものであり、社協会費や共同募金配分金、あるいは地域福祉基金やボランティア基金など、さまざまな民間財源を活用し、推進していくことになろう。事業を推進していくうえでは、単に財源的援助だけを求めるのではなく、広範な地域住民組織やボランティア団体、NPO、サービス提供機関、関係団体などのネットワークをもとに、大胆に地域住民や NPO が事業を直接企画し、経営していく仕組みとしていくことも検討課題である。

〔図表 4-15〕社会福祉協議会の部門ごとの財源整理

<table>
<tr><th>部　門</th><th>事業の性格</th><th>民間財源</th><th>公費財源</th><th>事業収入財源</th></tr>
<tr><td>法人経営部門</td><td>各部門を支える。</td><td>○</td><td>○</td><td>○</td></tr>
<tr><td>地域福祉活動推進部門</td><td>公益性が高い。同時に民間性が強い。</td><td>○</td><td>○</td><td>△</td></tr>
<tr><td>相談支援・権利擁護部門</td><td>公益性が高い。</td><td>△</td><td>○</td><td>△</td></tr>
<tr><td>介護・生活支援サービス部門（介護保険・障害福祉サービス等）</td><td rowspan="2">介護保険・障害福祉サービス等事業収入で行う事業。自治体からの委託・補助で行うその他公的サービス。先駆的事業、独自事業（「横出し」等）に分かれる。</td><td>—</td><td>※
（過疎地域等）</td><td>○</td></tr>
<tr><td>介護・生活支援サービス部門（介護保険・障害福祉サービス等以外）</td><td>△</td><td>○</td><td>△</td></tr>
</table>

（出典）「市区町村社協経営指針」全国社会福祉協議会地域福祉推進委員会（2020 年）より

❸これからの地域福祉を推進する基盤となる事業への補助金の活用

平成 20（2008）年３月に取りまとめられた「これからの地域福祉のあり方に関する研究会」報告書では、地域福祉推進のためには「住民主体を確保する条件があること」、「地域の生活課題発見のための方策があること」、「適切な圏域を単位としていること」をあげ、市町村自治体は、その環境整備のために、情報の共有の仕組み、活動の拠点の整備、地域福祉のコーディネーターの配置の役割があると位置付けている。厚生労働省では、この報告を踏まえて安心生活創造事業等を展開し、平成 27（2015）年度からは、国庫補助として「地域における生活困窮者支援等のための共助の基盤づくり事業」を実施している。

さらに、平成 27（2015）年４月より生活困窮者自立支援法による自立相談支援事業の実施が福祉事務所を設置するすべての自治体に義務付けられた。この制度においては、経済的困窮者や失業者への就労支援や経済的な支援のみならず、制度の狭間のニーズや多問題世帯、ひきこもりの問題、子どもや若者への学習支援などを通じた貧困の連鎖への対応・支援など、多様な地域生活課題への総合的な個別支援を行うとともに、居場所づくりや支援のネットワーク化など、地域づくりも必要とされている。

また、平成 27（2015）年４月の改正介護保険法施行により、市町村を実施主体とする総合事業において住民参加の活動を含めた生活支援や介護予防の取り組みが進められており、そのための社会資源づくりや地域ネットワークづくりを進めるための生活支援コーディネーターの配置が現在行われている。

これらの地域を基盤とした個別支援と地域づくりを一体的に進める取り組みは、現在国が進めている地域共生社会の実現に向けた包括的支援体制の整備、それを具体的に推進する重層的支援体制整備事業につながるものである。同事業の実施主体は市町村であり、事業実施を希望する市町村の手挙げに基づく任意事業であり、地域福祉を推進する中核的な団体として社協が長年にわたり蓄積してきた活動展開を基盤にして、積極的に市町村に働きかけることが期待されている。こうした事業を地域福祉計画へ位置付けるなど、分野横断的な地域福祉の推進施策として発展させることができるかが、社協の存在感や財源の確保につながるものと考えられる。

一方、日常生活自立支援事業や法人後見などの権利擁護の取り組みや、生活福祉資金貸付事業による生活支援は社協事業として定着している。これらは、社協の高い公益性を踏まえた事業であり、それらをさらに発展させて、行政と協働しながら成年後見利用促進や市民後見人の養成などの権利擁護支援の取り組みを、一体的・総合的に行う事業（成年後見センターや権利擁護センター等）に対して、市町村からの補助金・受託金を得ていくことも重要である。しかし、こうした事業についても、効果的・効率的な事業経営や、住民ニーズに即した質の高い事業・活動を提案・開発し、行政や住民の理解を得ることが条件となることはいうまでもない。

❹サービス開発や不採算な部門への投資的経費

介護保険事業等において採算性が求められる反面、利用料の減免措置に積極的に対応するなどの低所得者への配慮、制度の谷間にある福祉ニーズへの柔軟な対応やサービスの開発も、社協の在宅福祉サービスの大きな特性のひとつである。過疎地域等においては、市区町村社協以外に介護保険事業を行う事業者がなく、採算そのものが期待されないなかで、サービス事業を社協の使命として実施する場合もある。これらの事業については、十分必要性を説明したうえで行政からの補助金で行えるように対応することも望まれる。

また、社協の特性として地域住民などの理解を得て、会費などの民間財源を活用して実施することも必要である。開発的な事業については、社協が介護保険事業などによる収益の一部や、寄付金、共同募金など財源面での協力を得ながら、これらの事業展開に必要な投資的経費として充てていくことも、今後の研究課題である。

特に、社会福祉法人の地域における公益的な取組の推進が強く求められるようになるなかで、今後、社協と社会福祉法人・福祉施設が財源的にも協働しながら、連携し事業を具体的に展開することも強く求められている。

5 社会福祉法人としての財務管理

(1) 社会福祉法人会計基準と社会福祉協議会モデル経理規程

❶「会計基準」と「モデル経理規程」

平成12（2000）年の介護保険制度施行や社会福祉基礎構造改革によって、措置から契約に移行する社会福祉事業が生まれ、財務管理については、法人自ら資金調達や資金配分を行うこととなった。こうしたことを踏まえ、厚生労働省では平成12（2000）年2月に「社会福祉法人会計基準」（以下「会計基準」）を策定した。さらに市区町村社協の特性に合わせ、全社協では厚生労働省と調整のうえ、同年12月に「社会福祉協議会モデル経理規程」[注55]（以下「モデル経理規程」）を策定した。平成23（2011）年には、他の基準による財務諸表の作成が認められてきた就労支援事業や措置施設においても、新たな「会計基準」によりルールの統一化が図られた。これにともない全社協は、「モデル経理規程」を改訂[注56]している。

「会計基準」は、法人が会計処理を行い、会計帳簿、計算書類（貸借対照表及び収支計算書）、その付属明細書及び財産目録を作成するための基準である。

経理規程は、「会計基準」に基づく適正な会計処理のために具体的な処理方法等必要な事項を定めたものである。「モデル経理規程」は、会計基準に則した社協における経理規程のひな型として示したものである。

❷会計単位と拠点区分・サービス区分

「会計基準」では、貸借対照表や収支計算書などの財務諸表は社会福祉法人全体でひとつの計算書を作成することとされている。そのうえで新たな「会計基準」では、社会福祉事業、公益事業、収益事業の区分（以下「事業区分」という。）を設けなければならないとしており、これを踏まえ、「モデル経理規程」では、この三つの区分を設定することにしている[注57]。

また「会計基準」では、拠点区分、サービス区分の設定が導入された。拠点区分は基本的な予算管理の単位として設定するもので、一体として運営される施設、事業所（事務所）をもってひとつの拠点区分とする。具体的な区分については、法令上の事業種別、事業内容及び実施する事業の会計管理の実態を勘案して区分を設定する。また、ひとつの拠点区分において、一体的に複数の事業が実施されている場合、事業別の収支管理のために設けることとされているのがサービス区分である。サービス区分は、その拠点で実施する複数の事業について法令等の要請により区分して把握すべきものとされているものについて区分を設定する。例えば、介護保険事業等については、それぞれ事業区分別に、それ以外の事業については定款に定める事業別に設定する[注58]。

市区町村社協においては、補助・委託事業、共同募金配分金事業等もあり、

●注55
社会福祉協議会モデル経理規程：全社協がこれまで策定してきた「社会福祉協議会標準経理規程」を全面的に見直して平成12（2000）年に策定。その後も、社会福祉法人会計基準の改正をふまえ、改訂を行っている。

●注56
平成23（2011）年7月。

●注57
都道府県社協における生活福祉資金貸付制度の会計については、生活福祉資金会計準則によるものとし、平成23年度会計基準の例外となっている。また、都道府県社協においては通知に別途進められた会計基準に従う必要があるため、会計単位として「生活福祉資金貸付事業会計」を設置するものとしている。

●注58
平成23年7月27日付「社会福祉法人会計基準の運用上の取扱い等について」（厚生労働省雇用均等・児童家庭局総務課長、社会・援護局福祉基盤課長、社会・援護局障害保健福祉部障害福祉課長、老健局総務課長連名通知）における「社会福祉法人会計基準適用上の留意事項（運用指針）」を参照。

これを他の事業と厳格に分別することが求められる。このため、拠点区分の設定については、社会福祉施設の運営、介護保険事業等を実施している場合は、施設や事業所など場所を単位として拠点区分を設定することを前提にしつつも、多様な社協の事業については、性格や予算規模、担当職員の状況などを踏まえ、関連事業をできる限り集約して拠点区分を設定することを原則とし、補助・委託事業など、他事業会計との厳格な分別管理が求められている事業を独立した拠点区分とすることが適当であると考えられる。このため「モデル経理規程」においては、拠点区分について「事業所または事務所を単位に拠点区分」とすることとせず、「事業運営の実態に照らし、一体的に運営されている事業を集約し、それぞれ設定する」と記載するにとどめ、事業の性格、予算規模、職員配置の状況を踏まえ、各社協が判断することができる表現となっている。したがって、指定都市社協の区事務所、市町村社協の支所、児童館等の場所別区分を拠点区分と強制するものではなく、各社協が判断すべきものと整理している。

また、ひとつの拠点区分において複数の事業を実施している場合は、事業別のサービス区分を設定することとなるが、小規模の補助事業などをサービス区分で管理する場合は、サービス区分を予算管理の単位とすることができる[注59]。

●注 59
「会計基準」注解において、サービス区分を予算管理の単位とすることができるとされている。

❸損益計算

平成 12（2000）年の「会計基準」の導入により、それまでの収支計算に加え、損益計算が導入された。そのため、従来の収支計算書[注60]に加え、損益計算書[注61]が財務諸表として必要である。これは企業の会計と同様に行うものではなく、社会福祉法人の公益性や公共性の内容を加味したものとされている。

●注 60
「会計基準」では「資金収支計算書」。

●注 61
「会計基準」では「事業活動計算書」。

社協の場合、補助事業や委託事業では収支が均衡した事業もあるが、損益の状況の把握が必要な介護保険事業等を実施しており、当然その必要性がある。

❹減価償却等貸借対照表の表記など

「会計基準」では、貸借対照表において、固定資産である建物や器具・備品などについては購入した金額ではなく、耐用年数などに応じて減価償却費として除いた金額を計上することになっている。また引当金として貸付金や未収金などの債権で、将来回収が困難なものは徴収不能引当金として資産から減額すること、あるいは、職員全員が自己都合で退職したと仮定した要支払額を「退職給付引当金」とし、負債として貸借対照表に表記することになっている。

第3節　職員育成及び人事管理

1　市区町村社会福祉協議会職員の現状と育成の課題

(1) 市区町村社会福祉協議会の現状

平成31（2019）年3月末現在の全国の市区町村社協の職員数（推計値）は、143,716人である[注62]。

図表4-16は1社協当たりの市区町村社協職員数（回答数）を示したものである。それによると1社協当たりの平均職員数は77.9人となる。このうち、介護保険サービス、障害福祉サービスに携わる職員はそれぞれ33.8人（43.4%）、5.9人(7.6%)、合わせて51.0%である。法人運営部門、地域福祉活動推進部門、相談支援・権利擁護部門などの職員は、合わせて20.0人（25.8%）となっている。

また、雇用形態をみてみると、職員全体のうち雇用年限の定めのない正規職

●注62
平成30年度市区町村社会福祉協議会職員状況調査（全社協、平成31年3月31日時点のデータ）以下、図表4-18まで同じ。
調査対象は平成31年3月31日現在に存在する全市区町村社協(1,846か所)。回答のあった市区町村社協は1,568か所（回収率84.9%）。

●注63
・自治体からの出向職員（兼務含む）、いわゆる登録ヘルパーも含む
・正規職員とはフルタイムで働き、雇用期限がない者
・非正規常勤とは、週の所定労働時間が正規職員の3/4以上である職員

〔図表4-16〕1社協当たりの市区町村社協職員数等[注62]　（単位：人）

	正規職員	兼務者数	非正規職員 常勤	非正規職員 非常勤	合計	1社協あたり	割合	
1. 事務局長（事務局組織全体を代表する方）	1,067	222	447	43	1,557	1.0	1.3%	
2. 法人経営部門職員	4,520	1,156	1,568	651	6,739	4.3	5.5%	
3. 地域福祉活動専門員等の地域福祉推進部門職員	4,883	2,573	1,847	1,648	8,378	5.3	6.9%	25.8%
4. ボランティア・市民活動センター職員	1,105		520	343	1,968	1.3	1.6%	
5. 相談支援・権利擁護部門職員（①+②）	4,984	1,020	3,166	4,733	12,883	8.2	10.6%	
①日常生活自立支援事業、地域包括支援センター、障害者相談支援事業、生活困窮者自立支援事業等担当職員	4,622	944	2,907	4,387	11,916	7.6	9.8%	
②1以外の相談担当職員	362	76	259	346	967	0.6	0.8%	
6. 介護保険サービス担当職員	14,958	1,353	11,822	26,259	53,039	33.8	43.4%	51.0%
7. 障害福祉サービス担当職員	2,566	354	2,505	4,160	9,231	5.9	7.6%	
8. 6. 7. 以外の在宅サービス事業担当職員	3,208	149	5,227	12,754	21,189	13.5	17.4%	
9. 会館運営事業担当職員	198	61	572	1,462	2,232	1.4	1.8%	
10. その他の職員	1,496	116	1,414	1,978	4,888	3.1	4.0%	
合　計	38,985	7,004	29,088	54,031	122,104	77.9	100.0%	
	31.9%		*23.8%*	*44.2%*	*100.0%*			

員は、31.9％、嘱託職員等の正規職員以外の常勤職員が23.8％、正規職員以外の非常勤職員が44.2％であり、特に、介護保険サービス・障害福祉サービスに携わる職員について非正規職員、非常勤職員の割合が高い（図表 4-16）。

人口１万人以下の市区町村の社協の平均職員数は30.0人、人口６万人以上の社協の平均職員数は、100名を超える状況になっている（図表 4-17）。

〔図表 4-17〕**人口階層別市区町村社協平均職員数**　（単位：人）

全　体	1万人未満	1-2万人未満	2-4万人未満	4-6万人未満	6-8万人未満	8-10万人未満	10万人台	20万人台	30万人台	40万人以上
77.9	30.0	46.6	69.9	93.2	103.5	120.5	117.9	127.3	208.2	227.3

平成９（1997）年の全国の市区町村社協の職員の総数は65,856人であり、約22年間で約2.2倍に増えている。

市区町村社協の職員が増えている背景には、介護保険事業をはじめとする在宅福祉サービスや生活困窮者自主支援事業、日常生活自立支援事業などの相談支援事業など、市区町村社協が地域生活課題の広がりのなかで多様な事業を展開し、必要な人員体制を確保してきたことなどがあげられる。さらに１社協当たりの職員数が増えているのは、市町村社協合併が進んだことも要因である。

しかし、職員体制を整備する場合、各市区町村社協では、人件費コストの抑制を図ることも組織管理上必要であり、雇用年限を定める非正規職員やパートタイム等の非常勤職員なども活用しているため、職員の雇用形態の多様化が進んでいることが近年の傾向のひとつである。

一方、事業が広がるなかでさまざまな専門資格を有する職員も確保されており、社会福祉関係の専門職としては、社会福祉士が11,213人、精神保健福祉士が2,363人、介護福祉士が30,217人となっている（図表 4-18）。

〔図表 4-18〕**職員の有資格者数（2018年調査）**

	有資格者数（人）	有資格者率（％）
社会福祉士	11,213	9.2
精神保健福祉士	2,363	1.9
保健師	805	0.7
看護師（准看護師を含む）	8,277	6.8
介護福祉士	30,217	24.7
保育士	8,359	6.8
臨床心理士	31	0.0
公認心理士	24	0.0
理学療法士	217	0.2
作業療法士	160	0.1
言語聴覚士	50	0.0
管理栄養士	323	0.3
栄養士	1,218	1.0
介護支援専門員	16,064	13.2
合　計	79,321	65.0

※有資格者率は、職員合計数122,104人が母数
※１社協当たりの平均有資格者数は、1,575社協が母数

2 職員育成・研修をめぐる課題

(1) 市区町村社会福祉協議会職員がめざすべき職員像

社協は、多様な事業を多様な職員によって経営している。それぞれの職員がそれぞれの立場で社協の使命・目的・機能を理解し、自らの目標をもてるように、めざすべき社協職員像の目標を明確にしていくことが重要である。

全社協では、めざすべき社協職員像として、「社協職員行動原則」[注64]をまとめており、これを手がかりにそれぞれの市区町村社協としての職員像を明確にすることが考えられる。

一方、社協事業がいくつかの部門で構成され、多様な事業を実施するなかにあっては、単位組織（部門）ごとに使命・目的・機能を明確にすることも重要である[注65]。異なる環境や目標の違いを踏まえながらも、社協として統合的にめざす方向性を明確にして、職員間、部門間の相乗（シナジー）効果を高め、社協職員として育成していくことが求められる。

近年、地域福祉の領域や役割が大きくなり、社協に対する関心が高まり、また社会的な責任も問われるなかにあって、業務上において社協職員としての自覚と責任ある行動を行うこと、専門性を高めることが一層重要であるといえる。

●注 64
「社協職員行動原則」
「地域福祉・ボランティア情報ネットワーク」ホーム＞全社協の主な指針・規定等一覧 を参照。

●注 65
第３章第１節２「各部門に求められる専門性・視点」(94〜95 頁) 参照

(2) 職員研修体制の整備

❶新人から中堅、管理職など、経験、階層に応じた具体的な研修体系の推進

各事業者には、その組織の事業方針に合わせた人材育成方針について明確にした「職場研修の体系化」の取り組みが求められており、市区町村社協においても同様である。各都道府県の福祉人材センターや社会福祉研修センターなどで、このような研修を体系的に実施したり、職場研修の進め方の研修を通じて行っている場合もあるので、積極的な参加が求められる。

❷OJT の推進

前項は主に Off-JT の研修の紹介であるが、特に業務管理体制の強化、社協職員としての基本的な自覚や態度を養い育てるために求められるものは、具体的な業務の推進を通じた、OJT に意識的に取り組むことが必要である。

〔図表 4-19〕**市区町村社会福祉協議会職員の職場研修体系の考え方**注 66

市区町村社会福祉協議会職員の職場研修体系のイメージ（例示）

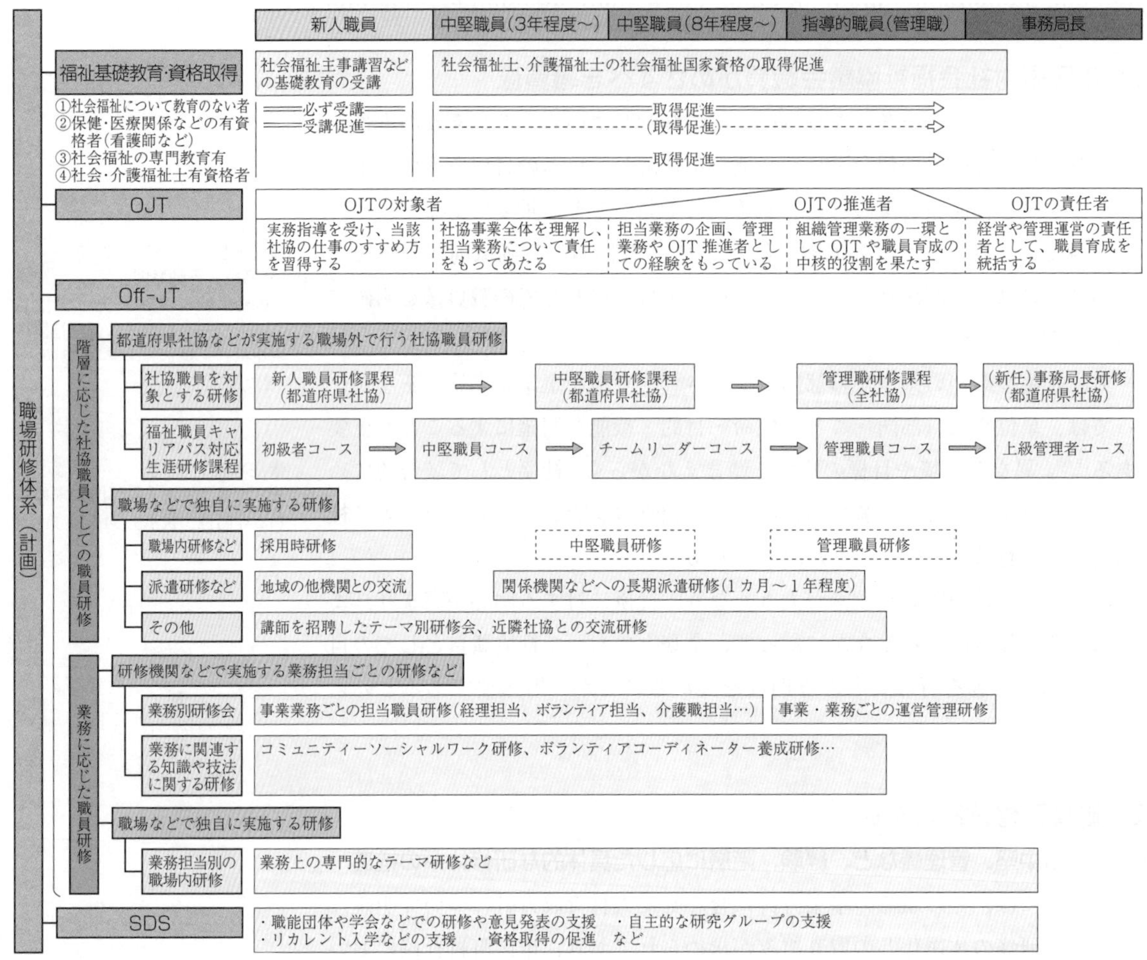

●注 66
（出典）『市区町村社協職員の研修体系の確立をめざして』全国社会福祉協議会、平成 8（1996）年 7 月 29 頁（筆者一部修正）。

3 人事管理をめぐる課題

(1) 人事管理とは何か

職員の人事に係る諸制度としては、採用から退職に至るまでの職員に対する賃金や労働条件、配置などの処遇条件や教育・育成、福利厚生などがあげられるが、人事管理とは、これらの人事に係る諸制度を別々の制度としてみるのではなく、関連付けながらマネジメント（管理）し、運用や改善をし、組織の事業目的や目標を達成するとともに、これを支える職員の確保、処遇の維持、人材の育成や開発を進めていくことであるといえる。

人事の主要な機能としては、次のようなものがある。

①採用…必要な労働力を質量ともに確保

②育成…技能、技術、能力の開発や伸長

③配置、活用…適材適所の配置で能力、適正を仕事上生かす

④処遇…発揮した能力、実績、努力に報いる

⑤評価…②～④のために仕事を公正に評価する

⑥退職…労働力の新陳代謝を図る

こうした機能を相互に関連付けると次の図のような「人事サイクル」になり、こうした関係を踏まえて人事における諸制度をマネジメントしていくことが、人事管理の基本姿勢といえる。

〔図表 4-20〕**人事サイクルの考え方**注 67

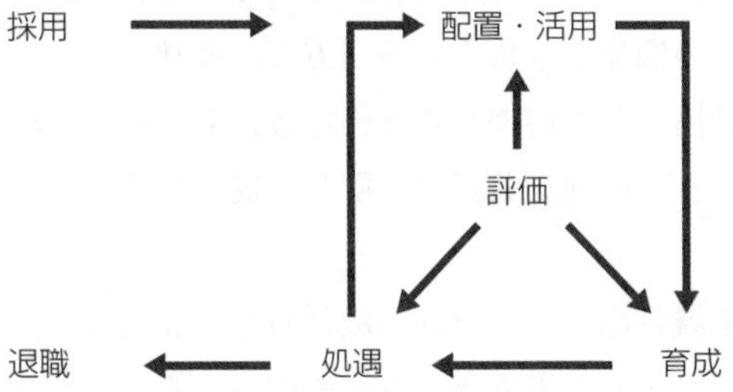

●注 67
（出典）綱川晃弘「社協運営論　社協における人事管理制度を考える（第２回）」『NORMA　社協情報』（2007 年８月号）全国社会福祉協議会地域福祉推進委員会、８頁。

(2) 市区町村社会福祉協議会における人事管理の現状

従来の市区町村社協の人事諸制度は、基幹となる職員の人件費そのものが行政から補助され、またホームヘルプサービスやデイサービス等の介護事業も委託事業が多く、職員配置なども委託者の行政が主導的に行ってきたこと、人事管理を行う事務局長等も行政出向者が多かったこと、社協そのものも小規模であったことなどを背景にして、職員の福利厚生などを含めた処遇等は当該市町村行政職員に準じて行い、社協独自に人事管理等を積極的に行う環境になかったといえる。

しかし、近年、各市区町村における行財政改革によって、行政と外郭の公益団体との関係が見直され、補助金や行政職員の派遣出向も含めた公益団体への行政関与が少なくなり、それぞれの社協が独自に組織管理を行う必要があること、また、前述のとおり市町村合併や社協事業が広がるなかで、１社協当たりの職員数は拡大し、雇用する職種も広がっていることなどを背景に、行政職員の人事制度をそのまま準用するのではなく、それぞれの社協が人事管理のあり方を明確にし、具体的に構築することが必要になっている。

(3) 市区町村社会福祉協議会の人事評価をめぐる諸課題

人事評価は、前述したように人事管理を構築するうえで、その中心となるが、市区町村社協での取組みは十分であったとはいいがたい。しかし、下記のような市区町村社協をめぐる状況を踏まえれば、人事評価の仕組みづくりに早急に取り組むべきであると考えられる。

❶人事管理における能力・実績主義の広がり（公務員制度など）

10数年前までの給与等に反映させる人事評価は、民間企業であってもその根幹は、年功序列的な評価を基盤とする場合が多かったが、近年においては、公務員制度においても能力・実績主義の積極的な導入がなされようとしている。

今後、市区町村社協の職員の人事評価に対して、当該市区町村行政や関係者からの関心は高まり、どのように職員の業務や能力を評価し、人事制度に反映させているかが、問われることにもなると考えられる。

❷多様な職種を抱えるなかでの社会福祉協議会職員の人材育成

市区町村社協の多くが、多様な職種の職員を雇用しており、その業務や職種の専門性を踏まえた職員の育成や能力開発が求められる一方で、介護サービス事業をはじめとする多様な事業を社協らしく展開するうえでは、それぞれの職員がその事業を行う意義やめざすべき方向性を共通に理解し、従事することが求められる。

このため、各社協では、自らの組織目標とそれぞれの職種のもつ専門性とを関連づけながら、社協職員として育成する人事評価の方法を検討することが必要である。

❸補助金主体の財源構造の変化

近年、市区町村財源の悪化などを背景に、市区町村社協の職員の人件費そのものが補助金や委託費などで保証されるようなことは弱くなり、介護サービス事業など一定の収益性のある事業なども含め、限られた財源から人件費を効果的に配分することが求められている。

また、会費や寄付金などを拠出する地域住民に対して、事業の効果や成果を説明することが強く求められるなかで、合わせて職員の業務に対する評価について問われることになるものと考えられる。

(4) 人事評価の指標の構築に向けた考え方

❶採用コースや職員の等級と人事管理

市区町村社協の多くが多様な職種・雇用形態により雇用をしている実態を考えると、人事評価を行う前提として、人事管理をどのように区分するかということが重要である。例えば、職種別や正規・非正規別、常勤・非常勤別の就業規則や給与規程を作成している場合は、そのコースごとに人事管理を行う必要がある。また、昇進や昇給を行っている場合は、給与格付けや役職などの等級という区分に着目した人事管理を行う必要がある。

こうしたコースや等級などの区分は、人事管理の骨格であると同時に、組織構成や事業展開、あるいは財政状況にも大きく影響する。したがって、組織運営上の重要な事項として、役員や幹部職員の重要な判断事項といえる。

❷評価制度の導入

職員の業務成績や能力・態度を評価するため（人事考課）には、一定の評価方法や評価基準を設計する必要がある。一般的にその基準を設計する考え方として、職員が行う一つひとつの業務について標準的な手順や必要な知識、難易度などを明らかにし、これを基準に職員の職務を評価する方法（職務主義）、業務によって成し遂げた成果を基準とする方法（役割・業績主義）、組織目標を達成するために必要な能力のレベルを予め定め、成果や貢献度を把握する方法（職能主義）などがあるといわれている。

このような人事考課の基準や方法を、前述の職種・雇用形態ごとのコース、役職などの等級などに応じて検討し、設計する必要がある。

また、近年は、職員自らが組織目標を達成するために、各自の業務について具体的な目標を定め、その目標設定や達成について管理職や役員などが面接や業務遂行を通じて組織的に管理し、その結果を評価する「目標管理」といわれる方法も人事評価のひとつとして広く取り入れられている。

しかし、これらの評価は、単に給与の格差付けのためだけに行われるのではなく、前述のとおり職員育成や人事配置などの人事制度全体のために有効に活

〔図表 4-21〕**人事評価の考え方**注68

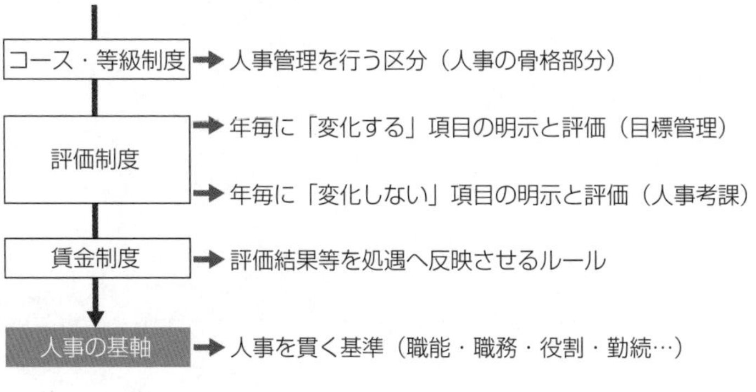

コース・等級制度	→ 人事管理を行う区分（人事の骨格部分）
評価制度	→ 年毎に「変化する」項目の明示と評価（目標管理）
	→ 年毎に「変化しない」項目の明示と評価（人事考課）
賃金制度	→ 評価結果等を処遇へ反映させるルール
↓ 人事の基軸	→ 人事を貫く基準（職能・職務・役割・勤続…）

●注 68
（出典）綱川晃弘「社協運営論　社協における人事管理制度を考える（第 2 回）」『NORMA　社協情報』〔2007 年 8 月号〕全国社会福祉協議会地域福祉推進委員会。9 頁。

用することが重要である。

特に、「目標管理」は、単なる業績評価やノルマ管理ということではなく、職員一人ひとりが、自分の担当する業務の意味や価値、あるいは何を成果とするかを自ら考えることで、自分の役割を的確に把握し、業務に対する主体的な取り組みを促進させるものであり、自主性や自己統制を促し、「個人と組織の共生」をめざすものだとされ、まさにトータルな人事管理の方法のひとつであるということを念頭におくべきである。

❸人事評価を円滑に行うために

こうした評価の仕組みや指標を策定するためには、職員が納得できる内容にすることが重要であり、作業委員会やプロジェクト方式などを採用し、職員が参加できるものであることが必要である。しかし、一方で、事務局長や役員などの強いリーダーシップもなければ、まとめていくことは困難である。

また、人事評価の結果をすぐに処遇に反映させるのではなく、その取り組みについて試行期間やアンケートなどを実施し、職員の意見なども聴きながら、できるところから、少しずつ積み上げる取り組みであるべきであろう。

さらに、人事評価が公正かつ信頼性のあるものだと職員に認識されるためには、評価を行う管理職や役員が、積極的に人事考課の研修などを受け、レベルアップを図ることが重要である。

4 労務管理等をめぐる課題

(1) 職員の労務管理体制

パートなどの形態による職員が増加する中で、非常勤職員の雇用契約、労働基準法などの法令に則した労務管理が求められる[注69]。

また、介護保険事業の経営問題などを含めて、社協においても適切な労使関係を確立し、交渉などにあたることが必要である。さらに、職員規模が拡大するなかにあっては、職員の意見、要望、さらに不安や不平・不満などは、なかなか幹部職員や役員に届きにくいが、管理者などが積極的に職員の意見や考えを聞く機会をつくることも必要である。

●注 69
働き方改革を推進するための関係法律の整備に関する法律（いわゆる「働き方改革関連法」）による改正後の労働基準法が平成31(2019)年４月から順次施行されている。働き方改革関連法への対応は、社協を含むすべての業界に求められるものである。
働き方改革関連法により対応が求められる主な項目は以下のとおりである。

①残業時間の上限規制
②勤務インターバル制度の導入促進
③年次有給休暇の付与義務
④中小企業割増賃金の引き上げ
⑤労働時間の客観的な把握義務
⑥産業医・産業保健機能の強化
⑦不合理な待遇差の解消
⑧労働者に対する説明義務の強化

(2) 利用者などの個人情報の管理の徹底

介護保険事業や日常生活自立支援事業など、個人の利用者の個人情報を社協として管理する場面が多くなっている。そのため、個人情報保護法に基づく個人情報の取り扱いを職員一人ひとりに徹底する必要がある。

(3) 人権の視点に配慮した業務の推進

人権に関する基本的な知識や態度を、社協職員としてもち、事務局内外を問わず、研修事業や出版物などでの理解促進などを含めて、人権の視点をもって業務を進めるよう、役職員で意思統一を図ることが重要である。

(4) 職員個々を支える体制づくり

前述のとおり市区町村社協の職員は増加している。社協職員には、それぞれの業務ごとの専門性のみならず、アウトリーチの取り組みや困難ケースへのチームアプローチ、地域住民と連携した社会資源開発など、部門間の連携及び職員間の連携がより一層重要になっている。

このため、職員の日頃の管理においても、単なる労務管理やケース指導にとどまらず、職員を支え、育成できる体制づくりが今後重要になると考えられる。具体的には、単なるケース指導ではなく、職員の個別支援等への支援や支えとしてのスーパーバイズ、自らの実践を振り返るケース検討会の開催などを業務のなかに位置付けていくことが重要である。

こうした取り組みは、職員規模の小さな社協や、新規に事業展開を開始した社協では、部門単位あるいは社協単位で行うことが難しい場合も想定される。そのため、部門を超えて社協全体で実施したり、近隣の社協と合同で行うなどの工夫が必要である[注70]。

●注 70
この節の参考文献
1)綱川晃弘「社協運営論　社協における人事管理制度を考える（第２回）」『NORMA　社協情報』（2007年８月号）全国社会福祉協議会地域福祉推進委員会。
2)長谷川直紀『職務・役割主義の人事』日本経済新聞社、2006年。
3)城戸崎雅崇『目標管理の上手なやり方が面白いほどわかる本』中経出版、2007年。
4)今野能志『目標による管理(MBO)』生産性出版、2005年。

第5章

社会福祉協議会と行政

1 社会福祉協議会の独自性と行政との関係

社協と行政との関係は古くて新しい課題だとよくいわれる。社協設立当初から今日まで、社協と行政との関係についての考え方、また、実態は変化をしてきた。

しかし、今日の公私関係の特徴は、行政、民間が互いに別のものとして存在するのではなく、行政も民間もその役割を積極的に認め合い、かつ、互いが連携していくことの重要性にある。特に近年では、「第1セクター（＝行政部門）」「第2セクター（＝民間営利部門）」「第3セクター（＝民間非営利部門」という枠組みで公私関係とそのあり方をとらえることが定着してきており、第1セクター、第2セクターにはない独自のセクターとしての第3セクター[注1]の意義と役割が強調されている。

その観点からすれば、社協も当然、民間非営利部門としての役割が期待されている。かつて、社協と行政との関係はともすると“行政の下請け”的イメージでとらえられる傾向にあったが、今日のそれは、地域での住民参加による各種の福祉活動の展開やボランティア活動の推進、また、具体的な在宅福祉サービスの実施をとおして、行政ではできない（なじまない）分野の事業展開が社協には期待されており、独自の役割として認識されている。

特に、公私の社会福祉関係者や住民が参加する組織、また地域や住民のニーズを把握し課題を明らかにするなかから、住民の参加を促し活動を展開するという活動形態は、ほかにはない社協独自のスタイルとなっており、そこにこそ、行政とは異なる独自性がある。今後、行政はもとより民間営利部門とも幅広い協働関係を築きながら、社協の活動を展開していくことが必要である。

また、社協は地域住民や公私の福祉関係者が参加する組織であり、社会福祉法においても、「関係行政庁の職員は、市町村社会福祉協議会又は地区社会福祉協議会[注2]の役員となることができる」と規定し、行政職員の社協への参加が担保されている。と同時に、「ただし、役員の総数の五分の一を超えてはならない」（第109条第5項）とも規定され、行政の過度な関与が排除されている。

「新・社会福祉協議会基本要項」[注3]では、社協の性格を「地域における住民組織と公私の社会福祉関係者等により構成される」組織と位置付けるとともに、活動原則として「公私の社会福祉および保健・医療、教育、労働等の関係機関・団体、住民等との協働と役割分担により、計画的かつ総合的に活動をすすめる」という公私協働の原則を明らかにし、社協と行政との連携の重要性を述べている。

かつて社協と行政との関係を語るときによく引用されるのが、市区町村社協の役員及び職員にどの程度、行政関係者が占めているかということがある。相対的には行政関係者の割合は徐々に減ってきているが、図表5-1のとおり会長

●注1
日本では、行政と民間の共同による、いわゆる半官半民の形態を指すこともあるが、ここでは、国際的に用いられている、第1セクター：行政、第2セクター：民間企業、第3セクター：非営利団体という分類を用いている。第3セクターという言葉には、地域開発、住宅供給、交通などにみられるように、官民共同の企業体というイメージがあるが、本来は、上記のような分類であり、第3セクターは、第1、第2のセクターから独立した存在として民間非営利部門である。既存の財団法人、社団法人、社会福祉法人、NPO法人などをはじめ、各種の民間団体も第3セクターに含まれる。

●注2
ここでの地区社会福祉協議会とは、政令指定都市の区社協をさす。

●注3
平成4（1992）年に策定。15頁を参照。

〔図表 5-1〕市区町村社協役員等の出身団体の状況

		2006 年	2012 年	2018 年
会長	学識経験者	48.3%	52.1%	53.7%
	行政の首長	19.7%	15.9%	12.8%
	地域福祉推進基礎組織	5.1%	6.7%	7.0%
	民生委員・児童委員（協議会）	6.0%	5.1%	5.4%
	町内会・自治会	5.7%	6.4%	5.2%
専務理事・常務理事	学識経験者	26.2%	33.8%	35.0%
	福祉関係行政職員	30.5%	24.0%	18.4%
	社会福祉法人	—	—	14.4%
	その他の行政職員	13.4%	9.7%	6.5%
事務局長	行政（OB）	—	—	42.4%
	社協職員	—	—	39.4%
	事務局長と行政職と兼務	—	—	9.3%

（資料）各年度の市区町村社会福祉協議会活動実態調査報告より

〔図表 5-2〕市区町村社協役員における行政関係者の割合の変化

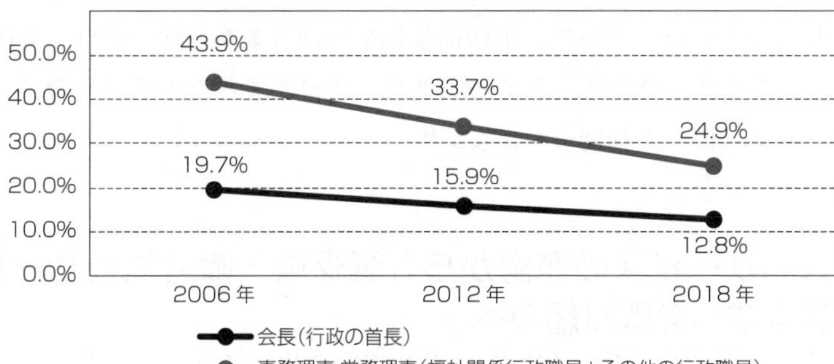

で 12.8%、専務理事・常務理事で 18.4% となっている。また、事務局長の前職については、行政職員が 42.4%、社協職員が 39.4% と行政 OB の割合が高くなっている。

かつて首長が会長、職員が行政からの出向といったことによって、市区町村社協の行政による関与がいわれたが、反面では、行政からの職員を受け入れる素地（例えば、後述する行政からの補助や委託事業の拡大を背景に、その事業遂行上の必要性などによって）が社協にも内在していた経緯もあるのである。

しかし、社協と行政との関係は密接であっても、決してイコールではない。民間の組織としてその主体性を確立するとともに、民間としての役割を最大限発揮し、行政と対等に連携していく体制（イコールパートナー）を整えていくことが求められる。

2 公的財源と社会福祉協議会

市区町村社協の収支決算額の推移をみると、補助金・委託金の割合が減ってきている。市区町村社協には行政からのさまざまな補助・委託があり、財源的にもそれらの経費が大きな位置を占めてきた。しかし、平成12（2000）年度からの介護保険制度の導入、平成15（2003）年度からの支援費制度（平成18〔2006〕年度からは障害者自立支援法による給付、平成25（2013）年度からは障害者総合支援法による給付）によって、これまでの公費による事業運営から、介護報酬等による事業運営へと大きく変化してきている。ちなみに、平成11（1999）年度には補助金・受託金収入が77％程度であるが、令和元（2019）年度には43.3％となっている（詳細は150頁の図表4-11参照）。

市区町村社協には当該自治体からの補助・委託事業だけではなく、県や国からの補助事業、モデル事業などが多く実施されてきた経緯がある。

しかし、現在、国段階からの補助事業については、社協に特定していたものはいずれも廃止になっている。生活福祉資金貸付事業や日常生活自立支援事業は、県段階の補助金であり、平成27（2015）年に始まった生活困窮者自立支援事業は、社協に限った補助金ではない[注4]。

●注4
事業運営組織のおよそ半数は社協である。

3 公的サービスの運営から介護保険・障害福祉サービス等事業への取り組みへ

ところで、市区町村社協における公的サービスの受託については、かつて“社協の第二行政化”あるいは“行政の下請け化”につながるといった観点からの問題提起もされたが[注5]、「住民のニーズへの対応や問題の解決に積極的に関わっていくうえで、社協自らが主体的に各種のサービスを運営・実施していくことが重要だ」との認識が高まるなかで、受託事業についても拡大してきたと理解できる。

平成12（2000）年4月からは介護保険が始まったが、これまで各地の社協で行政からの受託事業として実施してきたホームヘルプサービスやデイサービス事業などは、多くの社協で介護保険事業として介護報酬に基づく事業経営となった。したがって、これまでのような委託・補助といった行政依存の事業経営から、自立した（採算性のある）事業経営を行っていくことが必要となってきている。

●注5
昭和48（1973）年の「市区町村社協活動強化要項」には、「社協活動の現状をみると、行事や行政からの委託による直接事業・諸サービスがその大半を占め、事業内容が固定化し、これらの事務処理に追われる側面が強いことも、また否めない事実である。社協が住民の福祉課題を実現するために開拓的・先駆的な立場から過渡的に行うものを除き、原則として直接事業は行わないという立場をあきらかにし、社協本来の事業である地域組織活動の機能を充実強化するようにしなければならない」との記述がみられる。

4 住民参加と行政

(1) 住民参加促進の視点

今日、地域福祉が重要な課題として行政施策の面でも取り上げられるようになってきている。しかし、地域福祉の推進には公的施策の充実のみならず、民間におけるさまざまな福祉活動の展開や多様なボランティア活動の存在が不可欠である。公私の活動が相まって展開されることにより、福祉の厚みが増す。また、最近では、ボランティア活動への参加の高まりを背景に、その支援策が具体化している[注6]。

ところで、社協と住民参加については、「社会福祉に関する活動への住民の参加のための援助」が社協の事業として規定されている。また、国においては、指針の策定が求められ、「国民の社会福祉に関する活動への参加の促進を図るための措置に関する基本的な指針」(平成5〔1993〕年4月14日、厚生省〔現厚生労働省〕告示第117号)[注7]として、ボランティア支援の方向性が明確にされた。

ちなみに指針においては、公的サービスとボランティア活動との役割分担と連携について「高齢化や少子化の進展等の中で必要とされる社会福祉の基礎的需要については、高齢者保健福祉推進十か年戦略等の着実な実施により行政が第一義的に提供するものとし、ボランティア活動等の福祉活動は、これらの公的サービスでは対応し難い福祉需要について柔軟かつ多様なサービスを提供することが期待される」と述べられた。住民の自発的な活動を援助、支援していくことは、公的サービスの代替を求めるのではなく、公的サービスではなし得ない独自性や弾力的なサービスの提供や、住民相互の交流が促進されることによって、地域社会そのものが豊かになっていくことに大きな意義があるという立場を明らかにしている[注8]。

もちろん、社協や行政によるボランティア支援とは、ボランティアをその組織の末端に位置付けたり、組み込んだりすることではない。ボランティア活動の多様性を認め、ボランティアのもつ即応性、開拓性、自由性などといった特性を生かし得る支援のあり方が求められる。なお、最近、行政によるボランティア活動支援の動きが活発化しており、都道府県行政による「ボランティア振興策」や「指針」づくりなどもみられるが、長期的な視点に立った支援策の検討とともに、基盤整備を中心とした間接的な支援の方策が必要とされている。

(2) 住民参加促進と社会福祉協議会

地域社会にはさまざまなボランティアグループや団体が存在するが、同じような目的をもった組織が個々別々に活動を行っていたのでは、活動の効果が十分に得られない場合もある。そこで、各組織が相互に協力し、連携した活動を

●注6
平成7(1995)年1月17日に発生した阪神・淡路大震災は、ボランティア活動の重要性を高めるとともに、行政のボランティア活動への支援のあり方を提起することとなった。同年2月にはボランティアや市民公益団体が行う活動の支援のあり方について検討するために関係18省庁による「ボランティア問題に関する関係省庁連絡会議」(事務局は経済企画庁〔現・内閣府〕)が設けられるなどの動きとなった。これまでボランティア団体の多くは、法人格がないために社会的な信用が得にくい、団体として契約などの行為ができないといったことがあったが、平成10(1998)年3月25日には「特定非営利活動促進法」が成立した(施行は同年12月1日)。この法律によって、社会福祉の増進をはじめとする20の分野で不特定多数の利益の増進に寄与する活動を行うボランティアなどの非営利の団体に対して法人格(法人格名は特定非営利活動法人)取得の道が開かれることとなった。

●注7
基本指針などの策定については、社会福祉法第89条に規定され、当該指針のほか、「社会福祉事業に従事する者の確保を図るための措置に関する基本的な指針」(平成5〔1993〕年4月14日、厚生省〔現・厚生労働省〕告示第116号)が策定されている。

●注8
なお、平成5(1993)年7月29日には「ボランティア活動の中長期的な振興方策について(意見具申)」が中央社会福祉審議会地域福祉専門分科会によってとりまとめられている。

進めていくことが重要となっており注9、そのために、社協が協力・連携の仲介機能（活動に関する情報提供や活動推進上の助言など）を果たしていくことが求められている。

●注９
中央社会福祉審議会地域福祉専門分科会小委員会報告「地域福祉の展開に向けて」（平成７〔1995〕年９月25日）では、地域福祉を展開するにあたって、共通して実践されるべき普遍的な活動として、①相談・援助活動の推進、②小地域ネットワーク活動の推進、③小地域を基盤にした住民の参加による事業・活動の推進、④福祉コミュニティを支える各種団体の相互・連携活動の推進、の４点をあげている。

また、ボランティア活動などの住民参加活動を促進していくことは、同時に、社協や行政への住民参加を保障していくことにもつながることに留意する必要がある。ともすると既存の組織・団体に依存しているといわれる社協にとって、地域でさまざまな活動に取り組むボランティアや住民が社協に関心を寄せ、社協の構成員として参加することによって（またはその道を開くことによって）、地域に開かれた組織として確立されることを忘れてはならない。また、行政にとっては、実践に基づいたボランティアや住民の考えを施策に反映させていったり、定期的な住民と行政との協議の場などを設けていくなどの取り組みも、住民参加の具体化の側面から重要であると思われる注10。

●注10
また、近年では災害支援や防災の場面で、行政、NPO、社協（災害VC）とのいわゆる三者連携の重要性が指摘されている。平時からの関係性を築くことによって、災害時に大きな役割を果たすことができる。災害時の膨大な業務の中で、行政としてすべての役割を担うことは困難であり、多様な支援の主体と連携・協働することによって効果的な支援が可能となる。それはまさに行政、NPO、社協がイコールパートナーとして、支援の体制を整えていくことにつながるのである。

(3) 住民参加促進の新しいかたち

今日、地域社会では住民の自主的な活動がさまざまな分野において展開されている。住民の活動への参加を促進することは行政や社協の組織の末端に位置付けたり、組み込んだりということではない。住民やボランティアの多様な価値観を認め、即応性、開拓性、自由性等といった特性を生かし、多様な主体をパートナーとして豊かな地域社会の実現を図ろうとするものである。

また、こうした住民の参加は行政の運営にも影響を与えるものである。これまでのように行政がすべての公共サービスを担うのではなく、住民やボランティアをはじめ、社協、NPO、企業など多様な主体が行政を支えるパートナーとしてサービスの一部を担うことは、行政機能の縮小等、そのあり方が問われる今日、新しい行政の姿としても注目される。

社協としてもこれらの団体・組織との協働化に向け、地域の資源や人をつなぎ合わせる、組織化するなどの取り組みを進めていく必要がある。

ちなみに、このような考え方に沿って、社会福祉事業法（現社会福祉法）、社会福祉法の改正が順次行われ、第４条では、次のような記述となっている。また、第５条、第６条では、社会福祉を目的とする事業を経営する者や国及び地方公共団体の地域住民（等）との連携の必要について規定されている（巻末資料202頁を参照）。

（地域福祉の推進）
第４条（略）
２　地域住民、社会福祉を目的とする事業を経営する者及び社会福祉に関する活動を行う者（以下「地域住民等」という。）は、相互に協力し、福祉サービスを必要とする地域住民が地域社会を構成する一員として日常生活を営み、社会、経済、文化その他あらゆる分野の活動に参加する機会が確保されるように、地域福祉の推進に努めなければならない。

3（略）

5 公私協働の今日的意義

今日の社協活動は、地域生活課題を把握し、その解決に取り組んでいく、また、解決のために必要なサービスを開発していくということが重視されてきている。だが他方で、福祉供給システムが多元化しているなか、住民のニーズの解決を図っていくためには、公的サービスと民間サービスさらに住民の福祉活動とを組み合わせて対応していくことが一段と重要となってきている。行政のさまざまな保健福祉施策と社協が事業者として実施している介護保険事業や、受託経営しているその他の公的サービス、また社協が独自に実施している事業やボランティア・住民の参加による各種の活動とを総合的に組み合わせ、ニーズに対応していくということが必要である。

一方、住民にとって最も身近な地方公共団体である市町村は、住民に直結した事業やサービスを提供する機関としてその役割がますます重要となってきている。特に、機関委任事務の廃止と新たな事務区分の整理、必置規制の見直し、権限委譲の推進等を内容とする「地方分権の推進を図るための関係法律の整備等に関する法律」（いわゆる地方分権一括法）が平成12（2000）年4月1日より施行され、住民に身近な行政事務は地方公共団体が担うという方向が明確にされた。「三位一体改革」[注11]によって、地方分権が促進されるとともに、さらに今日では、地域主権改革のなかで、義務づけ・枠づけの見直しと条例制定権の拡大、基礎自治体への権限委譲、ひも付き補助金の一括交付金化などの検討が進んできており、今後一層、行政のさまざまな分野で市町村の役割が拡大してくるものと思われる。

したがって、行政との連携をさらに強化していくことが求められる。しかし、公私の協働は行政と社協との連携という側面ばかりでなく、民間の福祉施設・団体、住民組織、当事者、ボランティアなどといった広範な連携を地域社会の中で具体化していくことも必要である。

近年、福祉行政の計画化（例えば、市町村高齢者保健福祉計画、市町村介護保険事業計画、市町村児童育成計画、市町村障害者計画、市町村地域福祉計画[注12]などの策定）が進んでいるが、地域で取り組まれている民間の諸活動についても行政の各種計画と相まって、その活動目標や展開方策を明確にしていくことが、各種団体が参加する社協としての責務でもある。特に社協として行政との協働・連携を具体化していくうえで、地域福祉活動計画[注12]を策定していくことが不可欠であり、そのことによって、社協と行政とが共に地域福祉を進めていくパートナーとしての関係の構築につながっていくものと思われる。

●注11
平成15（2003）年6月、経済財政諮問会議で決定し、首相に答申された「経済財政運営と構造改革に関する基本方針2003」において、三位一体改革に関する方針が示された。「三位一体改革」とは、地方分権を推進し、住民に身近な地方公共団体の財政強化のために、国から地方への税源移譲、国庫補助負担金の削減・廃止、地方交付税の見直しを一体的に行うものである。これに関連して、平成17（2005）年度から福祉関係の補助金のいくつかが「交付金」や「統合補助金」へと移行している。

●注12
第3章第5節（122頁）を参照。

第6章

都道府県・指定都市社会福祉協議会の事業と経営

第1節　都道府県社会福祉協議会の事業と経営

1　都道府県社会福祉協議会の機能・役割

(1) 都道府県社会福祉協議会の法的位置付け

都道府県社協の規定は、社会福祉法第110条にあり、その内容は次のとおりである。

> 第110条　都道府県社会福祉協議会は、都道府県の区域内において次に掲げる事業を行うことにより地域福祉の推進を図ることを目的とする団体であつて、その区域内における市町村社会福祉協議会の過半数及び社会福祉事業又は更生保護事業を経営する者の過半数が参加するものとする。
>
> 1　前条第1項各号に掲げる事業であつて各市町村を通ずる広域的な見地から行うことが適切なもの
>
> 2　社会福祉を目的とする事業に従事する者の養成及び研修
>
> 3　社会福祉を目的とする事業の経営に関する指導及び助言
>
> 4　市町村社会福祉協議会の相互の連絡及び事業の調整
>
> 2　前条第5項及び第6項の規定は、都道府県社会福祉協議会について準用する。

同時に、全国社会福祉協議会を規定している第111条において、都道府県社会福祉協議会が全国社会福祉協議会の構成員であると位置付けている。

> 第111条　都道府県社会福祉協議会は、相互の連絡及び事業の調整を行うため、全国を単位として、社会福祉協議会連合会を設立することができる。

(2) 都道府県社会福祉協議会の機能

県社協が実施する事業は、新たに取り組む事業も増えてきており、事業構成は大きく変化している。このため、「都道府県社会福祉協議会の当面の活動方針」[注1]（以下、「当面の活動方針」）においては、県社協の事業を組み立てていく際の基本となる今日的な機能について、次の6項目に整理している。

①社会福祉事業・活動の連絡調整、支援

社会福祉を目的とする事業に関わる組織・個人の諸活動の連絡調整、支援を行う。また、協働を促進する。

②住民の福祉活動への参加促進

広域的に（都道府県段階等）対応することが必要な福祉活動への参加促進を行う。その基盤となる啓発活動（福祉教育）を推進する。

③福祉人材の確保・養成

福祉の仕事を担う人材の確保・育成、地域福祉活動を支える住民・ボラ

●注1
平成24（2012）年10月、都道府県・指定都市社協の経営に関する委員会報告書。この都道府県・指定都市社協の経営に関する委員会は、全社協における都道府県・指定都市社協の経営基盤強化に向けた支援を一層強化するために、平成20（2008）年10月の全社協総合企画委員会の提言に基づき、全社協の常設委員会として平成21（2009）年12月に設置されたものであり、以来継続的に検討が行われており、適時、方針書等をまとめていくこととしている。
概要はホームページを参照（http://www.shakyo.or.jp/news/20140818_gaiyou.pdf）。

ンティアの発掘・養成を行う。

④福祉サービスの質の向上、利用援助・権利擁護の推進

福祉サービスの質の向上と適切な利用を推進するために、社会福祉法人・福祉施設、福祉サービス事業所への働きかけ、また、要援助者に対しては、福祉サービスの利用援助・権利擁護を行う。

⑤福祉サービスの企画・実施

広域的に(都道府県段階等)対応することが必要な福祉サービスの企画・実施を行う。

⑥上記の各機能を発揮するため、情報収集・提供、広報、調査・研究、政策提言・ソーシャルアクションを行う。

2 都道府県社会福祉協議会の事業

県社協の事業は、その環境、歴史によって、それぞれ異なった構成となっている。しかし、市区町村社協の多様性に比べれば、共通するところが多い。

「新・社会福祉協議会基本要項」では、県社協事業として次の10項目をあげている。

①市町村社会福祉協議会の連絡調整、支援及び組織強化

②社会福祉その他関連分野の連絡調整、支援及び組織強化

・民生委員・児童委員の連絡調整、支援及び組織強化

・社会福祉施設経営者の連絡調整、支援及び組織強化

・社会福祉施設の連絡調整、支援及び組織強化

・社会福祉従事者の連絡調整、支援及び組織強化

・当事者団体の連絡調整、支援及び組織強化

・その他社会福祉事業関係者の連絡調整、支援及び組織強化

・関連分野の関係者との連携

③福祉課題の把握、地域福祉活動計画の策定、提言・改善運動の実施

④調査・研究事業の実施

⑤相談・情報提供事業の実施

⑥ボランティア活動の振興、福祉教育・啓発活動の推進

⑦生活福祉資金貸付事業の実施

⑧社会福祉の人材の養成・研修、情報提供事業等の実施

・社会福祉の人材の養成・情報提供・斡旋事業の実施

・社会福祉従事者等の養成・研修事業の実施

⑨社会福祉財源の確保及び助成の実施

⑩共同募金・歳末たすけあい運動の推進

3 都道府県社会福祉協議会の事業内容の変化

(1) 都道府県社会福祉協議会の事業構成を変化させた要因

近年、さまざまな内外の環境の変化がみられ、事業構成も変化してきている。事業の構成を大きく変化させた要因としては、介護保険法[注2]、障害者支援費制度[注3]、市町村合併[注4]（＝市町村社協合併）、地方分権の進行などがあげられる。

特に平成12（2000）年の社会福祉基礎構造改革以降、日常生活自立支援事業[注5]、苦情解決（運営適正化委員会）、第三者評価事業などがあり、利用者保護や情報提供など公益性の高い事業の実施が増えている。

また、社会的孤立と経済的困窮を中心に、地域生活課題が深刻化している。既存システムだけは対応できない状況が生じており、制度サービスの改革、分野横断的な対応、柔軟な運用、制度外のサービスの展開など、福祉関係者のネットワークと連携・協働を強めた事業展開が求められている。

●注２
平成９（1997）年成立、平成12（2000）年４月施行。

●注３
平成15（2003）年４月施行。平成18（2006）年４月に障害者自立支援法、平成25（2013）年４月に障害者総合支援法に移行。

●注４
平成17（2005）〜18（2006）年がピーク。

●注５
発足当時の名称は地域福祉権利擁護事業。

(2) 内外の環境の変化がもたらした事業内容の特徴的な変化

❶市町村社協支援

市町村合併により、社協数が減少し個別支援が可能になったという声がある一方、各社協の規模が大きくなり、支援が届かなくなったという声もある。

市町村からの補助金等が削減され、また、介護保険事業の経営を始め事業経営の多様化が進んでいることから、経営コンサルタント機能や地域の新しい課題の解決のための事業開発の協働実施など、具体的な支援が求められている。

❷社会福祉法人等社会福祉関係者への支援

第三者評価事業や苦情解決事業は、利用者の立場に立ったサービス提供をするうえで重要であり、県社協による実施促進、実施支援が重要になっている。

社会福祉法人制度改革にともなう地域における公益的な取組の実施について、県社協が広域的視点で社会福祉法人・福祉施設と協働事業を企画実施するところが増えている。

また、社会福祉法人への支援を強化しつつ、緩やかな連携・ネットワークを形成するなどにより、ほかの法人等への支援の必要性が高まっている。

❸相談支援事業

生活福祉資金貸付事業に加えて、日常生活自立支援事業や総合相談活動の支援なども求められ、相談支援の役割が大きくなっている。

また、明るい長寿社会推進機構などの団体が県社協に合併することなどにより、高齢者総合相談、福祉用具相談などを県社協が直接実施しているところが増えている。地域生活定着支援センターを実施している社協もある。

さらに生活困窮者自立支援事業により、市町村社協における総合相談支援体制の整備が進み、県社協による市町村社協支援の役割が大きくなっている。また、町村部への対応など県社協における相談支援体制づくりが進んでいる。

❹ボランティア活動の推進

NPO 法人の活動など、従来の福祉を中心とした枠組みでは収まりきらない活動が増え、県社協ボランティアセンターの活動対象の幅も広がっている。

災害ボランティアセンター運営など、社協による災害ボランティア活動支援は定着し、県社協ボランティアセンターの役割も大きくなっている。

❺人材養成・研修

委託研修中心から、介護保険関係では、事業所や本人負担が基本となり、研修内容や組み立て方も変化してきている。また、人材不足が顕著なことから、福祉人材センターの役割が高まっている。合わせて福祉サービスの質的向上という観点から研修の高度化が求められている。

(3) 今日の状況を踏まえた県社協の事業展開

「当面の活動方針」では、事業の方向性について次の４項目をあげている。

①社会福祉関係者の結集を促し、福祉課題・生活課題の解決に果敢に挑戦する。とりわけ、社会福祉関係者が長年取り組んできた社会的孤立と、孤立等から生じる経済的困窮の課題への対応を強める。

②都道府県社協自ら及び社会福祉法人の公益性を高め、制度内の枠にとらわれず、制度外の福祉サービス事業の展開を積極的に進める。

③従来の事業や補助・委託の枠組みにとらわれず、新たな地域生活課題の解決に焦点をあて、横断的な執行体制をつくる。

④これらを実現するため、組織の強化・発展を図る。

当面の事業の展開の視点を次の 14 項目[注6]で整理している。

●注６
13 番め、14 番めの項目は平成 25（2013）年に追加したもの。

①地域福祉推進と相談・支援事業の統合的実施

②社会福祉法人・福祉施設への支援

③福祉人材の養成・確保

④社会福祉関係者が一体となった地域福祉の推進と都道府県社協の役割

⑤災害救助活動への支援の組織化

⑥組織構成の幅の拡大

⑦種別協議会等関係団体との連携・協働の強化

⑧職員の専門性の確保

⑨民間財源のあっせん

⑩共同募金改革への協力

⑪多様な財源構成と補助金・委託費の確保

⑫政策提言・ソーシャルアクション機能の強化

⑬生活困窮者自立支援事業における都道府県社協の役割・機能強化

⑭災害福祉広域支援ネットワークの構築と種別協議会等との連携

4 都道府県社会福祉協議会の組織、財政、事務局

（1）都道府県社会福祉協議会の構成

「当面の活動方針」では、県社協は、都道府県域にひとつしか認められない組織としての強みを今後とも生かす必要があり、県社協組織の中核となる市区町村社協、社会福祉法人・福祉施設及び民生委員・児童委員の三者間の連携・協働を推進しつつ、社会福祉の担い手が広がるなかにおいては、組織構成の範囲を広げて構想することが必要だとしている。

社会福祉法において県社協は、「市町村社協の過半数及び社会福祉事業又は更生保護事業を経営する者の過半数の参加」と規定されており、社会福祉の担い手が広がるなかで、社会福祉法人以外の社会福祉事業経営者についても参加を進めることが基本となる。また、社会福祉事業から枠を広げ、「社会福祉を目的とする事業を経営する者」や「社会福祉に関する活動を行う者」の参加を進めていく必要性も指摘されている[注7]。

当面、構成員会員制度の整備が進んでいない県社協においては、委員会等への参加、事業の協働企画や実施、県社協の開催する研修への参加などによって、連携・協働の実態をつくっていくことが重要である。

また、種別協議会、当事者団体、職能団体等の福祉関係団体と連携・協働して事業を進めることは、県社協の連絡調整の力を充実していくために重要であり、各組織の共通理解と認識のもと、県社協は可能な支援を行っていく必要がある。とりわけ、種別協議会は、各社会福祉法人・福祉施設間の連絡調整機能を担っており、県社協に期待される役割の一部を担っていると整理することができ、内部組織、外部組織に関わらず、事務局を担っていくことが重要である。

●注７
「新・社会福祉協議会基本要項」においては、県社協の構成員（会員）について次のように整理している。
都道府県社会福祉協議会は、おおむね次のような、市町村社会福祉協議会、公私の社会福祉事業関係者及び関連分野の関係者をもって構成員とする。
①公私の社会福祉事業関係者
　ア．市町村社会福祉協議会
　イ．民生委員・児童委員またはその組織
　ウ．社会福祉事業の経営法人
　エ．社会福祉施設・社会福祉団体
　オ．更生保護事業施設・更生保護事業団体
　カ．社会福祉行政機関
　キ．当事者等の組織
　ク．ボランティア団体
②保健・医療、教育、労働その他関連分野の関係者
③その他地域福祉推進に必要な団体

（2）都道府県社会福祉協議会の財政

県社協の財源は、公費、会費、寄付金、負担金・分担金、事業収入、共同募金配分金、助成金、収益事業収入等で構成されている。

県社協の基幹財源である公費は、補助金や委託費の在り方の見直しが進み、これまで、社協事業運営費等として人件費や事業費を包括的に助成する方法から、各補助・委託事業ごとに人件費を積算し根拠を明確にする方法を採る都道府県が増えており、今後ともその傾向が強くなると考えられる。

国庫補助は、生活福祉資金貸付事業、福祉人材センター運営費、日常生活自立支援事業、地域福祉推進に係る補助事業等が主なものであるが、国、都道府県とも、減額されたり、必要な増額ができない状態がみられる。

自主財源である会費は、財源構成のなかに占める比率は低いが、県社協の組織と財源の基盤であり、会員拡大などの取り組みを強化することが重要である。

そのほかの自主財源は限られており、また、大きな金額を確保することは難しい状況にあるが、次のようなものが考えられる。

・第三者評価の受審料（評価機関としての評価事業実施）

・研修会等受講料（特に資格取得の研修や資格取得の受験講座など）

このような状況を踏まえると、県社協の財源は、地域福祉を推進し住民活動を支援する公共性や公益性の高い事業については、確実に公費（補助金・委託費）を確保することが重要であり、県民の理解と納得が得られる取り組みを一層強化していく必要がある。加えて、自主的な独自の事業を企画・実施していくためにも、会費、寄付金、負担金・分担金、事業収入、共同募金配分金、助成金、収益事業収入など、多様な財源を確保することが基本である。

(3) 都道府県社会福祉協議会の事務局

今日、地域福祉の時代を迎え、市町村を中心にした施策展開のなかで県社協は大きな転換点に立っているといえる。事業的な観点からいえば、ますます県民の福祉を念頭においた公益的・公共的な分野や、ひとつの市町村社協やひとつの社会福祉法人では対応しがたい分野等の事業実施が期待される。また、従来の枠組みを超えた多様な分野との協働も必要となろう。

このため、県社協の事務局を担う職員には、事務的・実務的な対応能力を高めるのみならず、専門性や専門的知見を有する会員・構成員や多様な福祉関係者を組織化する力量とこれを可能にする専門性と知識を蓄積することが必要である。換言すれば、広い見識をもち、将来を見据え、関係者のリーダーシップを発揮できる人材の養成と意識改革を図っていくことが求められている。

また、多様な分野との協働が不可欠になっている今日、個々の職員の力をチーム力により高めて事業を組み立てることが必要な時代を迎えている。それらをやり遂げるためにも、コミュニケーション能力の向上が求められている。

都道府県社協の職員数は、図表 6-1 のとおりである。県社協の職員構成は、福祉サービス提供の主体にもなっている指定都市社協と比較すれば、非常勤職員の比率は少ないものの、多くの都道府県社協でかなりの割合となっており、職員処遇上、また、事業の継続上、大きな課題となっている。

〔図表 6-1〕**都道府県社協の職員数（単位：人）**

			2013 年度		2017 年度	
都道府県社協	正規職員		1,761	44.5%	1,855	44.9%
	非正規職員	常勤	1,650	41.7%	1,759	42.5%
		非常勤	546	13.8%	522	12.6%
計			3,957	100%	4,136	100%

全国社会福祉協議会調べ

第2節　指定都市社会福祉協議会の事業と経営

1 指定都市社会福祉協議会の位置付け

指定都市の成り立ち、位置付け注8のなかで、社協についても指定都市社協として、他の市町村とは異なる位置付けがあり、都道府県社協や市町村社協とも異なり、区域内の社協（区社協）の連絡調整と具体的事業実施という機能を合わせもっている。

指定都市社協は社会福祉法第109条の市町村社協のなかに規定されており注9、①社会福祉を目的とする事業の企画及び実施、②社会福祉に関する活動への住民の参加のための援助、③社会福祉を目的とする事業に関する調査、普及、宣伝、連絡、調整及び助成、④社会福祉を目的とする事業の健全な発達を図るために必要な事業、⑤区域内における地区社会福祉協議会（区社協のこと）の相互の連絡及び事業の調整の事業、を行うことにより地域福祉の推進を図ることを目的とする団体として規定されている。

ほかの市町村と異なる点は、⑤の部分であり、さらに地区社会福祉協議会の過半数参加も規定されている注10。

なお、近年、移行した指定都市にあっては、区社協を設置していないところ、区社協の法人化をしていないところもある。また、市社協と区社協との組織合併により独立した法人としての区社協を廃したところもある（図表6-2）。

全社協は、社会福祉法においても、また定款においても、都道府県社協の連合体という位置付けであるが、評議員ないし理事への全指定都市社協の参加、常務理事・事務局長会議を始めとする全国会議への参加など、「都道府県社協なみ」の位置付けとなっている。

●注8
指定都市は、地方自治法第252条の19において「政令で指定する人口50万以上の市」と規定され（以下「指定都市」）、「都道府県が法律又はこれに基づき政令の定めるところにより処理することとされているものの全部又は一部で政令で定めるものを、政令で定めるところにより、処理することができる」（第252条の19）とされている。また、「指定都市は、市長の権限に属する事務を分掌させるため、条例で、その区域を分けて区を設け、区の事務所又は必要があると認めるときはその出張所を置くものとする」（第252条の20）ことが規定されている。

●注9
旧社会福祉事業法においては、社協の規定は都道府県ならびに全国の社協のみであったが、昭和58（1983）年の法改正によって、市町村社協が法律のなかに位置付けられた。また、平成2（1990）年の法改正において指定都市ならびに指定都市の区社協が位置付けられることとなった。なお、中核市、特例市の社協については特別の規定はなく、ほかの市社協と同一の扱いである。

●注10
社会福祉法第109条第1項

2 指定都市社会福祉協議会の事業、財政、事務局の特質

(1) 指定都市社会福祉協議会の事業

指定都市社協は市町村社協と都道府県社協、双方の機能を合わせもった、いうなれば市町村社協と都道府県社協の中間的な組織ということができる注11。

したがって、居宅介護支援、訪問介護、通所介護、訪問入浴介護、地域包括支援センターの運営といった介護保険事業や障害者総合支援法による居宅介護、重度訪問介護、就労継続支援などの障害福祉サービスの実施、また、食事サービスやふれあい・いきいきサロンなどの各種在宅福祉サービスなどが実施されている。さらに、放課後児童クラブや児童館の運営を行っているところも

●注11
全社協が設置した総合企画委員会の第一分科会報告でも、「指定都市社協は、地域福祉活動や在宅福祉サービスを通じて住民に直接接する機能を持つとともに、都道府県社協と同様の機能を持つ部分もあり、市区町村社協とも都道府県社協とも異なる独自の性格を持つ存在となっている。」としている（4頁）。

〔図表 6-2〕**指定都市社協における区社協の設置の状況（指定都市設置順）**

		指定都市設置年	行政区数	区社協数	法人化数
1	横浜市	昭和 31（1956）年９月１日	18	18	18
2	名古屋市		16	16	16
3	京都市		11	11	11
4	大阪市		24	24	24
5	神戸市		9	9	9
6	北九州市	昭和 38（1963）年９月１日	7	0	0
7	札幌市	昭和 47（1972）年４月１日	10	10	10
8	川崎市		7	0	0
9	福岡市		7	0	0
10	広島市	昭和 55（1980）年４月１日	8	8	8
11	仙台市	平成元（1989）年４月１日	5	0	0
12	千葉市	平成４（1992）年４月１日	6	0	0
13	さいたま市	平成 15（2003）年４月１日	10	0	0
14	静岡市	平成 17（2005）年４月１日	3	0	0
15	堺市	平成 18（2006）年４月１日	7	0	0
16	新潟市	平成 19（2007）年４月１日	8	8	0
17	浜松市		7	0	0
18	岡山市	平成 21（2009）年４月１日	4	0	0
19	相模原市	平成 22（2010）年４月１日	3	0	0
20	熊本市	平成 24（2012）年４月１日	5	0	0
		（合計）	175	104	96

令和３年４月１日現在

ある。このように住民を対象とした各種の具体的事業・サービスを実施しているところが、都道府県社協とは大きく異なっている。

一方、日常生活自立支援事業、ボランティアセンターの運営、生活福祉資金貸付事業（一部受託）など、広域社協として、都道府県社協同様の事業も実施されている。**図表 6-3** は都道府県社協と指定都市社協の事業の違いをみたものである。

(2) 指定都市社会福祉協議会の財政

指定都市社協は、各種福祉サービス実施のための受託金収入、介護保険サービス実施や障害者総合支援法による障害福祉サービスに基づく利用料収入、その他の事業実施による事業収入が多くなっている。

ある指定都市社協の状況を大まかにみると、年間の事業活動収入の合計約 70～80 億円のうち、受託金収入が約 30%、介護保険の障害福祉サービスの利用料収入が約 50%を占めている。もちろん都道府県社協に比べて財政規模は格段に大きくなっている。

〔図表 6-3〕指定都市社協と都道府県社協との事業比較

	指定都市社協		都道府県社協	
	有無	内　容	有無	内　容
介護保険による介護サービス等等の実施	○		×	
障害者総合支援法による介護給付サービス等の実施	○		×	
各種在宅福祉サービスの実施	○	具体的なサービス提供を実施	×	全県的な活動推進
小地域福祉活動の実施	○	地区社協等を基盤に活動実施	×	全県的な活動推進
ボランティア（NPO）センター	○	全市的な運動展開	○	全県的な運動展開
生活福祉資金貸付事業	△	一部を都道府県社協から業務委託	○	実施主体（昭和 30 年度から）
日常生活自立支援事業	○	実施主体(平成 15 年度から)	○	実施主体（平成 13 年度から）
運営適正化委員会	×		○	設置主体（平成 12 年度から）
福祉サービス第三者評価事業推進組織	×		○	推進組織の設置可（平成 16 年度から）
福祉人材センター	△	福祉人材バンクの設置は可	○	設置主体（平成 3 年度から）

〔図表 6-4〕指定都市社協と都道府県社協の職員数

			2013 年度			2017 年度		
			人数	割合	1 社協あたりの平均	人数	割合	1 社協当たりの平均
都道府県社協	正規職員		1,761	44.5%	37.5	1,855	44.9%	39.5
	非正規職員	常勤	1,650	41.7%	35.1	1,759	42.5%	37.4
		非常勤	546	13.8%	11.6	522	12.6%	11.1
計			3,957	100.0%	84.2	4,136	100.0%	88.0
指定都市社協	正規職員		2,234	20.0%	111.7	2,467	21.8%	123.4
	非正規職員	常勤	2,519	22.6%	126.0	2,420	21.4%	121.0
		非常勤	6,404	57.4%	320.2	6,426	56.8%	321.3
計			11,157	100%	557.9	11,313	100%	565.7

(3) 指定都市社会福祉協議会の事務局

図表 6-4 は、指定都市社協と都道府県社協の職員数を比較したものである。上記の具体的な事業実施に関わって指定都市社協では在宅や施設関係の現業部門の職員が多くなっている。1 指定都市当たりでみると、都道府県社協の 6 倍以上の職員体制となっている。

3 指定都市社会福祉協議会の今後の事業展開

現在ある 20 の指定都市のうち 8 市は比較的新しく（平成 10 年代以降）指定

都市となったものである。社協についても、それ以前の指定都市社協とでは事業、組織面で違いがあるといったこともいわれている。

今日、各種の事業、とりわけ住民への福祉サービスの提供が拡大してくるなか、指定都市社協は組織、財政とも極めて大きなものとなってきている。しかし、指定都市社協が市町村社協と都道府県社協、双方の機能を合わせもった存在であるのならば、具体的なサービスの提供と合わせて、区社協との協働のもと、全市的な（広域的な）福祉活動をより強力に推し進めていかなければならない。そこで、今後の指定都市社協の事業運営、経営を検討するうえで、以下の点をふれておきたい。

第1は、「指定都市を中心とする大都市部においては、ホームレスや孤独死、児童虐待、外国籍住民の支援等、さまざまな福祉課題が顕在化しており、指定都市社協としての対応も期待されている」[注12]。これらの福祉課題の解決に向け、関係者と協働し開拓的に事業に取り組むという役割が一層期待される。

●注12
「都道府県・指定都市社協の経営支援、市区町村社協との連携強化について」、2008年9月29日、全社協・総合企画委員会第1分科会報告11～12頁。

第2は、行政からの委託事業や介護保険事業等が多くを占めるなか、社協本来の事業がなかなか展開できないといった状況もいわれている。区社協の職員配置も多くのところは数名規模であり、人口規模の大きな区では十分な対応ができないといった課題もある。指定都市社協では、歴史的に区社協を育成し地区社協等の小地域活動を展開してきた経過があるが、地域生活課題に対応していくうえからも、区社協はもとより地区社協の育成をとおして、きめ細かな地域福祉のネットづくりに取り組むという役割が一層期待される。

第3は上記とも関連するが、各種の公的サービス（指定都市社協の実施する事業を含む）と地域住民による小地域福祉活動とが相まって、住民の生活を地域で支えることができるということである。もともと住民とのつながりが強い指定都市社協にあっては、住民との信頼関係をつくりながら、さまざまな小地域福祉活動を広げていくという役割が一層期待される。

第4は、指定都市社協にあっては事業実施との関係で、ヘルパーや施設等現業部門の職員が極めて多くなっている。とりわけ非常勤職員の比率も高く、管理上また経営面から配慮すべき点も多い（**図表6-4**参照）。現業部門の職員を含めた社協全体としての力量を高めていくことが求められている。

全社協は、都道府県・指定都市社協の経営に関する委員会のなかに指定都市分科会を設けている。平成25（2013）年6月に分科会の検討報告として「地域福祉活動・事業を基盤とする指定都市社協の今後の事業展開」をとりまとめ、当面求められる重点活動・事業として、以下の3点を示している。

(1)　社会的に孤立する高齢者への支援
(2)　青少年期・稼働世代に広がる“ひきこもり”への支援
(3)　地域での居場所づくり：小学生・中高生への学習支援、子育て不安・育児の孤立化の解消とニーズキャッチ

資料編

1. 市区町村社会福祉協議会関係基礎データ

1. 市区町村社協の数（令和2〔2020〕年4月現在）

	法人	未法人	計	法人化率
市（東京23区含む、政令指定都市除く）	794	0	794	100.0%
町	744	0	744	100.0%
村	178	5	183	97.3%
指定都市の区	96	8	104	92.3%
計	1,812	13	1,825	99.3%

（参考）

都道府県	47
政令指定都市	20
全国	1

2. 市区町村社協職員数

①職員数の推移

（単位：人）

	事務局長			一般事業職員			経営事業職員			合計
	常勤	非常勤	小計	常勤	非常勤	小計	常勤	非常勤	小計	
平成 7（1995）年度				13,845	1,235	15,080	25,737	9,470	35,207	50,287
平成 9（1997）年度				15,840	1,436	17,276	32,289	16,291	48,580	65,856
平成 12（2000）年度				17,025	2,018	19,043	39,487	30,913	70,400	89,443
平成 15（2003）年度				18,536	2,686	21,222	45,336	45,926	91,262	112,484
平成 16（2004）年度				21,992	2,938	28,930	38,652	50,054	88,706	117,636
平成 17（2005）年度				19,082	5,202	24,284	37,705	46,726	84,431	108,715
平成 19（2007）年度	1,897	44	1,941	21,189	8,024	29,213	42,334	46,337	88,671	119,825
平成 21（2009）年度	1,861	33	1,894	19,900	4,594	24,494	45,813	53,837	99,650	126,038
平成 23（2011）年度	1,814	37	1,851	21,972	5,330	27,302	50,618	56,709	107,327	136,480
平成 25（2013）年度	1,800	34	1,834	22,203	5,585	27,788	49,170	54,600	103,770	133,392
平成 26（2014）年度	1,791	33	1,824	22,761	6,277	29,038	49,168	54,908	104,076	134,938
平成 27（2015）年度	1,782	31	1,813	24,424	7,390	31,814	51,390	55,450	106,840	140,467
平成 28（2016）年度	1,781	33	1,814	24,661	7,726	32,387	50,273	54,237	104,510	138,711
平成 30（2018）年度（※）	1,782	51	1,833	26,592	8,680	35,272	51,748	54,864	106,611	143,716

※平成30（2018）年度は推定値

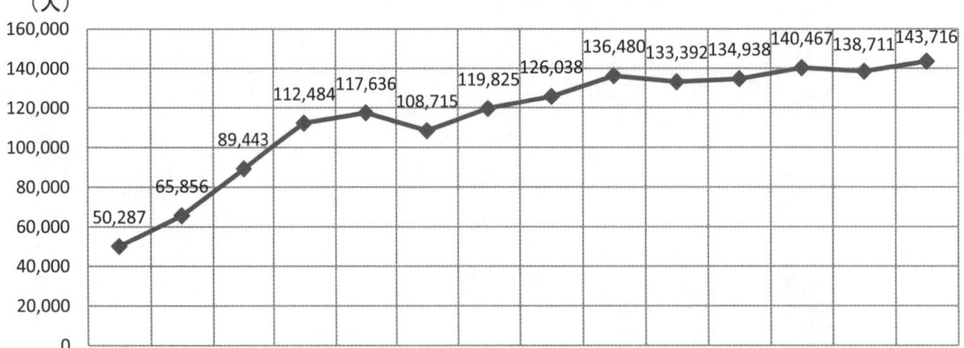

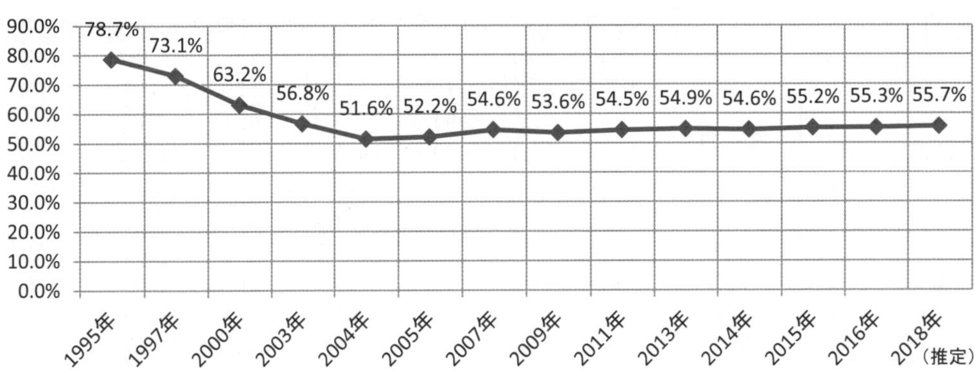

②人口規模別平均職員数（2018 年調査）

（単位：人）

		全体	1 万人未満	1-2 万人未満	2-4 万人未満	4-6 万人未満	6-8 万人未満	8-10 万人未満	10 万人台	20 万人台	30 万人台	40 万人以上
有効回答数		1,568	400	244	256	164	108	77	197	69	29	31
事務局長	正規	0.7	0.7	0.7	0.7	0.6	0.6	0.6	0.7	0.7	0.6	0.8
	非正規常勤	0.3	0.2	0.2	0.3	0.4	0.3	0.3	0.3	0.3	0.3	0.2
	非正規非常勤	0.03	0.02	0.06	0.02	0.04	0.02	0.03	0.02	0.03	0.00	0.00
一般事業職員	正規	9.9	3.6	5.7	8.8	11.2	12.3	16.1	16.1	17.0	24.5	31.1
	非正規常勤	4.5	1.1	2.4	3.5	5.1	6.2	7.4	8.2	9.5	11.2	16.8
	非正規非常勤	4.7	0.7	1.9	3.1	6.0	7.0	8.1	8.4	9.9	14.1	23.6
小計	正規	10.6	4.3	6.4	9.4	11.8	12.9	16.8	16.8	17.7	25.1	31.9
	非正規常勤	4.8	1.3	2.6	3.8	5.5	6.6	7.7	8.5	9.8	11.5	17.0
	非正規非常勤	4.7	0.8	1.9	3.1	6.1	7.0	8.1	8.4	9.9	14.1	23.6
経営事業職員	正規	14.3	8.4	11.4	14.7	16.2	17.2	23.1	18.8	16.5	22.4	23.2
	非正規常勤	13.7	5.3	7.8	12.6	17.9	20.3	20.9	20.2	27.9	25.5	29.1
	非正規非常勤	29.7	10.0	16.5	26.2	35.7	39.4	44.0	45.2	45.5	109.6	102.5
合計	正規	24.9	12.7	17.8	24.2	28.0	30.1	39.8	35.6	34.2	47.5	55.1
	非正規常勤	18.6	6.6	10.4	16.4	23.4	26.9	28.6	28.7	37.7	37.0	46.2
	非正規非常勤	34.5	10.8	18.4	29.3	41.7	46.5	52.1	53.6	55.4	123.7	126.1
総計		77.9	30.0	46.6	69.9	93.2	103.5	120.5	117.9	127.3	208.2	227.3

※人口規模別平均職員数は、1,568 社協が母数

3. 市区町村社協の財政の推移

	平成11(1999)年度		平成12(2000)年度		平成16(2004)年度		平成20(2008)年度		平成24(2012)年度	
会費	3,570	3.2%	3,986	2.5%	4,091	2.3%	5,890	2.2%	6,014	2.0%
寄附金	3,560	3.2%	3,862	2.4%	3,332	1.9%	4,516	1.7%	4,105	1.4%
分担金					136	0.1%	454	0.2%	108	0.0%
経常経費補助金	27,270	24.2%	32,958	20.9%	32,131	18.4%	45,577	17.3%	47,302	15.9%
助成金	3,400	3.0%	3,667	2.3%	1,919	1.1%	1,801	0.7%	1,587	0.5%
受託金	60,060	53.2%	43,935	27.8%	42,778	24.5%	59,815	22.7%	69,448	23.3%
事業収入	4,140	3.7%	5,720	3.6%	6,883	3.9%	8,537	3.2%	8,046	2.7%
共同募金配分金	4,730	4.2%	5,272	3.3%	5,341	3.1%	6,974	2.6%	6,880	2.3%
負担金	700	0.6%	1,199	0.8%	693	0.4%	2,053	0.8%	1,856	0.6%
介護保険			45,214	28.7%	64,267	36.9%	100,889	38.3%	114,451	38.4%
利用料(支援費)					4,704	2.7%	8,404	3.2%	12,948	4.3%
措置費					397	0.2%	416	0.2%	968	0.3%
運営費					965	0.6%	3,349	1.3%	4,668	1.6%
雑収入							1,691	0.6%	2,000	0.7%
その他	5,380	4.8%	11,969	7.6%	6,639	3.8%	12,897	4.9%	17,368	5.8%
事業活動収入計	112,810	100%	157,782	100%	174,276	100%	263,263	100%	297,748	100%
人件費	59,600	55.1%	81,850	53.9%	106,928	63.3%	171,037	65.6%	196,627	67.4%
事務費	5,910	5.5%	6,924	4.6%	12,031	7.1%	16,407	6.3%	17,194	5.9%
事業費	34,130	31.6%	41,752	27.5%	33,319	19.7%	47,721	18.3%	52,362	18.0%
分担金					288	0.2%	166	0.1%	139	0.0%
助成金	1,950	1.8%	3,152	2.1%	5,807	3.4%	7,353	2.8%	7,509	2.6%
負担金	600	0.6%	831	0.5%	1,145	0.7%	1,479	0.6%	1,581	0.5%
減価償却費			17,362	11.4%			5,223	2.0%	4,931	1.7%
その他	5,920	5.5%			9,380	5.6%	11,219	4.3%	11,240	3.9%
事業活動支出計	108,110	100%	151,871	100%	168,898	100%	260,605	100%	291,584	100%
	(千円)		(千円)		(千円)		(千円)		(千円)	

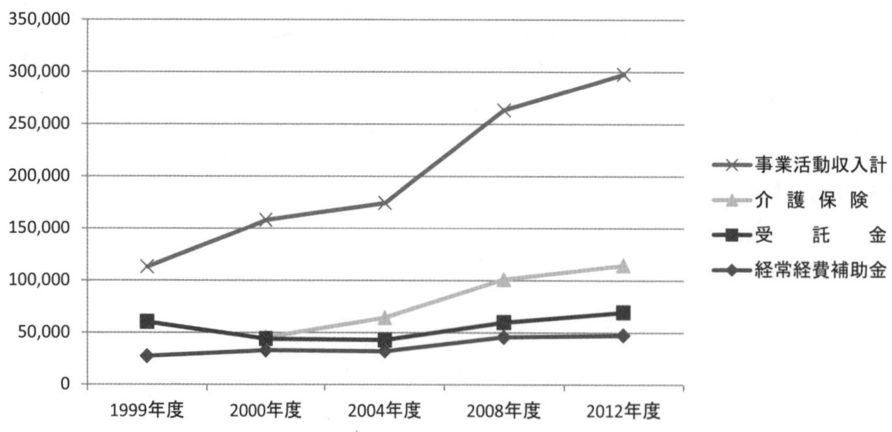

4．社協の把握するボランティア数の推移

調査時期		ボランティア団体数	団体所属ボランティア人数	個人ボランティア人数	ボランティア総人数
昭和 55（1980）年	4月	16,162	1,552,577	50,875	1,603,452
昭和 60（1985）年	4月	28,462	2,699,725	119,749	2,819,474
平成 元（1989）年	9月	46,928	3,787,802	114,138	3,901,940
平成 6（1994）年	3月	60,738	4,823,261	174,235	4,997,496
平成 7（1995）年	3月	63,406	4,801,118	249,987	5,051,105
平成 8（1996）年	3月	69,281	5,033,045	280,501	5,313,546
平成 9（1997）年	4月	79,025	5,121,169	336,742	5,457,911
平成 10（1998）年	4月	83,416	5,877,770	341,149	6,218,919
平成 11（1999）年	4月	90,689	6,593,967	364,504	6,958,471
平成 12（2000）年	4月	95,741	6,758,381	362,569	7,120,950
平成 13（2001）年	4月	97,648	6,833,719	385,428	7,219,147
平成 14（2002）年	4月	101,972	7,028,923	367,694	7,396,617
平成 15（2003）年	4月	118,820	7,406,247	385,365	7,791,612
平成 16（2004）年	4月	123,300	7,407,379	386,588	7,793,967
平成 17（2005）年	4月	123,926	7,009,543	376,085	7,385,628
平成 18（2006）年	10月	123,232	7,211,061	702,593	7,913,654
平成 19（2007）年	10月	146,738	7,585,348	742,322	8,327,670
平成 21（2009）年	4月	170,284	6,687,611	616,478	7,304,089
平成 22（2010）年	4月	173,052	7,414,791	1,104,600	8,519,391
平成 23（2011）年	4月	198,796	7,495,950	1,182,846	8,678,796
平成 24（2012）年	4月	205,296	6,646,619	1,220,002	7,866,621
平成 25（2013）年	4月	210,936	6,542,850	1,066,637	7,609,487
平成 26（2014）年	4月	269,964	6,184,493	1,003,195	7,187,688
平成 27（2015）年	4月	269,588	6,121,912	985,642	7,107,554
平成 28（2016）年	4月	186,294	6,114,907	931,661	7,046,568
平成 29（2017）年	4月	193,608	6,120,253	948,150	7,068,403
平成 30（2018）年	4月	177,028	6,562,382	1,116,317	7,678,699
		（団体）	（人）	（人）	（人）

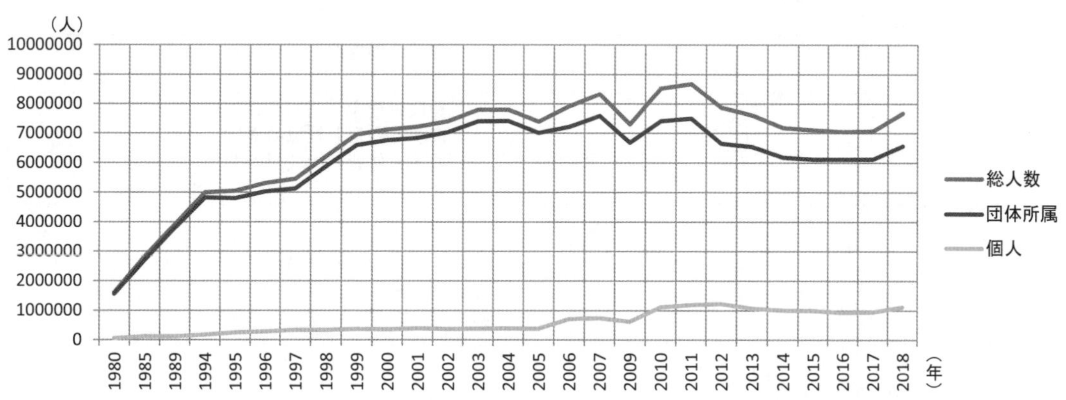

2．社会福祉協議会関係年表

		全社協等の動き		国等の動き	
1950年	昭和25年	「社会福祉協議会組織の基本要綱および構想案」発表			
1951年	昭和26年	中央社会福祉協議会結成		社会福祉事業法	
		都道府県社会福祉協議会結成（全都道府県）			
1955年	昭和30年			世帯更生資金貸付制度発足	
1957年	昭和32年	「市町村社会福祉協議会当面の活動方針」策定			
1958年	昭和33年				
1959年	昭和34年	保健福祉地区組織育成中央協議会（育成協）発足	保健、福祉の地区組織活動の推進		
		「社会福祉のボランティア育成と活動推進のために」発表	「住民主体の原則」の考え方		
1960年	昭和35年				高度経済成長、地域開発政策 ⇒地域問題の激化
1961年	昭和36年				
1962年	昭和37年	「社会福祉協議会基本要項」策定	①社協の性格を民間の自主的な組織としたこと ②住民主体の原則を確立したこと ③社協の基本的機能を組織化活動においたこと ④市区町村社協を基本的単位として位置付けたこと ⑤事務局、専門員の役割、意義を明らかにしたこと		
		徳島県、大分県で善意銀行発足	昭和38年には530か所に ボランティア活動普及への架け橋		
1963年	昭和38年			福祉活動指導員国庫補助開始	
1965年	昭和40年	地区組織活動育成連絡協議会発足			
1966年	昭和41年			福祉活動専門員国庫補助開始	
1967年	昭和42年			行政管理庁「共同募金に関する勧告」(社協の事務費・人件費への使用の禁止)	

		全社協等の動き		国等の動き	
1968年	昭和43年	「市町村社協当面の振興方策」		自治体からの補助金・委託金の増加⇒「下請け団体」化	
		「ボランティア育成要項」策定			
		「居宅寝たきり老人実態調査」(民生委員・児童委員)	在宅福祉サービスへの関心の惹起		
1970年	昭和45年	全国ボランティア活動推進研究会議（善意銀行代表者研究会議から改称）			
		「福祉教育に関する中間答申」発表	福祉教育の概念化		
1971年	昭和46年	社協のボランティアセンター設置急増	委託事業の否定⇒直接事業・サービス実施の否定 住民の地区組織活動推進機能に限定 社協の民間性の一般的強調	中央社会福祉審議会答申「コミュニティ形成と社会福祉」(コミュニティは地域福祉にとって社会資源である) 社会福祉の立場からのコミュニティづくり⇒「福祉コミュニティ」づくり	◆公的福祉の拡大期◆ 社協無用論
1973年	昭和48年	市区町村社協活動強化要項案	①運動体社協への発展強化を図る ②小地域の住民福祉活動を基盤とする ③ボランティアセンターとしての社協を確立 ボランティア活動推進の本格化	国庫補助「奉仕活動者補助」開始（都道府県・指定都市社協ボランティアセンター対象）	
1974年	昭和49年				
1975年	昭和50年			国庫補助「市区町村奉仕活動センター」開始	◆福祉見直し論◆
1976年	昭和51年	第1回全国地域福祉研究会議	「市区町村社協のあり方に関する試案」 在宅福祉サービスがこれからの社協にとって最も重要な活動		低所得者中心、施設中心⇒地域福祉
		中央ボランティアセンター設置			
1977年	昭和52年	全国ボランティア活動振興センター設置（国庫補助開始）		国庫補助事業「学童・生徒のボランティア活動普及事業」開始	
1979年	昭和54年	「在宅福祉サービスの戦略」発表	「社協は在宅福祉の供給システムにおける民間の中核として位置づけられ、直接サービスの相当部門を担当する役割においても期待されるものがあろう」		地域福祉・在宅福祉サービス安上がり論も
		「ボランティア活動振興のための提言」発表			
1980年	昭和55年	「ボランティアの基本理念とボランティアセンターの役割」(ボランティア基本問題研究委員会)発表			

		全社協等の動き		国等の動き	
1981年	昭和56年	地域福祉特別委員会（現在の地域福祉推進委員会）設置			
		「福祉教育の理念と実践の構造—福祉教育のあり方とその推進を考える—」発表			
1982年	昭和57年	「市区町村社協基盤強化の指針」策定	①企画立案能力、地域組織化、福祉組織化機能の高度化を図る ②在宅福祉サービス推進協議会を組織し公私共同推進体制の確立を図る ③先駆性、柔軟性、創造性という社協の持つ機能を十分に発揮して、地域福祉・在宅福祉サービスの開発、組織化ならびに実施運営を行い、制度化、体系化を図る		
1983年	昭和58年	市町村社協法制化 （10月1日施行）	社会福祉を目的とする事業に関する①調整、②総合企画、③連絡・調整および助成、普及及び宣伝		
1984年	昭和59年	「市区町村社協強化計画」策定			
		「地域福祉計画－理論と方法」発表			
1985年	昭和60年	「在宅福祉推進計画構想」発表		国庫補助事業ボラントピア事業（福祉ボランティアのまちづくり事業）開始	
1986年	昭和61年	国際社会福祉会議（東京）「家族とコミュニティの強化」開催	在宅福祉サービス実施の増加 （積極派と下請け団体化する受身派）		
1987年	昭和62年	「住民参加型在宅福祉サービスの展望と課題」発表		社会福祉士・介護福祉士資格創設	
				日本地域福祉学会設立	
1989年	昭和64年 平成元年		高齢者を中心に在宅福祉サービスの整備が進む	福祉関係三審議会企画部会「今後の社会福祉のあり方について」意見具申	
				「高齢者保健福祉推進十カ年戦略」（ゴールドプラン）策定	
1990年	平成2年		「社会福祉を目的とする事業を企画し、および実施するよう努めなければならない」を法規定に追加	福祉関係8法改正	
1991年	平成3年			国庫補助事業ふれあいのまちづくり事業開始	地域福祉の総合的推進のための予算

年	和暦	全社協等の動き		国等の動き	
1992年	平成4年	「新・社会福祉協議会基本要項」策定	①社会福祉協議会の構成員の明確化 ②住民主体の理念の継承と発展 ③福祉サービス等の企画・実施の強化	〔社協が個別の福祉問題への対応を通して、問題解決の方法・仕組みをつくるという手法の創出〕	
		第1回全国ボランティアフェスティバル			
		「地域福祉活動計画策定の手引き」発行			
			「社会福祉に関する活動への住民の参加のための援助」を法規定に追加	福祉人材確保法	
		「小地域福祉活動の手引き」(小地域ネットワーク活動等)発行	〔在宅福祉サービスと小地域ネットワーク、ふれあい・いきいきサロン等の地域福祉活動とのつながり〕		
1993年	平成5年	「ボランティア活動推進7ヵ年プラン構想について」策定		「国民の社会福祉に関する活動への参加の促進を図るための措置に関する基本的な指針」(福祉活動参加指針)	
		「ふれあいネットワークプラン基本構想」策定		中央社会福祉審議会答申「ボランティア活動の中長期的な振興方策について」	
1994年	平成6年	「事業型社協」の提案			
		ふれあい・いきいきサロンの提唱			
		「広がれボランティアの輪」連絡会議設立			
1995年	平成7年			〔ボランティア活動の意義の再確認⇒活動の新たな広がり〕	**阪神・淡路大震災**
1996年	平成8年	「新ふれあいネットワークプラン21基本構想」策定			
1997年	平成9年				
1998年	平成10年	〔NPOとの連携に迫られる ボランティア活動推進役の多様化〕		「特定非営利活動促進法」(NPO法)施行(12月)	
1999年	平成11年			国庫補助事業「地域福祉権利擁護事業」開始(10月)	
2000年	平成12年		社協の条項に「地域福祉の推進を図ることを目的とする団体」と明記 社会福祉事業法改正「社会福祉法」へ改称		
		〔介護保険制度による「委託金」の激減 介護保険運営に「追われる」ところも〕		介護保険制度スタート 成年後見制度導入	
2001年	平成13年				
2002年	平成14年	「市区町村社協経営指針」策定			◆自治体の財政危機◆

		全社協等の動き		国等の動き	
2002年	平成14年	「地域福祉活動計画策定指針」策定			経常経費補助削減の動き
2003年	平成15年		平成の大合併ピーク	支援費制度スタート（4月） 「地域福祉計画」規定の施行（4月）	
			地域福祉志向のサービス（地域福祉型福祉サービス）の活性化	厚労省・高齢者介護研究会「2015年の高齢者介護〜高齢者の尊厳を支えるケアの確立に向けて」を公表（6月）	地域密着型サービスを提案
				三位一体改革の進行	
2004年	平成16年	「地域福祉型福祉サービスの実際と求められるもの」発表	既存サービスを地域福祉の視点からの転換を推進		新潟県中越沖地震
2005年	平成17年			「発達障害者支援法」施行	
				「障害者自立支援法」成立（平成18年4、10月施行）	
		「地域総合相談・生活支援システムの構築に向けて〜市区町村社協への提言」まとめる			
2006年	平成18年			高齢者虐待の防止、高齢者の擁護者に対する支援等に関する法律」施行（4月）	
2007年	平成19年	生活福祉資金制度で保護世帯向け「長期生活支援資金」開始			
2008年	平成20年			これからの地域福祉あり方研究会「地域における『新たな支えあい』を求めて〜住民と行政の協働による新しい福祉」提言	年越し派遣村（12月）
2009年	平成21年			「安心生活創造事業」創設（国庫補助3か年事業）	
		生活福祉資金制度の見直し	総合支援資金の創設等	「地域定着生活支援センター」創設（国庫補助）	福祉的支援が必要な矯正施設対処者への支援
					◆政権交代◆
2010年	平成22年	「全社協福祉ビジョン2011」を提案（12月）			
2011年	平成23年				**3月 東日本大震災**
		「社協職員行動原則」を制定			
2012年	平成24年	「社協・生活支援活動強化方針」を策定		社会保障・税一体改革に関する三党合意（6月） 社会保障と税一体改革関連法成立（7月） 社会保障制度改革国民会議設置（11月）	◆政権交代◆（12月）

		全社協等の動き		国等の動き	
2013年	平成25年			「社会保障審議会生活困窮者の生活支援の在り方に関する特別部会」報告書公表（1月） 「持続可能な社会保障制度の確立を図るための改革の推進に関する法律」成立（12月）	報告に基づき生活困窮者自立支援法案作成 社会保障制度改革推進会議が設置
2014年	平成26年	「新地域支援構想」発表（6月）	新地域支援構想会議（全社協、さわやか福祉財団、日本生協連など14団体で構成）による	消費税8%にアップ(4月) 「子どもの貧困に関する大綱」発表（8月）	
2015年	平成27年	「全社協福祉ビジョン2011第2次行動方針」発表(3月) 「市区町村社会福祉協議会ボランティア・市民活動センター強化方策」策定（8月）	自立相談支援事業について、委託6割（自治体直営4割）のうち、8割を社協が受託	「生活困窮者自立支援法」施行（4月） 「介護予防・日常生活支援総合事業」開始（4月） 「新たな時代に対応した福祉の提供ビジョン」発表（9月）	要支援者1・2の訪問介護・通所介護を移行
2016年	平成28年	「社会福祉法人制度の見直しに対応した社協と社会福祉法人・施設の協働による活動の推進方策」策定（8月） 第1回全国ボランティアフォーラム開催（東京11月）	全国ボランティアフェスティバル（2015年度までに24回実施）から移行	社会福祉法人制度改革を目的とした改正社会福祉法一部施行（4月） 成年後見制度利用促進法施行（5月） 「ニッポン一億総活躍プラン」閣議決定（6月） 「『我が事・丸ごと』地域共生社会実現本部」設置（7月） 地域力強化検討会　中間まとめ（12月）	「地域における公益的な取組」実施の責務化等 **4月　熊本地震** 「地域共生社会の実現」を提言 中間とりまとめに基づき社会福祉法改正へ
2017年	平成29年	「社協・生活支援活動強化方針（第2次アクションプラン）」策定（5月）		「成年後見制度利用促進基本計画」閣議決定（3月） 地域連携ネットワーク、中核機関、市町村計画策定等社会福祉法人制度改革を目的とした改正社会福祉法全面施行（4月）	
2018年	平成30年	「社協・生活支援活動強化方針(第2次アクションプラン)」一部改定(3月) 「成年後見制度利用促進における社協の取り組みと地域における権利擁護体制の構築に向けた基本的な方策」公表（5月） 「社協における生活困窮者自立支援の推進方策」（6月）公表		地域共生社会実現をめざす改正社会福祉法施行(4月) 改正生活困窮者自立支援法一部施行（10月、全面施行は翌年4月）	地域福祉推進の理念及び市町村における包括的な支援体制づくりを規定 平成30年7月豪雨（7月）
2019年	令和元年			地域共生社会推進検討会最終とりまとめ（12月）	台風15・19号災害(9、10月)
2020年	令和2年	「全社協　福祉ビジョン2020」発表（2月） 「市区町村社協経営指針」（7月　第2次改定）	「ともに生きる豊かな地域社会」をめざす		令和2年7月豪雨（7月）
2021年	令和3年			改正社会福祉法施行（4月）	重層的支援体制整備事業開始

3．社会福祉法（昭和 26 年法律第 45 号）地域福祉関連条文抜粋

第１章　総則

（目的）

第１条　この法律は、社会福祉を目的とする事業の全分野における共通的基本事項を定め、社会福祉を目的とする他の法律と相まつて、福祉サービスの利用者の利益の保護及び地域における社会福祉（以下「地域福祉」という。）の推進を図るとともに、社会福祉事業の公明かつ適正な実施の確保及び社会福祉を目的とする事業の健全な発達を図り、もつて社会福祉の増進に資することを目的とする。

（定義）

第２条　この法律において「社会福祉事業」とは、第一種社会福祉事業及び第二種社会福祉事業をいう。

２　次に掲げる事業を第一種社会福祉事業とする。

１　生活保護法（昭和 25 年法律第 144 号）に規定する救護施設、更生施設その他生計困難者を無料又は低額な料金で入所させて生活の扶助を行うことを目的とする施設を経営する事業及び生計困難者に対して助葬を行う事業

２　児童福祉法（昭和 22 年法律第 164 号）に規定する乳児院、母子生活支援施設、児童養護施設、障害児入所施設、児童心理治療施設又は児童自立支援施設を経営する事業

３　老人福祉法（昭和 38 年法律第 133 号）に規定する養護老人ホーム、特別養護老人ホーム又は軽費老人ホームを経営する事業

４　障害者の日常生活及び社会生活を総合的に支援するための法律（平成 17 年法律第 123 号）に規定する障害者支援施設を経営する事業

５　削除

６　売春防止法（昭和 31 年法律第 118 号）に規定する婦人保護施設を経営する事業

７　授産施設を経営する事業及び生計困難者に対して無利子又は低利で資金を融通する事業

３　次に掲げる事業を第二種社会福祉事業とする。

１　生計困難者に対して、その住居で衣食その他日常の生活必需品若しくはこれに要する金銭を与え、又は生活に関する相談に応ずる事業

１の２　生活困窮者自立支援法（平成 25 年法律第 105 号）に規定する認定生活困窮者就労訓練事業

２　児童福祉法に規定する障害児通所支援事業、障害児相談支援事業、児童自立生活援助事業、放課後児童健全育成事業、子育て短期支援事業、乳児家庭全戸訪問事業、養育支援訪問事業、地域子育て支援拠点事業、一時預かり事業、小規模住居型児童養育事業、小規模保育事業、病児保育事業又は子育て援助活動支援事業、同法に規定する助産施設、保育所、児童厚生施設又は児童家庭支援センターを経営する事業及び児童の福祉の増進について相談に応ずる事業

２の２　就学前の子どもに関する教育、保育等の総合的な提供の推進に関する法律（平成 18 年法律第 77 号）に規定する幼保連携型認定こども園を経営する事業

２の３　民間あっせん機関による養子縁組のあっせんに係る児童の保護等に関する法律（平成 28 年法律第 110 号）に規定する養子縁組あっせん事業

３　母子及び父子並びに寡婦福祉法（昭和 39 年法律第 129 号）に規定する母子家庭日常生活支援事

業、父子家庭日常生活支援事業又は寡婦日常生活支援事業及び同法に規定する母子・父子福祉施設を経営する事業

4　老人福祉法に規定する老人居宅介護等事業、老人デイサービス事業、老人短期入所事業、小規模多機能型居宅介護事業、認知症対応型老人共同生活援助事業又は複合型サービス福祉事業及び同法に規定する老人デイサービスセンター、老人短期入所施設、老人福祉センター又は老人介護支援センターを経営する事業

4の2　障害者の日常生活及び社会生活を総合的に支援するための法律に規定する障害福祉サービス事業、一般相談支援事業、特定相談支援事業又は移動支援事業及び同法に規定する地域活動支援センター又は福祉ホームを経営する事業

5　身体障害者福祉法（昭和24年法律第283号）に規定する身体障害者生活訓練等事業、手話通訳事業又は介助犬訓練事業若しくは聴導犬訓練事業、同法に規定する身体障害者福祉センター、補装具製作施設、盲導犬訓練施設又は視聴覚障害者情報提供施設を経営する事業及び身体障害者の更生相談に応ずる事業

6　知的障害者福祉法（昭和35年法律第37号）に規定する知的障害者の更生相談に応ずる事業

7　削除

8　生計困難者のために、無料又は低額な料金で、簡易住宅を貸し付け、又は宿泊所その他の施設を利用させる事業

9　生計困難者のために、無料又は低額な料金で診療を行う事業

10　生計困難者に対して、無料又は低額な費用で介護保険法（平成9年法律第123号）に規定する介護老人保健施設又は介護医療院を利用させる事業

11　隣保事業（隣保館等の施設を設け、無料又は低額な料金でこれを利用させることその他その近隣地域における住民の生活の改善及び向上を図るための各種の事業を行うものをいう。）

12　福祉サービス利用援助事業（精神上の理由により日常生活を営むのに支障がある者に対して、無料又は低額な料金で、福祉サービス（前項各号及び前各号の事業において提供されるものに限る。以下この号において同じ。）の利用に関し相談に応じ、及び助言を行い、並びに福祉サービスの提供を受けるために必要な手続又は福祉サービスの利用に要する費用の支払に関する便宜を供与することその他の福祉サービスの適切な利用のための一連の援助を一体的に行う事業をいう。）

13　前項各号及び前各号の事業に関する連絡又は助成を行う事業

4　この法律における「社会福祉事業」には、次に掲げる事業は、含まれないものとする。

1　更生保護事業法（平成7年法律第86号）に規定する更生保護事業（以下「更生保護事業」という。）

2　実施期間が六月（前項第13号に掲げる事業にあっては、3月）を超えない事業

3　社団又は組合の行う事業であって、社員又は組合員のためにするもの

4　第2項各号及び前項第1号から第九号までに掲げる事業であって、常時保護を受ける者が、入所させて保護を行うものにあっては5人、その他のものにあっては20人（政令で定めるものにあっては、10人）に満たないもの

5　前項第13号に掲げる事業のうち、社会福祉事業の助成を行うものであって、助成の金額が毎年度500万円に満たないもの又は助成を受ける社会福祉事業の数が毎年度50に満たないもの

(福祉サービスの基本的理念)

第３条　福祉サービスは、個人の尊厳の保持を旨とし、その内容は、福祉サービスの利用者が心身ともに健やかに育成され、又はその有する能力に応じ自立した日常生活を営むことができるように支援するものとして、良質かつ適切なものでなければならない。

(地域福祉の推進)

第４条　地域福祉の推進は、地域住民が相互に人格と個性を尊重し合いながら、参加し、共生する地域社会の実現を目指して行われなければならない。

２　地域住民、社会福祉を目的とする事業を経営する者及び社会福祉に関する活動を行う者（以下「地域住民等」という。）は、相互に協力し、福祉サービスを必要とする地域住民が地域社会を構成する一員として日常生活を営み、社会、経済、文化その他あらゆる分野の活動に参加する機会が確保されるように、地域福祉の推進に努めなければならない。

３　地域住民等は、地域福祉の推進に当たっては、福祉サービスを必要とする地域住民及びその世帯が抱える福祉、介護、介護予防（要介護状態若しくは要支援状態となることの予防又は要介護状態若しくは要支援状態の軽減若しくは悪化の防止をいう。）、保健医療、住まい、就労及び教育に関する課題、福祉サービスを必要とする地域住民の地域社会からの孤立その他の福祉サービスを必要とする地域住民が日常生活を営み、あらゆる分野の活動に参加する機会が確保される上での各般の課題（以下「地域生活課題」という。）を把握し、地域生活課題の解決に資する支援を行う関係機関（以下「支援関係機関」という。）との連携等によりその解決を図るよう特に留意するものとする。

(福祉サービスの提供の原則)

第５条　社会福祉を目的とする事業を経営する者は、その提供する多様な福祉サービスについて、利用者の意向を十分に尊重し、地域福祉の推進に係る取組を行う他の地域住民等との連携を図り、かつ、保健医療サービスその他の関連するサービスとの有機的な連携を図るよう創意工夫を行いつつ、これを総合的に提供することができるようにその事業の実施に努めなければならない。

(福祉サービスの提供体制の確保等に関する国及び地方公共団体の責務)

第６条　国及び地方公共団体は、社会福祉を目的とする事業を経営する者と協力して、社会福祉を目的とする事業の広範かつ計画的な実施が図られるよう、福祉サービスを提供する体制の確保に関する施策、福祉サービスの適切な利用の推進に関する施策その他の必要な各般の措置を講じなければならない。

２　国及び地方公共団体は、地域生活課題の解決に資する支援が包括的に提供される体制の整備その他地域福祉の推進のために必要な各般の措置を講ずるよう努めるとともに、当該措置の推進に当たっては、保健医療、労働、教育、住まい及び地域再生に関する施策その他の関連施策との連携に配慮するよう努めなければならない。

３　国及び都道府県は、市町村（特別区を含む。以下同じ。）において第106条の４第２項に規定する重層的支援体制整備事業その他地域生活課題の解決に資する支援が包括的に提供される体制の整備が適正かつ円滑に行われるよう、必要な助言、情報の提供その他の援助を行わなければならない。

第10章　地域福祉の推進

第1節　包括的な支援体制の整備

（地域子育て支援拠点事業等を経営する者の責務）

第106条の2　社会福祉を目的とする事業を経営する者のうち、次に掲げる事業を行うもの（市町村の委託を受けてこれらの事業を行う者を含む。）は、当該事業を行うに当たり自らがその解決に資する支援を行うことが困難な地域生活課題を把握したときは、当該地域生活課題を抱える地域住民の心身の状況、その置かれている環境その他の事情を勘案し、支援関係機関による支援の必要性を検討するよう努めるとともに、必要があると認めるときは、支援関係機関に対し、当該地域生活課題の解決に資する支援を求めるよう努めなければならない。

1　児童福祉法第6条の3第6項に規定する地域子育て支援拠点事業又は同法第10条の2に規定する拠点において同条に規定する支援を行う事業

2　母子保健法（昭和40年法律第141号）第22条第2項に規定する母子健康包括支援センターを経営する事業

3　介護保険法第115条の45第2項第1号に掲げる事業

4　障害者の日常生活及び社会生活を総合的に支援するための法律第77条第1項第3号に掲げる事業

5　子ども・子育て支援法（平成24年法律第65号）第59条第1号に掲げる事業

（包括的な支援体制の整備）

第106条の3　市町村は、次条第2項に規定する重層的支援体制整備事業をはじめとする地域の実情に応じた次に掲げる施策の積極的な実施その他の各般の措置を通じ、地域住民等及び支援関係機関による、地域福祉の推進のための相互の協力が円滑に行われ、地域生活課題の解決に資する支援が包括的に提供される体制を整備するよう努めるものとする。

1　地域福祉に関する活動への地域住民の参加を促す活動を行う者に対する支援、地域住民等が相互に交流を図ることができる拠点の整備、地域住民等に対する研修の実施その他の地域住民等が地域福祉を推進するために必要な環境の整備に関する施策

2　地域住民等が自ら他の地域住民が抱える地域生活課題に関する相談に応じ、必要な情報の提供及び助言を行い、必要に応じて、支援関係機関に対し、協力を求めることができる体制の整備に関する施策

3　生活困窮者自立支援法第3条第2項に規定する生活困窮者自立相談支援事業を行う者その他の支援関係機関が、地域生活課題を解決するために、相互の有機的な連携の下、その解決に資する支援を一体的かつ計画的に行う体制の整備に関する施策

2　厚生労働大臣は、次条第2項に規定する重層的支援体制整備事業をはじめとする前項各号に掲げる施策に関して、その適切かつ有効な実施を図るため必要な指針を公表するものとする。

（重層的支援体制整備事業）

第106条の4　市町村は、地域生活課題の解決に資する包括的な支援体制を整備するため、前条第1項各号に掲げる施策として、厚生労働省令で定めるところにより、重層的支援体制整備事業を行うことができる。

2　前項の「重層的支援体制整備事業」とは、次に掲げるこの法律に基づく事業及び他の法律に基づく事

業を一体のものとして実施することにより、地域生活課題を抱える地域住民及びその世帯に対する支援体制並びに地域住民等による地域福祉の推進のために必要な環境を一体的かつ重層的に整備する事業をいう。

1 地域生活課題を抱える地域住民及びその家族その他の関係者からの相談に包括的に応じ、利用可能な福祉サービスに関する情報の提供及び助言、支援関係機関との連絡調整並びに高齢者、障害者等に対する虐待の防止及びその早期発見のための援助その他厚生労働省令で定める便宜の提供を行うため、次に掲げる全ての事業を一体的に行う事業

イ 介護保険法第115条の45第2項第1号から第3号までに掲げる事業

ロ 障害者の日常生活及び社会生活を総合的に支援するための法律第77条第1項第3号に掲げる事業

ハ 子ども・子育て支援法第59条第1号に掲げる事業

ニ 生活困窮者自立支援法第3条第2項各号に掲げる事業

2 地域生活課題を抱える地域住民であって、社会生活を円滑に営む上での困難を有するものに対し、支援関係機関と民間団体との連携による支援体制の下、活動の機会の提供、訪問による必要な情報の提供及び助言その他の社会参加のために必要な便宜の提供として厚生労働省令で定めるものを行う事業

3 地域住民が地域において自立した日常生活を営み、地域社会に参加する機会を確保するための支援並びに地域生活課題の発生の防止又は解決に係る体制の整備及び地域住民相互の交流を行う拠点の開設その他厚生労働省令で定める援助を行うため、次に掲げる全ての事業を一体的に行う事業

イ 介護保険法第115条の45第1項第2号に掲げる事業のうち厚生労働大臣が定めるもの

ロ 介護保険法第115条の45第2項第5号に掲げる事業

ハ 障害者の日常生活及び社会生活を総合的に支援するための法律第77条第1項第9号に掲げる事業

ニ 子ども・子育て支援法第59条第9号に掲げる事業

4 地域社会からの孤立が長期にわたる者その他の継続的な支援を必要とする地域住民及びその世帯に対し、訪問により状況を把握した上で相談に応じ、利用可能な福祉サービスに関する情報の提供及び助言その他の厚生労働省令で定める便宜の提供を包括的かつ継続的に行う事業

5 複数の支援関係機関相互間の連携による支援を必要とする地域住民及びその世帯に対し、複数の支援関係機関が、当該地域住民及びその世帯が抱える地域生活課題を解決するために、相互の有機的な連携の下、その解決に資する支援を一体的かつ計画的に行う体制を整備する事業

6 前号に掲げる事業による支援が必要であると市町村が認める地域住民に対し、当該地域住民に対する支援の種類及び内容その他の厚生労働省令で定める事項を記載した計画の作成その他の包括的かつ計画的な支援として厚生労働省令で定めるものを行う事業

3 市町村は、重層的支援体制整備事業（前項に規定する重層的支援体制整備事業をいう。以下同じ。）を実施するに当たっては、母子保健法第22条第2項に規定する母子健康包括支援センター、介護保険法第115条の46第1項に規定する地域包括支援センター、障害者の日常生活及び社会生活を総合的に支援するための法律第77条の2第1項に規定する基幹相談支援センター、生活困窮者自立支援法第3条第2項各号に掲げる事業を行う者その他の支援関係機関相互間の緊密な連携が図られるよう努めるものとする。

4 市町村は、第2項各号に掲げる事業の一体的な実施が確保されるよう必要な措置を講じた上で、重層的支援体制整備事業の事務の全部又は一部を当該市町村以外の厚生労働省令で定める者に委託することができる。

5　前項の規定による委託を受けた者若しくはその役員若しくは職員又はこれらの者であった者は、正当な理由がないのに、その委託を受けた事務に関して知り得た秘密を漏らしてはならない。

（重層的支援体制整備事業実施計画）

第106条の5　市町村は、重層的支援体制整備事業を実施するときは、第106条の3第2項の指針に則して、重層的支援体制整備事業を適切かつ効果的に実施するため、重層的支援体制整備事業の提供体制に関する事項その他厚生労働省令で定める事項を定める計画（以下この条において「重層的支援体制整備事業実施計画」という。）を策定するよう努めるものとする。

2　市町村は、重層的支援体制整備事業実施計画を策定し、又はこれを変更するときは、地域住民、支援関係機関その他の関係者の意見を適切に反映するよう努めるものとする。

3　重層的支援体制整備事業実施計画は、第107条第1項に規定する市町村地域福祉計画、介護保険法第117条第1項に規定する市町村介護保険事業計画、障害者の日常生活及び社会生活を総合的に支援するための法律第88条第1項に規定する市町村障害福祉計画、子ども・子育て支援法第61条第1項に規定する市町村子ども・子育て支援事業計画その他の法律の規定による計画であって地域福祉の推進に関する事項を定めるものと調和が保たれたものでなければならない。

4　市町村は、重層的支援体制整備事業実施計画を策定し、又はこれを変更したときは、遅滞なく、これを公表するよう努めるものとする。

5　前各項に定めるもののほか、重層的支援体制整備事業実施計画の策定及び変更に関し必要な事項は、厚生労働省令で定める。

（支援会議）

第106条の6　市町村は、支援関係機関、第106条の4第4項の規定による委託を受けた者、地域生活課題を抱える地域住民に対する支援に従事する者その他の関係者（第3項及び第4項において「支援関係機関等」という。）により構成される会議（以下この条において「支援会議」という。）を組織することができる。

2　支援会議は、重層的支援体制整備事業の円滑な実施を図るために必要な情報の交換を行うとともに、地域住民が地域において日常生活及び社会生活を営むのに必要な支援体制に関する検討を行うものとする。

3　支援会議は、前項に規定する情報の交換及び検討を行うために必要があると認めるときは、支援関係機関等に対し、地域生活課題を抱える地域住民及びその世帯に関する資料又は情報の提供、意見の開陳その他必要な協力を求めることができる。

4　支援関係機関等は、前項の規定による求めがあった場合には、これに協力するよう努めるものとする。

5　支援会議の事務に従事する者又は従事していた者は、正当な理由がないのに、支援会議の事務に関して知り得た秘密を漏らしてはならない。

6　前各項に定めるもののほか、支援会議の組織及び運営に関し必要な事項は、支援会議が定める。

（市町村の支弁）

第106条の7　重層的支援体制整備事業の実施に要する費用は、市町村の支弁とする。

（市町村に対する交付金の交付）

第106条の8　国は、政令で定めるところにより、市町村に対し、次に掲げる額を合算した額を交付金として交付する。

1　前条の規定により市町村が支弁する費用のうち、重層的支援体制整備事業として行う第106条の4第2項第3号イに掲げる事業に要する費用として政令で定めるところにより算定した額の100分の20に相当する額
2　前条の規定により市町村が支弁する費用のうち、重層的支援体制整備事業として行う第106条の4第2項第3号イに掲げる事業に要する費用として政令で定めるところにより算定した額を基礎として、介護保険法第9条第1号に規定する第一号被保険者（以下この号において「第一号被保険者」という。）の年齢階級別の分布状況、第一号被保険者の所得の分布状況等を考慮して、政令で定めるところにより算定した額
3　前条の規定により市町村が支弁する費用のうち、重層的支援体制整備事業として行う第106条の4第2項第1号イ及び第3号ロに掲げる事業に要する費用として政令で定めるところにより算定した額に、介護保険法第125条第2項に規定する第二号被保険者負担率（第106条の10第2号において「第二号被保険者負担率」という。）に100分の50を加えた率を乗じて得た額（次条第二号において「特定地域支援事業支援額」という。）の百分の五十に相当する額
4　前条の規定により市町村が支弁する費用のうち、重層的支援体制整備事業として行う第106条の4第2項第1号ニに掲げる事業に要する費用として政令で定めるところにより算定した額の4分の3に相当する額
5　前条の規定により市町村が支弁する費用のうち、第1号及び前2号に規定する事業以外の事業に要する費用として政令で定めるところにより算定した額の一部に相当する額として予算の範囲内で交付する額

第106条の9　都道府県は、政令で定めるところにより、市町村に対し、次に掲げる額を合算した額を交付金として交付する。
1　前条第1号に規定する政令で定めるところにより算定した額の100分の12.5に相当する額
2　特定地域支援事業支援額の100分の25に相当する額
3　第106条の7の規定により市町村が支弁する費用のうち、前条第1号及び第3号に規定する事業以外の事業に要する費用として政令で定めるところにより算定した額の一部に相当する額として当該都道府県の予算の範囲内で交付する額

（市町村の一般会計への繰入れ）

第106条の10　市町村は、当該市町村について次に定めるところにより算定した額の合計額を、政令で定めるところにより、介護保険法第3条第2項の介護保険に関する特別会計から一般会計に繰り入れなければならない。
1　第106条の8第1号に規定する政令で定めるところにより算定した額の100分の55に相当する額から同条第2号の規定により算定した額を控除した額
2　第106条の8第3号に規定する政令で定めるところにより算定した額に100分の50から第二号被保険者負担率を控除して得た率を乗じて得た額に相当する額

（重層的支援体制整備事業と介護保険法等との調整）

第106条の11　市町村が重層的支援体制整備事業を実施する場合における介護保険法第122条の2（第3項を除く。）並びに第123条第3項及び第4項の規定の適用については、同法第122条の2第1項中「費用」とあるのは「費用（社会福祉法第106条の4第2項に規定する重層的支援体制整備事業（以下

「重層的支援体制整備事業」という。）として行う同項第３号イに掲げる事業に要する費用を除く。次項及び第123条第３項において同じ。）」と、同条第４項中「費用」とあるのは「費用（重層的支援体制整備事業として行う社会福祉法第106条の４第２項第１号イ及び第３号ロに掲げる事業に要する費用を除く。）」とする。

2　市町村が重層的支援体制整備事業を実施する場合における障害者の日常生活及び社会生活を総合的に支援するための法律第92条の規定の適用については、同条第６号中「費用」とあるのは、「費用（社会福祉法第106条の４第２項に規定する重層的支援体制整備事業として行う同項第１号ロ及び第３号ハに掲げる事業に要する費用を除く。）」とする。

3　市町村が重層的支援体制整備事業を実施する場合における子ども・子育て支援法第65条の規定の適用については、同条第６号中「費用」とあるのは、「費用（社会福祉法第106条の４第２項に規定する重層的支援体制整備事業として行う同項第１号ハ及び第３号ニに掲げる事業に要する費用を除く。）」とする。

4　市町村が重層的支援体制整備事業を実施する場合における生活困窮者自立支援法第12条、第14条及び第15条第１項の規定の適用については、同法第12条第１号中「費用」とあるのは「費用（社会福祉法第106条の４第２項に規定する重層的支援体制整備事業（以下「重層的支援体制整備事業」という。）として行う同項第１号ニに掲げる事業の実施に要する費用を除く。）」と、同法第14条中「費用」とあるのは「費用（重層的支援体制整備事業として行う事業の実施に要する費用を除く。）」と、同法第15条第１項第１号中「額」とあるのは「額（重層的支援体制整備事業として行う社会福祉法第106条の４第２項第１号ニに掲げる事業に要する費用として政令で定めるところにより算定した額を除く。）」とする。

第２節　地域福祉計画

（市町村地域福祉計画）

第107条　市町村は、地域福祉の推進に関する事項として次に掲げる事項を一体的に定める計画（以下「市町村地域福祉計画」という。）を策定するよう努めるものとする。

1　地域における高齢者の福祉、障害者の福祉、児童の福祉その他の福祉に関し、共通して取り組むべき事項

2　地域における福祉サービスの適切な利用の推進に関する事項

3　地域における社会福祉を目的とする事業の健全な発達に関する事項

4　地域福祉に関する活動への住民の参加の促進に関する事項

5　地域生活課題の解決に資する支援が包括的に提供される体制の整備に関する事項

2　市町村は、市町村地域福祉計画を策定し、又は変更しようとするときは、あらかじめ、地域住民等の意見を反映させるよう努めるとともに、その内容を公表するよう努めるものとする。

3　市町村は、定期的に、その策定した市町村地域福祉計画について、調査、分析及び評価を行うよう努めるとともに、必要があると認めるときは、当該市町村地域福祉計画を変更するものとする。

（都道府県地域福祉支援計画）

第108条　都道府県は、市町村地域福祉計画の達成に資するために、各市町村を通ずる広域的な見地から、市町村の地域福祉の支援に関する事項として次に掲げる事項を一体的に定める計画（以下「都道府県地域福祉支援計画」という。）を策定するよう努めるものとする。

1　地域における高齢者の福祉、障害者の福祉、児童の福祉その他の福祉に関し、共通して取り組むべき事項
2　市町村の地域福祉の推進を支援するための基本的方針に関する事項
3　社会福祉を目的とする事業に従事する者の確保又は資質の向上に関する事項
4　福祉サービスの適切な利用の推進及び社会福祉を目的とする事業の健全な発達のための基盤整備に関する事項
5　市町村による地域生活課題の解決に資する支援が包括的に提供される体制の整備の実施の支援に関する事項

2　都道府県は、都道府県地域福祉支援計画を策定し、又は変更しようとするときは、あらかじめ、公聴会の開催等住民その他の者の意見を反映させるよう努めるとともに、その内容を公表するよう努めるものとする。

3　都道府県は、定期的に、その策定した都道府県地域福祉支援計画について、調査、分析及び評価を行うよう努めるとともに、必要があると認めるときは、当該都道府県地域福祉支援計画を変更するものとする。

第3節　社会福祉協議会

（市町村社会福祉協議会及び地区社会福祉協議会）

第109条　市町村社会福祉協議会は、1又は同一都道府県内の2以上の市町村の区域内において次に掲げる事業を行うことにより地域福祉の推進を図ることを目的とする団体であって、その区域内における社会福祉を目的とする事業を経営する者及び社会福祉に関する活動を行う者が参加し、かつ、指定都市にあってはその区域内における地区社会福祉協議会の過半数及び社会福祉事業又は更生保護事業を経営する者の過半数が、指定都市以外の市及び町村にあってはその区域内における社会福祉事業又は更生保護事業を経営する者の過半数が参加するものとする。

1　社会福祉を目的とする事業の企画及び実施
2　社会福祉に関する活動への住民の参加のための援助
3　社会福祉を目的とする事業に関する調査、普及、宣伝、連絡、調整及び助成
4　前三号に掲げる事業のほか、社会福祉を目的とする事業の健全な発達を図るために必要な事業

2　地区社会福祉協議会は、1又は2以上の区（地方自治法第252条の20に規定する区及び同法第252条の20の2に規定する総合区をいう。）の区域内において前項各号に掲げる事業を行うことにより地域福祉の推進を図ることを目的とする団体であって、その区域内における社会福祉を目的とする事業を経営する者及び社会福祉に関する活動を行う者が参加し、かつ、その区域内において社会福祉事業又は更生保護事業を経営する者の過半数が参加するものとする。

3　市町村社会福祉協議会のうち、指定都市の区域を単位とするものは、第1項各号に掲げる事業のほか、その区域内における地区社会福祉協議会の相互の連絡及び事業の調整の事業を行うものとする。

4　市町村社会福祉協議会及び地区社会福祉協議会は、広域的に事業を実施することにより効果的な運営が見込まれる場合には、その区域を越えて第1項各号に掲げる事業を実施することができる。

5　関係行政庁の職員は、市町村社会福祉協議会及び地区社会福祉協議会の役員となることができる。ただし、役員の総数の5分の1を超えてはならない。

6　市町村社会福祉協議会及び地区社会福祉協議会は、社会福祉を目的とする事業を経営する者又は社会福祉に関する活動を行う者から参加の申出があったときは、正当な理由がないのにこれを拒んではならない。

(都道府県社会福祉協議会)

第110条　都道府県社会福祉協議会は、都道府県の区域内において次に掲げる事業を行うことにより地域福祉の推進を図ることを目的とする団体であって、その区域内における市町村社会福祉協議会の過半数及び社会福祉事業又は更生保護事業を経営する者の過半数が参加するものとする。

1　前条第1項各号に掲げる事業であって各市町村を通ずる広域的な見地から行うことが適切なもの

2　社会福祉を目的とする事業に従事する者の養成及び研修

3　社会福祉を目的とする事業の経営に関する指導及び助言

4　市町村社会福祉協議会の相互の連絡及び事業の調整

2　前条第五項及び第六項の規定は、都道府県社会福祉協議会について準用する。

(社会福祉協議会連合会)

第111条　都道府県社会福祉協議会は、相互の連絡及び事業の調整を行うため、全国を単位として、社会福祉協議会連合会を設立することができる。

2　第109条第5項の規定は、社会福祉協議会連合会について準用する。

第4節　共同募金

(共同募金)

第112条　この法律において「共同募金」とは、都道府県の区域を単位として、毎年一回、厚生労働大臣の定める期間内に限ってあまねく行う寄附金の募集であって、その区域内における地域福祉の推進を図るため、その寄附金をその区域内において社会福祉事業、更生保護事業その他の社会福祉を目的とする事業を経営する者(国及び地方公共団体を除く。以下この節において同じ。)に配分することを目的とするものをいう。

(共同募金会)

第113条　共同募金を行う事業は、第2条の規定にかかわらず、第一種社会福祉事業とする。

2　共同募金事業を行うことを目的として設立される社会福祉法人を共同募金会と称する。

3　共同募金会以外の者は、共同募金事業を行つてはならない。

4　共同募金会及びその連合会以外の者は、その名称中に、「共同募金会」又はこれと紛らわしい文字を用いてはならない。

(共同募金会の認可)

第114条　第30条第1項の所轄庁は、共同募金会の設立の認可に当たっては、第32条に規定する事項のほか、次に掲げる事項をも審査しなければならない。

1　当該共同募金の区域内に都道府県社会福祉協議会が存すること。

2　特定人の意思によって事業の経営が左右されるおそれがないものであること。

3　当該共同募金の配分を受ける者が役員、評議員又は配分委員会の委員に含まれないこと。

4　役員、評議員又は配分委員会の委員が、当該共同募金の区域内における民意を公正に代表するものであること。

（配分委員会）

第115条　寄附金の公正な配分に資するため、共同募金会に配分委員会を置く。

2　第40条第1項の規定は、配分委員会の委員について準用する。

3　共同募金会の役員は、配分委員会の委員となることができる。ただし、委員の総数の3分の1を超えてはならない。

4　この節に規定するもののほか、配分委員会に関し必要な事項は、政令で定める。

（共同募金の性格）

第116条　共同募金は、寄附者の自発的な協力を基礎とするものでなければならない。

（共同募金の配分）

第117条　共同募金は、社会福祉を目的とする事業を経営する者以外の者に配分してはならない。

2　共同募金会は、寄附金の配分を行うに当たっては、配分委員会の承認を得なければならない。

3　共同募金会は、第112条に規定する期間が満了した日の属する会計年度の翌年度の末日までに、その寄附金を配分しなければならない。

4　国及び地方公共団体は、寄附金の配分について干渉してはならない。

（準備金）

第118条　共同募金会は、前条第3項の規定にかかわらず、災害救助法（昭和22年法律第118号）第2条に規定する災害の発生その他厚生労働省令で定める特別の事情がある場合に備えるため、共同募金の寄附金の額に厚生労働省令で定める割合を乗じて得た額を限度として、準備金を積み立てることができる。

2　共同募金会は、前項の災害の発生その他特別の事情があった場合には、第112条の規定にかかわらず、当該共同募金会が行う共同募金の区域以外の区域において社会福祉を目的とする事業を経営する者に配分することを目的として、拠出の趣旨を定め、同項の準備金の全部又は一部を他の共同募金会に拠出することができる。

3　前項の規定による拠出を受けた共同募金会は、拠出された金額を、同項の拠出の趣旨に従い、当該共同募金会の区域において社会福祉を目的とする事業を経営する者に配分しなければならない。

4　共同募金会は、第1項に規定する準備金の積立て、第2項に規定する準備金の拠出及び前項の規定に基づく配分を行うに当たっては、配分委員会の承認を得なければならない。

（計画の公告）

第119条　共同募金会は、共同募金を行うには、あらかじめ、都道府県社会福祉協議会の意見を聴き、及び配分委員会の承認を得て、共同募金の目標額、受配者の範囲及び配分の方法を定め、これを公告しなければならない。

（結果の公告）

第120条　共同募金会は、寄附金の配分を終了したときは、1月以内に、募金の総額、配分を受けた者の氏名又は名称及び配分した額並びに第118条第1項の規定により新たに積み立てられた準備金の額及び準備金の総額を公告しなければならない。

2　共同募金会は、第118条第2項の規定により準備金を拠出した場合には、速やかに、同項の拠出の趣旨、拠出先の共同募金会及び拠出した額を公告しなければならない。

3　共同募金会は、第118条第3項の規定により配分を行った場合には、配分を終了した後3月以内に、拠出を受けた総額及び拠出された金額の配分を受けた者の氏名又は名称を公告するとともに、当該拠出を行った共同募金会に対し、拠出された金額の配分を受けた者の氏名又は名称を通知しなければならない。

（共同募金会に対する解散命令）

第 121 条　第 30 条第 1 項の所轄庁は、共同募金会については、第 56 条第 8 項の事由が生じた場合のほか、第 114 条各号に規定する基準に適合しないと認められるに至った場合においても、解散を命ずることができる。ただし、他の方法により監督の目的を達することができない場合に限る。

（受配者の寄附金募集の禁止）

第 122 条　共同募金の配分を受けた者は、その配分を受けた後 1 年間は、その事業の経営に必要な資金を得るために寄附金を募集してはならない。

第 123 条　削除

（共同募金会連合会）

第 124 条　共同募金会は、相互の連絡及び事業の調整を行うため、全国を単位として、共同募金会連合会を設立することができる。

4. 参考資料リスト

①社会福祉協議会関係の主な指針・規定等一覧

基本要項・経営指針

社会福祉協議会基本要項	全国社会福祉協議会	昭和 37（1962）年
新・社会福祉協議会基本要項	全国社会福祉協議会	平成 4（1992）年 4 月
市区町村社協経営指針（第 2 次改定）	全国社会福祉協議会地域福祉推進委員会	令和 2（2020）年 7 月
全社協福祉ビジョン 2020	全国社会福祉協議会	令和 2（2020）年 2 月

その他方針関係

「事業型社協」推進の指針《改訂版》	全国社会福祉協議会	平成 7（1995）年 7 月
小地域福祉活動の推進に関する検討委員会報告書	全国社会福祉協議会	平成 19（2007）年 10 月
小地域福祉活動（住民の地域福祉活動）を活性化する取り組みの提案（小地域福祉活動活性化アクションプラン）	全国社会福祉協議会地域福祉推進委員会	平成 21（2009）年 5 月
「社協職員行動原則―私たちがめざす職員像―」の策定について	全国社会福祉協議会地域福祉推進委員会	平成 23（2011）年 5 月
都道府県社会福祉協議会の当面の活動方針	都道府県・指定都市社協の経営に関する委員会	平成 24（2012）年 10 月
社協・介護サービス事業推進方針 2015	全国社会福祉協議会地域福祉推進委員会介護サービス経営研究会幹事会	平成 27（2015）年 1 月
市区町村社会福祉協議会ボランティア・市民活動センター強化方策 2015	全国社会福祉協議会全国ボランティア・市民活動振興センター	平成 27（2015）年 8 月
社会福祉法人制度の見直しに対応した社会福祉協議会と社会福祉法人・施設の協働による活動の推進方策	全国社会福祉協議会地域福祉推進委員会	平成 28（2016）年 8 月
社協介護サービス事業経営の手引き	全社協地域福祉推進委員会介護サービス事業経営研究会幹事会	平成 28（2016）年 10 月
社協・生活支援活動強化方針（第 2 次アクションプラン）	全国社会福祉協議会地域福祉推進委員会	平成 30（2018）年 3 月（一部改定）
成年後見制度利用促進における社協の取り組みと地域における権利擁護体制の構築に向けた基本的な方策	全国社会福祉協議会地域福祉推進委員会今後の権利擁護体制のあり方検討委員会	平成 30（2018）3 月
社協における生活困窮者自立支援の推進方策	全国社会福祉協議会地域福祉推進委員会社協における生活困窮者自立支援のあり方検討委員会	平成 30（2018）6 月

計画関係

地域福祉活動計画策定指針―地域福祉計画策定推進と地域福祉活動計画	全国社会福祉協議会	平成 15（2003）年 11 月
市区町村社協発展・強化計画策定の手引き	全国社会福祉協議会	平成 17（2005）年 9 月
地域での計画的な包括支援体制づくりに関する調査研修事業「地域福祉計画の策定促進に関する委員会」報告書等	全国社会福祉協議会	平成 31（2019）年 3 月

モデル定款、経理規程

改訂：市区町村社協事務局長の出納業務に関する 10 のチェックポイント	全国社会福祉協議会	平成 19（2007）年 5 月
法人社会福祉協議会モデル定款	全国社会福祉協議会	平成 28（2016）年 11 月
社会福祉協議会モデル経理規程	全国社会福祉協議会	平成 29（2018）年 5 月

②社会福祉協議会関係の主な調査研究報告一覧

地域福祉型福祉サービスの実際と求められるもの	地域福祉実践の効果的な展開方法及び評価に関する研究委員会	平成16（2004）3月
「地域福祉型福祉サービス」のすすめ	「地域福祉型福祉サービス」の普及・啓発に関する事業調査研究委員会	平成17（2005）年3月
社会福祉協議会における福祉教育推進検討委員会報告書	社会福祉協議会における福祉教育推進検討委員会	平成17（2005）年11月
「地域総合相談・生活支援システム」の構築に向けて～市区町村社会福祉協議会への提案～	地域総合相談・生活支援システム及びワーカーの専門性に関する検討委員会	平成17（2005）年11月
地域福祉計画による社会福祉の総合化をめざして	全国社会福祉協議会	平成18（2006）年3月
小地域福祉活動の推進に関する検討委員会報告書	小地域福祉活動の推進に関する検討委員会	平成19（2007）年10月
地域福祉コーディネーターに関する調査研究委員会報告書	地域福祉コーディネーターに関する調査研究委員会	平成21（2009）年3月
小地域福祉活動の活性化に関する調査研究委員会報告書	小地域福祉活動の活性化に関する調査研究委員会	平成21（2009）年3月
社会福祉協議会における法人後見の取り組みの考え方～法人後見の適正性の確保に向けて	地域福祉権利擁護に関する検討委員会・地域における成年後見支援等のあり方検討小委員会	平成23（2011）年11月
平成28年度多機関の協働による包括的相談支援体制に関する実践事例集	全国社会福祉協議会	平成29（2017）年3月
平成29年度厚生労働省委託事業「『我が事・丸ごと』の地域づくりの推進に関する調査・研究等事業」報告書「地域共生社会」の実現に向けた取り組みに関する実践事例集	全国社会福祉協議会	平成30（2018）年3月
平成29年度生活困窮者自立支援制度実態調査報告書	全国社会福祉協議会	平成30（2018）年6月
日常生活自立支援事業の今後の展開に向けて～地域での暮らしを支える意思決定支援と権利擁護～平成30年度日常生活自立支援事業実態調査報告書	全国社会福祉協議会地域福祉推進委員会今後の権利擁護体制のあり方に関する検討委員会	平成31（2019）3月

5．引用社会福祉協議会関係調査リスト

1．社会福祉協議会の組織や事業の実態を調査するものは「基本調査」「活動実態調査」という名称で、おおむね3年に1回行われてきている。
2．財政調査は、この「基本調査」「活動実態調査」に合わせて（あるいはそのなかで）行われることが多いが、別の調査として行われることもあった。
3．一方、「基礎調査」という名称で①社会福祉協議会・職員設置状況調査、②福祉活動専門員（国庫補助対象）実態調査、③福祉活動指導員・事務職員（国庫補助対象）実態調査が行われてきたが、②③は制度変更により、なくなり、①についてのみ多くの場合、他の調査とは別におこなわれている。したがって、このリストから原則はずしている。
4．社協の設置数（法人・未法人の別を含む）は、最近、変動が大きくなったことにより、変更のたびに把握する状況となっている。したがって、このリストからはずしている。

本書内の略称	調査名称	調査内容	調査時点	
1977年調査	市区町村社協実態調査	市区町村社協基本調査	1977年8月1日現在	
		市区町村社協の財政	1977年度実績	
1980年調査	社会福祉協議会基礎調査Ⅱ	市区町村社会福祉協議会基本調査	1980年4月1日現在	1979年度実績
1982年調査	社会福祉協議会基本調査	（財政調査含まず）	1982年3月31日現在	1981年度実績
1984年調査	社会福祉協議会基本調査	（財政調査含まず）	1984年3月31日現在	1983年度実績
1987年調査	社会福祉協議会基本調査	（財政調査含まず）	1987年3月31日現在	1986年度実績
1988年調査	社会福祉協議会基礎調査	1987年度財政調査	1988年度実績	
1990年調査	社会福祉協議会基本調査	（財政調査含まず）	1990年3月31日現在	1989年度実績
1993年調査	社会福祉協議会基本調査	（財政調査含まず）	1993年4月1日現在	1992年度実績
1995年調査	社会福祉協議会活動実態調査	1994年度財政調査含む	1995年4月1日現在	1994年度実績
1997年調査	社会福祉協議会活動実態調査	1996年度財政調査含む	1997年10月1日現在	1996年度実績
2000年調査	社会福祉協議会活動実態調査	1999年度財政調査含む	2000年4月1日現在	1999年度実績
2003年調査	社会福祉協議会活動実態調査	2002年度財政調査含む	2003年4月1日現在	2002年度実績
2005年調査	社会福祉協議会基本調査	2005年度財政調査含む	2005年4月1日現在	
2006年調査	社会福祉協議会活動実態調査	2005年度財政調査含む	2006年10月1日現在	2005年度実績
2009年調査	市区町村社会福祉協議会活動実態調査	（財政調査含まず）		
2012年①調査	地域密着の見守り・支援活動による孤立と生活困窮への対応に関する緊急調査		2012年4月1日現在	
2012年②調査	社会福祉協議会活動実態調査		2012年4月1日現在	
2012年③調査	社会福祉協議会基本調査	（財政調査）	2012年度実績	
2015年調査	社会福祉協議会活動実態調査		2016年1月1日現在	
2018年調査	社会福祉協議会活動実態調査		2019年3月31日現在	2018年度実績

6．全国社会福祉協議会ホームページ案内

社会福祉協議会に関する各種情報については、全国社会福祉協議会が作成しているWEBサイトから確認することができる。

全国社会福祉協議会に関係する情報については、①全社協WEBサイトにて、地域福祉及びボランティア活動に関する情報については、②地域福祉・ボランティア情報ネットワークにて、各種情報を入手することができるのでアクセスいただきたい。

また、社会福祉協議会業務用ホームページとしては、「社協の杜」があるが、こちらは、ログインのために指定のID・パスワードが必要になる（原則として、市区町村社会福祉協議会、都道府県・指定都市社会福祉協議会の専用ページ）。

①全国社会福祉協議会（https://www.shakyo.or.jp/）

〔コンテンツ〕

<u>全社協について</u>

●法人概要、組織役員・事務局体制、主な事業内容等

<u>分野別の取り組み</u>

●制度・政策、社会福祉協議会（社協）、地域福祉・ボランティア、民生委員・児童委員、社会福祉法人・社会福祉施設、高齢者・障害者・子どもの福祉等

<u>福祉のガイド</u>

●福祉の仕事・職場、福祉の資格、福祉の評価等

<u>アニュアルレポート（年次報告書）</u>

<u>アクションレポート（最新の取り組み）</u>

<u>提言・アピール</u>

<u>調査・研究報告</u>　　等

②地域福祉・ボランティア情報ネットワーク（https://www.zcwvc.net/）

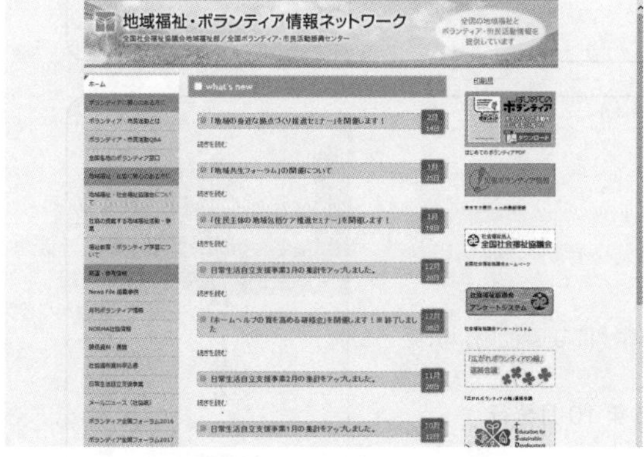

〔コンテンツ〕

<u>ボランティアに関心のある方に</u>

●ボランティア・市民活動とは、ボランティア・市民活動Q＆A、全国各地のボランティア窓口

<u>地域福祉・社協に関心のある方に</u>

●地域福祉・社会福祉協議会について、社協の提案する地域福祉活動・事業、福祉教育・ボランティア学習について

<u>関連参考情報</u>　　等

7. 全国社会福祉協議会発行 社協関係図書

https://www.fukushinohon.gr.jp/_surl/254

進化する地域福祉へ、あなたを誘（いざな）う。

地域福祉ガバナンスをつくる

多様化・複雑化・深刻化する地域の福祉課題・生活課題への対応に求められる「地域福祉ガバナンス」の考え方や具体的な展開過程をまとめた地域福祉関係者必読の一冊。

●原田正樹、藤井博志、渋谷篤男 編
● B5 判 ●定価：1,540 円（税込） ● 2020 年 7 月発行

「住民主体」を貫く社協の実践に学ぶ

地域で「最期」まで支える
－琴平社協の覚悟－

住民主体を基本として、「誰もが安心して暮らせるまちづくり」を目標に先駆的に取り組んできた社協の、事業・活動の展開と気概に満ちた職員のあゆみ。

●越智和子 著 ● A5 判 ●定価：1,320 円（税込） ● 2019 年 7 月発行

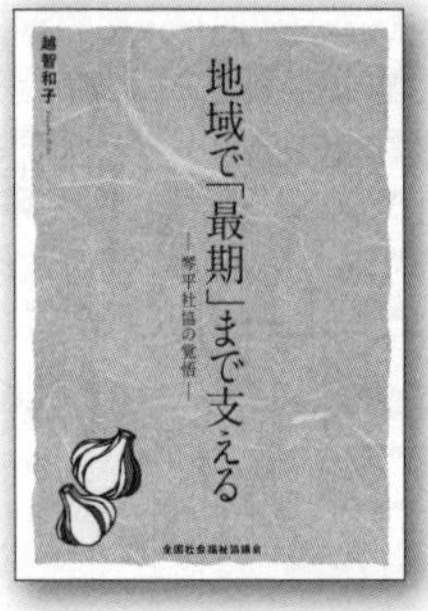

気づいた人が思いを持ち寄り創り出す地域福祉協働実践

越境する地域福祉実践
－滋賀の縁創造実践センターの挑戦－

生きづらさを抱えて暮らしている人の現実から目をそらさず、できることを一つでも具体化しようと果敢に挑む「滋賀の縁創造実践センター」の創設前夜からのドキュメント。

●谷口郁美、永田祐 著 ● A5 判 ●定価：1,320 円（税込） ● 2018 年 1 月発行

地域福祉を変えた「藤里方式」のドキュメント

地域福祉の弱みと強み
－「藤里方式」が強みに変える－

過疎の町の小さな社協が、著者の掲げる「藤里方式」で住民の「頼りになる社協」に変わっていく過程を描いた迫真のドキュメント。

●菊池まゆみ 著 ● A5 判 ●定価：1,320 円（税込） ● 2016 年 10 月発行

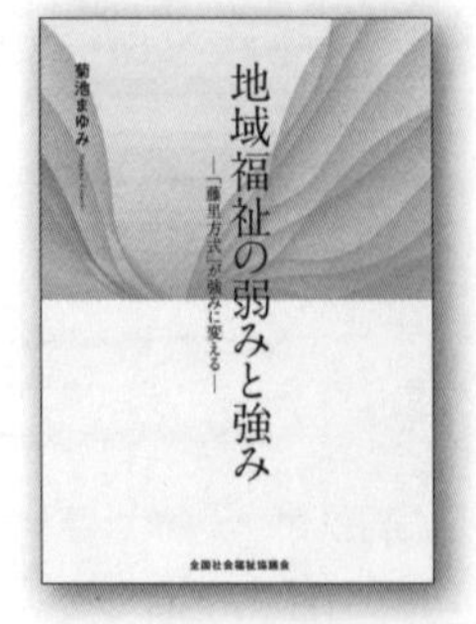

項目さくいん

あ・ア

か・カ

さ・サ

た・タ

な・ナ

は・ハ

ま・マ

や・ヤ

ら・ラ

わ・ワ

■編者

和田　敏明（ルーテル学院大学名誉教授）

■執筆者（執筆順）

和田　敏明（ルーテル学院大学名誉教授）
　第１章第１節・第２節

渋谷　篤男（日本福祉大学福祉経営学部教授）
　第１章第３節、第３章第３節

佐甲　　学（全国社会福祉協議会民生部長）
　第２章第１節・第２節・第５節、第４章

後藤真一郎（全国社会福祉協議会出版部副部長）
　第２章第３節・第６節

佐川　良江（全国社会福祉協議会出版部長）
　第２章第４節

野崎　吉康（前全国社会福祉協議会常務理事）
　第３章第１節、第６章第１節

高橋　良太（全国社会福祉協議会地域福祉部長）
　第３章第２節・第５節

諏訪　　徹（日本大学教授）
　第３章第４節

山田　秀昭（関東学院大学客員教授）
　第５章、第６章第２節

※執筆者の所属・肩書は、令和３年６月現在のものです。

改訂２版 概説 社会福祉協議会

発　行　2021年6月23日　　初版第1刷
編　者　和田　敏明
発行者　笹尾　勝
発行所　社会福祉法人 全国社会福祉協議会
〒100-8980　東京都千代田区霞が関3-3-2　新霞が関ビル
電話　03-3581-9511　振替　00160-5-38440
定　価　2,530円（本体2,300円＋税10%）
印刷所　三報社印刷株式会社

ISBN978-4-7935-1376-3　C2036　¥2300E